PUHUA BOOKS

我们一起解决问题

外贸企业会计全盘账

——进出口业务核算与出口退（免）税
全流程指南

陈吉尔　编著

人民邮电出版社

北　京

图书在版编目（CIP）数据

外贸企业会计全盘账 : 进出口业务核算与出口退（免）税全流程指南 / 陈吉尔编著. — 北京 : 人民邮电出版社, 2021.11
ISBN 978-7-115-57561-6

Ⅰ. ①外… Ⅱ. ①陈… Ⅲ. ①外贸企业会计 Ⅳ. ①F740.45

中国版本图书馆CIP数据核字(2021)第201507号

内容提要

　　本书立足于现行财税法规及国家对外贸企业的相关政策，并充分考虑到外贸经济业务的特点，从外贸会计基础知识开始，深入讲解了外贸会计处理中常见的外币业务与国际贸易结算、出口业务（自营出口、代理出口）核算、进口业务（自营进口、代理进口）核算、进出口业务的税费（进口应交税费、出口退税）核算等内容。同时，书中还提供了一套完整的外贸会计模拟账务，详细示范了外贸会计业务与税务处理流程，可以帮助外贸会计人员尽快掌握企业进出口业务的核算、分析、预测和控制工作要点，独立完成出口退税申报、外汇申报与汇算清缴等工作。

　　本书具有实用、易学、易操作的特点，既可以作为外贸会计新人的入门指导书、现任会计人员的案头工作手册，也可以作为财税培训机构与高等院校相关专业师生的教学参考用书。

　◆ 编　　著　陈吉尔
　　责任编辑　付微微
　　责任印制　胡　南
　◆ 人民邮电出版社出版发行　　　　北京市丰台区成寿寺路 11 号
　　邮编 100164　电子邮件 315@ptpress.com.cn
　　网址 https://www.ptpress.com.cn
　　大厂回族自治县聚鑫印刷有限责任公司印刷
　◆ 开本：787×1092　1/16
　　印张：15　　　　　　　　　　　　　2021 年 11 月第 1 版
　　字数：274 千字　　　　　　　　　　2021 年 11 月河北第 1 次印刷

定　价：75.00 元
读者服务热线：(010) 81055656　印装质量热线：(010) 81055316
反盗版热线：(010) 81055315
广告经营许可证：京东市监广登字 20170147 号

前　言

外贸企业的经营特点使其会计核算具有一定的特殊性。除了熟练掌握会计基础知识外，外贸会计人员还必须熟悉报关流程、出口退税、免抵退税、技术进出口等相关国家政策与制度，这样才能做好企业进出口业务的核算、分析、预测和控制工作，轻松解决外币交易时的初始确认与结算时差额的确认，会计报表里相关项目的折算，以及非常复杂的出口退税和各项进口税费的缴纳等问题。

可以说，外贸会计人员是企业外贸业务会计核算的具体承担者和执行者，负有全面、真实、准确地提供会计信息，加强财务管理，促进业务经营的责任，是企业不可或缺的人才。

为帮助外贸会计人员熟练掌握进出口业务的会计处理方法，我们组织编写了《外贸企业会计全盘账——进出口业务核算与出口退（免）税全流程指南》一书。本书立足于现行《企业会计准则》和相关财税法规，并充分考虑到外贸经济业务的特点，从外币业务与国际贸易结算、出口业务（自营出口、代理出口）核算、进口业务（自营进口、代理进口）核算、进出口业务的税费（进口应交税费、出口退税）核算等方面，对外贸企业的会计核算与税务处理进行了详细的讲解。

同时，书中还提供了一套完整的会计实账操作案例，模拟一家外贸企业连续三个月的经济业务，从填制记账凭证、登记明细账与总账、编制会计报表等方面全方位展示了外贸企业的会计业务与税务处理流程。该套实账涵盖了外贸企业的进出口业务及各个环节的相关税务处理与外币核算业务，包括自营出口商品的购入、销售结算，国内外费用处理与收结汇；代理出口销售、出口费用处理及与委托方的款项结算；自营进口业务的购入、国内外费用处理、销售实现、款项支付；代理进口的货款结算、国内外费用处理、与委托方的结算；进出口销售中的外汇交易、明佣与暗佣核算；计算出口退税、汇兑损益、各种应交税费以及结转出口销售成本等。对于重要难懂的经济业务处理，还进行了详细讲解，让读者一看就懂、一学就会。

全书内容简洁实用，案例丰富翔实，具有易学、易操作的特点，可以帮助外贸会计人员快速掌握外贸企业的全盘账务处理流程，独立完成出口退税申报、外汇申报与汇算清缴等工作。

由于相关财税法规、制度更新变化较快，书中难免有错漏之处，恳请读者批评指正。

目　录

第一章　外贸会计概述

第一节　外贸会计基础知识

外贸企业是专门组织进出口商品流通的企业，主要经营业务包括出口业务，即采购国内商品销往国外；进口业务，即从国外采购商品在国内销售；加工贸易业务，如进料加工贸易与来料加工贸易，即从国外来料或进料，在国内加工后复出口到国外；内销业务，即国内购进国内销售。外贸会计主要负责企业进出口业务的核算、分析、预测和控制工作。

一、国际贸易术语与成交方式

国际贸易术语是用三个英文缩写字母来表示商品的价格构成，说明交易地点，确定买卖双方的责任、费用、风险划分等问题的专门用语。《国际贸易术语解释通则》由国际商会（ICC）于1936年制定，后经多次修订发展至今，目前已经更新至2020年版本，已于2020年1月1日生效施行。

《国际贸易术语解释通则2020》将国际贸易术语分成适用于任何运输方式及仅适用于海运和内河运输模式两类，具体说明如表1-1所示。

表 1-1　国际贸易术语分类

分类	术语	说明
适用于任何运输方式	EXW	工厂交货
	FCA	货交承运人
	CPT	运费付至
	CIP	运费和保险费付至
	DAP	目的地交货
	DPU	卸货地交货（新）
	DDP	完税后交货
适用于海运和内河运输模式	FOB	装运港船上交货
	FAS	装运港船边交货
	CFR	成本加运费
	CIF	成本、保险费加运费

外贸中常用的成交方式有 FOB、CFR、CIF 三种，这三种常用成交方式的货物出口清关手续都是由卖方负责办理。

（1）FOB：是指装运港船上交货，当货物在指定的装运港越过船舷，卖方即完成交货。这意味着买方必须从该点起承担货物灭失或损坏的一切风险。

（2）CFR：成本加运费（指定目的港），有时也称 CNF，是指在装运港货物越过船舷卖方即完成交货，卖方必须支付将货物运至指定的目的港所需的运费及相关费用，但交货后货物灭失或损坏的风险，以及由于各种事件造成的任何额外费用，由卖方转移到买方。

（3）CIF：成本、保险费加运费（指定目的港），是指在装运港当货物越过船舷时卖方即完成交货，卖方必须支付将货物运至指定的目的港所需的运费及相关费用，但交货后货物灭失或损坏的风险，以及由于各种事件造成的任何额外费用，由卖方转移到买方。然而，在 CIF 条件下，卖方还必须办理买方货物在运输途中灭失或损坏风险的海运保险。

二、外贸会计与其他行业会计的区别

外贸企业和商业企业同属于商品流通业，它们的经济业务活动主要是围绕商品购进、储存、销售这三个环节来进行。外贸会计与商业会计的会计核算内容相近，主要围绕着商品购进、储存、销售三个环节进行。但由于外贸企业从事的是跨国商品的交易，无论是进口商品还是出口商品，都面对着国内和国际两个市场，并且要使用人民币和外币两种货币结算，这些都使得外贸会计有许多核算方法与要求区别于其他业务会计，具体来说主要有以下几方面。

1. 需要设置记录外汇业务的账户

外贸业务涉及大量的外汇业务。为了反映外汇收支、结算情况，外贸会计要设置能够记录外汇业务的账户，如"应收外汇账款"账户、"预收外汇账款"账户等。这些账户需要设计"复币式结构"，也就是要同时反映外币和人民币金额。

2. 需要核算汇兑损益

外贸业务的货款等结算一般都以外币进行，而我国企业记账则采用人民币记账。由于会计上收入、支出的确认入账时间和实际收、付时间的不一致，在汇率变动的情况下便会产生汇兑损益，因此外贸会计核算需要设置"汇兑损益"账户，以记录、核算汇率变动对企业损益的影响。

3. 双重成本及盈亏计算

外贸会计除了按人民币计算销售成本和盈亏外，还需要计算出口每美元成本和进口每美元盈亏额，以考核企业的进出口效益，辅助企业的经营决策。

4. 受政策和贸易方式影响较大

我国外贸企业除单纯的进出口贸易之外，还可以选择各种贸易方式，如来料加工、来样加工、进料加工、易货贸易等，各种贸易方式又有相应的优惠政策，核算上也有差别。另外，外贸企业的进出口业务可分为自营进出口业务和代理进出口业务，它们的核算内容也有差异。

5. 既要按照我国法律规定执行，又要遵守国际统一规约

外贸会计既要按照我国法律规定执行，又要遵守国际统一规约，在结算、价格条件、关税以及成本计算等方面要符合国际惯例，否则容易引起贸易纠纷，遭受损失。因此，外贸会计在销售收入、成本的确认时间及标准方面与国内商品流通业务的有关规定不同，如出口销售价格条件与收入的核算、货款结算的方式与程序，进口购进价格条件、关税与采购成本的核算，贷款结算的方式与程序等，都与商业会计存在着若干不同点。

第二节 外贸会计的主要账户设置

外贸会计的账户设置应根据《企业会计准则》的规定，按照外贸业务的种类或合同设置明细账，对业务进行明细核算。

除一般企业的常规账户外，外贸企业通常应根据自身的业务类型设置以下账户。

一、资产类

➢"银行存款——外汇存款"

➢"应收账款——应收外汇账款"

➢"预付账款——预付外汇账款"

➢"库存商品——库存出口商品"

➢"库存商品——库存进口商品"

➢"库存商品——库存其他商品"

其中，"应收账款——应收外汇账款"账户，借方反映应收外汇货款，贷方反映已经收回的外汇货款，期末余额反映尚未收回的货款。

"库存商品——库存出口商品"核算企业全部自有库存出口商品。库存出口商品采取进价核算，按出口商品的实际采购成本记账。借方反映已验收入库的商品进价，贷方反映企业销售商品结转的商品销售成本。

二、负债类

➢"短期借款——外汇借款"

➢"长期借款——外汇借款"

➢"应付账款——应付外汇账款"

➢"预收账款——预收外汇账款"

➢"应交税费——应交增值税（出口退税）"

其中，"预收账款——预收外汇账款"账户，借方反映出口实现时转销的预收货款，贷方反映预收客户的定金或货款，期末余额反映尚未转销的预收货款。

三、损益类

➢"主营业务收入——出口商品销售收入"

> "主营业务收入——进口商品销售收入"

> "主营业务成本——出口商品销售成本"

> "主营业务成本——进口商品销售成本"

同时，还可以在出口销售收入与成本科目下设置"自营""代理""易货贸易""补偿贸易"等二级科目，在进口销售收入与成本科目下设置"自营""代理""易货贸易""国家调拨"等二级科目。

在损益类账户中，"主营业务收入——出口商品销售收入"贷方反映自营出口销售收入，支付的外币运费、保险费、佣金等，以及退货或对外理赔时冲减的收入。

"主营业务成本——出口商品销售成本"借方反映结转的销售成本和增值税退税差额，以及用红字冲减的退货成本。

上述资产类、负债类、损益类账户，可以根据需要将其二级科目设置为一级科目，如"应收外汇账款""应付外汇账款""预收外汇账款""预付外汇账款"账户。这些账户可采用复币式账页，即一般以人民币为记账本位币，同时又要核算外币金额。

第二章 外币业务与国际贸易结算

外币是指"本币"以外的货币，它是相对于本国货币而言的，是一种功能货币，具体在会计上表现为"记账本位币"以外的货币。我国以人民币为记账本位币，各种外国货币均为外币。外币业务包括外汇、外汇管理及其核算。

国际贸易经常发生货款结算，以结清买卖之间的债权债务关系，这种结算称为国际贸易结算。国际贸易结算是以物品交易、钱货两清为基础的有形贸易结算。

第一节 外汇与汇率

外汇，广义指货币在各国间的流动以及把一个国家的货币兑换成另一个国家的货币，借以清偿国际债权、债务关系的一种专门性的经营活动。狭义指以外国货币表示的，为各国普遍接受的，可用于国际债权债务结算的各种支付手段。

外汇可以促进国际经济、贸易的发展，可以调剂资金余缺，是一个国家国际储备的重要组成部分，也是清偿国际债务的主要支付手段。《中华人民共和国外汇管理条例》（以下简称《外汇管理条例》）规定，外汇具体包括以下几方面：

➤ 外币现钞，包括纸币、铸币；

➤ 外币支付凭证或者支付工具，包括票据、银行存款凭证、银行卡等；

➤ 外币有价证券，包括债券、股票等；

➤ 特别提款权；

➤ 其他外汇资产。

一、汇率

汇率是一国货币兑换另一国货币的比率，是以一种货币表示的另一种货币的价格。

由于世界各国货币的名称不同，币值不一，所以一国货币对其他国家的货币要规定一个兑换率，因此汇率又称汇价。

1. 汇率的标价

目前，国内各银行均参照国际金融市场来确定汇率，通常有直接标价法和间接标价法两种标价方式。

（1）直接标价法

直接标价法又称价格标价法，是以一定单位的外国货币为标准来计算应付出多少单位本国货币。目前在国际经济交往中，大多数国家（或地区）采用的都是这种直接标价法，一般表示为1个单位或100个单位的外币能够折合多少本国货币，如1美元=6.40元人民币。在直接标价法下，外汇汇率的升降和本国货币的价值变化成反比例关系：本币升值，汇率下降；本币贬值，汇率上升。市场上大多数的汇率也是直接标价法下的汇率，如美元兑日元、美元兑人民币等。

（2）间接标价法

间接标价法又称数量标价法，是以本国货币为标准，用一定单位的本国货币来计算折合若干单位的外国货币。一般表示为1个单位或100个单位的本币能够折合多少外国货币。在间接标价法下，外汇汇率的升降和本国货币的价值变化成正比例关系：本币升值，汇率上升；本币贬值，汇率下降。英联邦国家多用间接标价法，如澳大利亚、新西兰等。市场上采取间接标价法的汇率主要有英镑兑美元、澳元兑美元等。

2. 汇率的分类

随着国际贸易往来越发频繁，外汇交易逐渐成为投资者的选择，那么汇率的种类是如何划分的呢？主要有以下四种划分方法。

（1）按国际货币制度的演变划分，有固定汇率和浮动汇率。

➢ 固定汇率是指由政府制定和公布，两种货币间汇率基本保持不变，波动幅度局限在一定的范围内。

➢ 浮动汇率是指一国货币当局不规定本币兑换其他外币的汇率，由外汇市场的供求变化来决定其汇率水平，汇率可自由浮动。浮动汇率可以分为自由浮动和管理浮动两种。在现行的国际货币制度下，各国实行的都是管理浮动，即对市场汇率进行不同形式、不同程度的干预，以使汇率向有利于本国经济发展的方向变化。

（2）按银行买卖外汇的角度划分，有买入汇率、卖出汇率、中间汇率和现钞汇率。

➢ 买入汇率也称买入价，即银行向同业或客户买入外汇时所使用的汇率。因其客户主要是出口商，买入价常被称作"出口汇率"。采用直接标价法时，外币折合本币数较少的那个汇率是买入价，采用间接标价法时则相反。

➢ 卖出汇率也称卖出价，即银行向同业或客户卖出外汇时所使用的汇率。因其客户主要是进口商，卖出价常被称作"进口汇率"。采用直接标价法时，外币折合本币数较多的那个汇率是卖出价，采用间接标价法时则相反。

买入卖出之间有个差价，这个差价是银行买卖外汇的收益，一般为 1% ~ 5%。银行同业之间买卖外汇时使用的买入汇率和卖出汇率也称同业买卖汇率，实际上就是外汇市场买卖价，具体如图 2-1 所示。

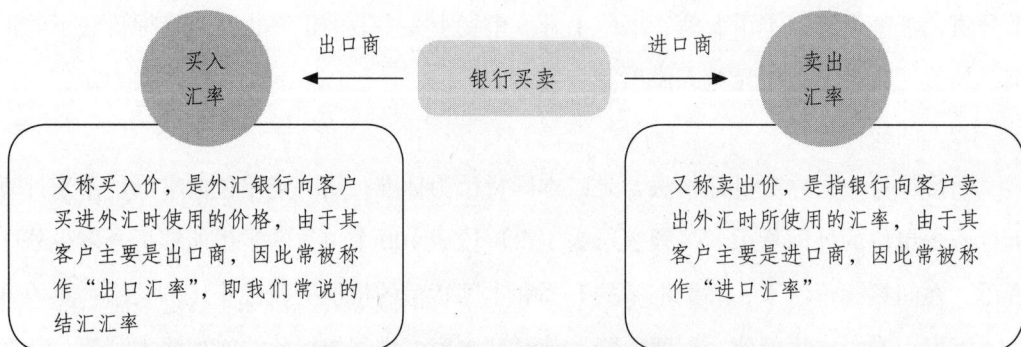

图 2-1　买入汇率与卖出汇率

例如，当天中行外汇挂牌买入汇率是 6.48，某企业收到客户外汇 1 000 美元，结汇金额为多少元人民币？

结汇金额 = 1 000 × 6.48 = 6 480（元）

➢ 中间汇率是买入价与卖出价的平均数。媒体报道汇率消息时常用中间汇率。

➢ 现钞汇率。一般国家都规定，不允许外国货币在本国流通，只有将外币兑换成本国货币，才能够购买本国的商品和劳务，因此产生了买卖外汇现钞的兑换率，即现钞汇率。按理现钞汇率应与外汇汇率相同，但因需要把外币现钞运到各发行国去，而运送外币现钞要花费一定的运费和保险费，所以银行在收兑外币现钞时的汇率通常要低于外汇买入汇率。

（3）按银行外汇付汇方式划分，有电汇汇率、信汇汇率和票汇汇率。

➢ 电汇汇率。电汇汇率是以电汇方式支付外汇所使用的汇率。由于电汇调拨资金速度快，有利于加速国际资金周转，因此电汇在外汇交易中占有较大的比重。

➤ 信汇汇率。信汇汇率是银行开具付款委托书，用信函方式通过邮局寄给付款地银行转付收款人所使用的一种汇率。由于付款委托书的邮递需要一定的时间，银行在这段时间内可以占用客户的资金，因此信汇汇率比电汇汇率低。

➤ 票汇汇率。票汇汇率是指银行在卖出外汇时，开立一张由其国外分支机构或代理行付款的汇票交给汇款人，由其自带或寄往国外取款所使用的汇率。由于票汇从卖出外汇到支付外汇有一段间隔时间，银行可以在这段时间内占用客户的头寸，所以票汇汇率一般比电汇汇率低。票汇有短期票汇和长期票汇之分，其汇率也不同。由于银行能更长时间运用客户资金，所以长期票汇汇率较短期票汇汇率低。

（4）按外汇交易交割期限划分，有即期汇率和远期汇率。

➤ 即期汇率。即期汇率也称现汇汇率，是指立即交付外汇时的结算价格。新闻媒体中公布的每日外汇行情通常为即期汇率。

➤ 远期汇率。远期汇率是在未来一定时期进行交割，而事先由买卖双方签订合同、达成协议的汇率。到了交割日期，由协议双方按预订的汇率、金额进行钱汇两清。

远期外汇买卖是一种预约性交易，是由于外汇购买者对外汇资金需要的时间不同，以及为了避免外汇汇率变动风险而引起的。远期外汇的汇率与即期汇率相比是有差额的。这种差额叫远期差价，有升水、贴水、平价三种情况，升水是表示远期汇率比即期汇率贵，贴水则表示远期汇率比即期汇率便宜，平价表示两者相等。

二、结售汇、收汇、付汇

结售汇是结汇与售汇的统称。收汇是收到外汇，就是收到货款了，而结汇是将收到的外汇结算成本国货币。售汇又称购汇，是用本国货币买外币（不是从外币户直接汇款），购汇之后进行付汇。

1.结售汇

结汇指企业或个人按照汇率将买进外汇和卖出外汇进行结清的行为。外贸企业根据进口业务需要，以本国的货币按照国家公布的外汇牌价，向外汇专业银行购买外币汇往国外，或将出口所得外币，按照牌价售与外汇银行而折合成本国货币，在对外贸易中均称为结汇。

售汇是指企业或个人因对外支付需用外汇时，可按照《外汇管理条例》的规定，持有关证件、文件材料等，用人民币到外汇指定银行购买所需外汇。从用汇单位和个人角度讲，售汇又称购汇。

2. 收汇

收汇是指外贸企业因出口货物或提供服务等而产生的应收货款，从境外汇入的外币到境内指定收汇银行的外币账户上的过程。简单来说，外贸的收汇是因出口货物或提供劳务等而产生的收入外汇款项，相当于收款。

3. 付汇

付汇是指经批准经营外汇业务的金融机构，根据有关售汇及付汇的管理规定，审核用汇单位和个人按规定提供的有效凭证和商业单据后，从其外汇账户中或将其购买的外汇向境外支付的行为。

第二节　外币交易的核算

外币交易是指以外币计价或者结算的交易。外币是企业记账本位币以外的货币。外币交易包括以下三方面内容：

（1）买入或者卖出以外币计价的商品或者劳务；

（2）借入或者借出外币资金；

（3）其他以外币计价或者结算的交易。

外贸企业的进出口业务与外币业务存在着一定的联系，但并非所有进出口业务均是外币业务。例如，中国企业以人民币为记账本位币，从美国进口一批商品，若按美元计价结算，则是外币业务；但若以人民币计价结算，则不属于外币业务。

一、记账本位币

《中华人民共和国会计法》（以下简称《会计法》）规定，会计核算以人民币为记账本位币。业务收支以人民币以外的货币为主的单位，可以选定其中一种货币作为记账本位币，但是编报的财务会计报告应当折算为人民币。

记账本位币是指用于日常登记账簿时用以表示计量的货币。一般情况下，企业采用的记账本位币都是企业所在国使用的货币，记账本位币是与外币相对而言的，凡是记账本位币以外的货币都是外币。

二、记账汇率

记账汇率是指企业在计算和记录以外币计算的业务时所采用的汇率。记账汇率分为固定汇率和变动汇率两种。

所谓固定汇率，是指在一定时期内保持不变的记账汇率，如采用当月1日或者上季末的汇率作为记账汇率，在本月或本季内保持不变。

变动汇率是指根据外汇牌价的变动而经常变动的记账汇率，如采用当天外汇牌价作为记账汇率，则其记账汇率每天都在变动。

《企业会计准则》规定，企业对于发生的外币交易，应当将外币金额折算为记账本位币金额。外币交易应当在初始确认时，采用交易发生日的即期汇率将外币金额折算为记账本位币金额；也可以采用按照系统合理的方法确定的、与交易发生日即期汇率近似的汇率折算。一旦选定后，前后期应保持一致，不得随意变更。期末，各外币账户按期末市场汇率折算为记账本位币金额，并将外币账户期末余额折算为记账本位币的金额与相对应的记账本位币账户的期末余额之间的差额，确认为汇兑损益。

注意

> 即期汇率通常是指中国人民银行公布的当日人民币外汇牌价的中间价。企业发生的外币兑换业务或涉及外币兑换的交易事项，应当按照交易实际采用的汇率（即银行买入价或卖出价）折算。
>
> 即期汇率的近似汇率是指按照系统合理的方法确定的、与交易发生日即期汇率近似的汇率，通常采用当期平均汇率或加权平均汇率等。实务中，外贸企业通常采取当月1日（如遇节假日顺延）的市场汇率作为记账汇率。

三、外币账户的设置

外币交易的记账方法有外币统账制和外币分账制两种。

（1）外币统账制是指在发生外币业务时，即折算为记账本位币入账。我国大多数企业采用统账制。

（2）外币分账制是指日常核算以外币原币记账，分币种核算损益和编制会计报表，在资产负债表日折算为记账本位币会计报表。在我国，只有银行等少数金融企业采用分账制。

外币账户应根据实际发生外币业务的科目设置，它包括外币货币资金、外币债权和外币债务三大类，如应收账款、应收票据、预付账款、短期借款、长期借款、应付账款、应付票据、应付职工薪酬、预收账款等。以上这些外币账户在记账时，除记载实际发生的外币金额外，还应同时记载相应折算的本位币金额。

非外币账户是指同外币业务有关但不按外币进行计价和结算，只按记账本位币进行记账的账户，如发生进口业务的"库存商品"账户、"固定资产"账户，发生出口业务的"自营出口销售收入"账户等。实际工作中，外贸企业的大量账户都属于非外币账户。

四、外币业务核算的原则

外币业务包括外币交易和外币报表折算。外币交易是指企业以非记账本位币进行的收付、结算等业务；外币报表折算是指为达到特定的目的，将一种货币单位表述的会计报表按要求换算成另一种货币单位表述的会计报表。

企业的外币业务核算应遵循以下原则。

（1）企业发生外币现金、存款以及外币债权债务等业务时，应将有关外币金额折合为人民币记账，并同时在账户上登记原币金额和记账汇率。

（2）企业向银行结汇时，一方面按照银行兑付给单位的人民币金额记银行存款增加数，另一方面按市场汇价计算的人民币金额记应收账款的减少数，两者的差额作为汇兑损益；企业向银行购汇时，一方面按实际支付的人民币金额记银行存款的减少数，另一方面按照市场汇价折合的人民币金额记减少的应付款项等。

（3）在资产负债表日，企业应当按照规定对外币货币性项目和外币非货币性项目进行处理。

> 外币货币性项目，采用资产负债表日即期汇率折算。因资产负债表日即期汇率与初始确认时或者前一资产负债表日即期汇率不同而产生的汇兑差额，计入当期损益（"财务费用——汇兑差额"）。

> 以历史成本计量的外币非货币性项目，仍采用交易发生日的即期汇率折算，不改变其记账本位币金额。

第三节　外币购销业务的账务处理

一、进口商品业务

企业从国外或境外购进原材料、商品或引进设备，按照当日的即期汇率（或即期汇率的近似利率）将实际支付的外币或应支付的外币折算为人民币记账，以确定购入原材料等货物及债务的入账价值；同时按照外币的金额登记有关外币账户，如外币银行存款和外币应付账款账户等。

借：原材料或库存商品等

　　应交税费——应交增值税（进项税额）

　贷：应付账款——应付外汇账款——××公司（外币户）

　　银行存款

【例2-1】国内某公司的记账本位币为人民币，其外币业务采用业务发生时的即期汇率折算。5月16日，该公司从国外购入某原材料，共计100 000美元，当日的即期汇率为1美元=6.45元人民币。货款尚未支付。假设不考虑相关税费，根据上述经济业务，该公司应做如下账务处理：

借：原材料　　　　　　　　　　　　　　　　　　（100 000×6.45）645 000

　贷：应付账款——应付外汇账款——××公司（美元户）（100 000×6.45）645 000

【例2-2】国内某公司外币业务采用业务发生时的市场汇率折算。本期从境外购入一台不需要安装的设备，设备价款为20 000美元，购入该设备时市场汇率为1美元=6.45元人民币，款项尚未支付。假设不考虑相关税费，根据上述经济业务，该公司应做如下账务处理：

借：固定资产——机器设备　　　　　　　　　　　（20 000×6.45）129 000

　贷：应付账款——应付外汇账款——××公司（美元户）（20 000×6.45）129 000

【例2-3】国内某企业属于增值税一般纳税人，其外币业务采用业务发生时的即期汇率折算。本期从美国购入某种工业原料，价款为200 000美元，当日的即期汇率为1美元=6.50元人民币，进口关税为130 000元人民币，支付进口增值税185 900元人民币，货款尚未支付，进口关税及增值税用银行存款支付。根据上述经济业务，该公司应做如下账务处理：

借：原材料　　　　　　　　　　　（200 000×6.50+130 000）1 430 000

　　应交税费——应交增值税（进项税额）　　　　　　　185 900

　贷：应付账款——应付外汇账款——××公司（美元户）　1 300 000

　　银行存款　　　　　　　　　　　　　　　　　　　　315 900

二、出口商品业务

企业出口商品或产品时，按照当日的即期汇率将外币销售收入折算为人民币入账；对于出口销售取得的款项或发生的债权，按照折算为人民币的金额入账，同时按照外币金额登记有关外币账户，如外币银行存款账户和外币应付账款账户等。

借：应收账款——应收外汇账款——××公司（外币户）

　贷：主营业务收入——自营出口销售收入

【例2-4】国内某公司的记账本位币为人民币。6月4日，该公司向国外乙公司出口一批商品，货款共计80 000美元，款项尚未收到，当日汇率为1美元=6.50元人民币。假设不考虑增值税等相关税费，根据上述经济业务，该公司应做如下账务处理：

借：应收账款——应收外汇账款——乙公司（美元户）（80 000×6.50）520 000

　贷：主营业务收入——自营出口销售收入　　　　　　　　　　520 000

三、外币借款业务的账务处理

企业借入外币，应按照借入外币时的市场汇率折算为记账本位币入账，同时按照借入外币的金额登记相关的外币账户。

【例2-5】某企业外币业务采用业务发生时的市场汇率折算。本期从中国银行借入美元1 000 000元，期限为6个月，借入的外币暂存银行。借入时的市场汇率为1美元=6.60元人民币。会计分录如下：

借：银行存款——美元户　　　　　　　（1 000 000×6.60）6 600 000

　贷：短期借款——美元户　　　　　　　（1 000 000×6.60）6 600 000

四、外币投入资本的账务处理

企业收到投资者以外币投入的资本，应当采用交易发生日即期汇率折算，不得采用合同约定汇率和即期汇率的近似汇率折算。外币投入资本与相应的货币性项目的记账本位币金额之间不产生外币资本折算差额。

【例2-6】甲公司以人民币为记账本位币。6月1日，该公司与美国乙公司签订投资合同，乙公司将向甲公司出资 2 000 000 美元，占甲公司注册资本的 20%；出资款将在合同签订后一年内分两次到账；合同约定汇率为 1 美元 =6.50 元人民币。当日的即期汇率为 1 美元 =6.45 元人民币。当年 9 月 10 日，甲公司收到乙公司汇来的第一期出资款 1 000 000 美元，当日的即期汇率为 1 美元 =6.35 元人民币，有关会计分录如下：

借：银行存款——美元户　　　　　　　　　　（1 000 000×6.35）6 350 000

　贷：实收资本　　　　　　　　　　　　　　　　　　　　　6 350 000

当年 12 月 25 日，甲公司收到乙公司汇来的第二期出资款，当日的即期汇率为 1 美元 =6.40 元人民币，有关会计分录如下：

借：银行存款——美元户　　　　　　　　　　（1 000 000×6.40）6 400 000

　贷：实收资本　　　　　　　　　　　　　　　　　　　　　6 400 000

第四节　汇兑损益的核算

汇兑损益是企业发生的外币交易在折合为记账本位币时，由于汇率的变动而产生的记账本位币的折算差额，以及因两种不同外币之间折算而发生的差额。

汇兑差额包括两层含义：一是外币账户的期末余额，按照期末国家的外汇牌价折合为记账本位币金额和按账面汇率记载的记账本位币金额之间的差额；二是因不同币种之间的折算而产生的记账本位币差额。

一、外币兑换业务

外币兑换业务是指企业从银行等金融机构购入外币（对于银行来说，则是卖出外币）或向银行等金融机构售出外币（对于银行来说，则是买入外币）。

企业与银行发生外币兑换业务，一般都会发生汇兑损失，即财务费用登记在分录的借方。

1.卖出外币

企业卖出外币时，一方面应将实际收取的记账本位币（按照外币买入价折算）登记入账；另一方面应将卖出外币实际收到的记账本位币金额，与付出的外币按当日即期汇率（或当期期初市场汇率，下同。不包括外币资本折算）折算为记账本位币之间的差额，作为汇兑损益。

借：银行存款——人民币户（外币金额 × 银行买入价）

财务费用——汇兑损益

贷：银行存款——外币户（外币金额 × 即期汇率）

【例2-7】甲公司外币业务采用业务发生时的市场汇率折算，本期将100 000美元兑换为人民币，银行当日的美元买入价为1美元 =6.55元人民币，当日即期汇率为1美元 =6.60元人民币。

本例中，企业应当在银行存款美元账户记录美元的减少，同时按照当日的即期汇率将售出的美元折算为人民币，在银行存款美元账户记录美元的减少；按实际收到的人民币金额，在银行存款人民币账户记录人民币的增加。两者之间的差额作为当期的财务费用处理。有关会计分录如下：

借：银行存款——人民币户 655 000

财务费用——汇兑损益 5 000

贷：银行存款——美元户 （100 000×6.60）660 000

2. 买入外币

企业买入外币时，一方面要按照外币卖出价折算应向银行支付的记账本位币，并记录所支付的金额；另一方面要按照当日的即期汇率将买入的外币折算为记账本位币，并登记入账；同时按照买入的外币金额登记相应的外币账户。实际付出的记账本位币金额与收取的外币按照当日市场汇率折算为记账本位币金额之间的差额，作为当期汇兑损益。

借：银行存款——外币户（外币金额 × 即期汇率）

财务费用——汇兑损益

贷：银行存款——人民币户（外币金额 × 银行卖出价）

【例2-8】乙公司外币业务采用业务发生时的市场汇率折算。本期因外币支付需要，该公司从银行购入100 000美元，银行当日的美元卖价为1美元 =6.45元人民币，当日即期汇率为1美元 =6.40元人民币。

本例中，乙公司应对银行存款美元账户作增加记录，按照当日的市场汇率折算为人民币，对该银行存款相对应的人民币账户作增加记录；按照实际付出的人民币金额对银行存款账户作减少记录。两者之间的差额作为当期财务费用处理。会计分录如下：

借：银行存款——美元户　　　　　　　　　　　　　（100 000 × 6.40）640 000

　　财务费用——汇兑损益　　　　　　　　　　　　　　　　　　　5 000

　贷：银行存款——人民币户　　　　　　　　　　　　（100 000 × 6.45）645 000

二、汇兑损益的结转

按汇兑损益计算和结转的时间不同，外贸企业外币业务汇兑损益结转的方法分为逐笔结转法和集中结转法。

1. 逐笔结转法

逐笔结转法是指企业每结汇一次，就计算并结转一次汇兑损益的方法。

采用逐笔结转法，企业平时发生的外币业务通常按当日市场汇率的中间价或买入价、卖出价折算，如与原账面汇率不同，则立即计算并结转该笔业务的汇兑损益。期末，再将所有外币账户的期末原记账本位币金额按当日公布的市场汇率中间价折算的金额作为该外币账户的记账本位币金额，该金额与外币账户原记账本位币之间的差额作为汇兑损益予以转销。

逐笔结转法能够分别反映各笔结汇业务发生的汇兑损益和期末因汇率变动而发生的汇兑损益。这种方法核算工作量较大，适用于外币业务不多，但每笔业务交易金额较大的企业。

2. 集中结转法

集中结转法是指企业平时结汇时，按当日的市场汇率核销相关的外币账户，将汇兑损益集中在期末结转的方法。

采用集中结转法，企业平时结汇时要根据具体情况，按当日市场汇率的中间价或买入价、卖出价核销相关的外币账户，不计算结转汇兑损益。期末，再将所有外币账户的期末原记账本位币金额按当日公布的市场汇率中间价计算的金额作为该外币账户的记账本位币金额，该金额与外币账户原记账本位币之间的差额作为汇兑损益，予以集中一次转销。

相关计算公式如下：

外币账户期末外币余额 = 期初外币余额 + 本期增加的外币发生额 − 本期减少的外币发生额

调整后的记账本位币余额 = 期末外币余额 × 期末即期汇率

期末汇兑损益 = 调整后的记账本位币余额 − 调整前记账本位币余额

【例2-9】富达进出口公司"应收外汇账款"账户6月1日的余额为100 000美元，汇率6.60元，人民币为660 000元。6月发生以下有关经济业务。

（1）6月12日，向美国某公司销售一批电器，发票金额为50 000美元，当日美元汇率中间价为6.55元，会计分录如下：

借：应收账款——应收外汇账款　　　　　　　　（50 000×6.55）327 500

　　贷：主营业务收入——自营出口销售收入　　　　　　　　327 500

（2）6月18日，银行收妥上月结欠外汇账款100 000美元，转来收汇通知，当日美元汇率中间价为6.56元，会计分录如下：

借：银行存款——美元户　　　　　　　　　　　（100 000×6.56）656 000

　　贷：应收账款——应收外汇账款　　　　　　　　　　　656 000

（3）6月25日，再次向美国某公司销售一批电器，发票金额为65 000美元，当日美元汇率的中间价为6.50元，会计分录如下：

借：应收账款——应收外汇账款　　　　　　　　（65 000×6.50）422 500

　　贷：主营业务收入——自营出口销售收入　　　　　　　　422 500

（4）6月30日，美元市场汇率中间价为6.56元，计算汇兑损益：

应收外汇账款按期末市场汇率计算的记账本位币余额＝（100 000+50 000-100 000+65 000）×6.56=754 400（元）

应集中结转的汇兑损益＝660 000+327 500-656 000+422 500-754 400＝-400（元）

根据计算的结果结转汇兑损益，会计分录如下：

借：应收账款——应收外汇账款　　　　　　　　　　　400

　　贷：财务费用——汇兑损益　　　　　　　　　　　400

三、期末调整

资产负债表日，企业应当分别按外币货币性项目和外币非货币性项目对汇兑损益进行处理。

1.外币货币性项目的处理

所谓货币性项目，是指企业持有的货币资金和将以固定或可确定的金额收取的资产或者偿付的负债。货币性项目分为货币性资产和货币性负债。货币性资产包括库存现金、银行存款、应收账款、其他应收款及长期应收款等，货币性负债包括短期借款、应付账款、其他应付款、长期借款、应付债券及长期应付款等。

对于外币货币性项目，因结算或采用资产负债表日的即期汇率折算而产生的汇兑差额，计入当期损益，同时调增或调减外币货币性项目的记账本位币金额。

期末调整汇兑差额的计算思路为：

（1）计算外币账户的期末外币余额；

（2）计算调整后记账本位币余额；

（3）计算汇兑差额，即调整后记账本位币余额减去调整前记账本位币余额。

【例2-10】国内甲公司的记账本位币为人民币。2020年12月5日，向国外乙公司出口商品一批，货款共计100 000美元，款项尚未收到，当日即期汇率为1美元=6.80元人民币。

假设2020年12月31日的即期汇率为1美元=6.75元人民币，并且不考虑增值税等相关税费，则该笔交易产生的外币货币性项目的应收账款计算如下。

（1）采用2020年12月31日的即期汇率折算记账本位币，折算金额为675 000（100 000×6.75）元人民币。

（2）交易日折算记账本位币的金额为680 000（100 000×6.80）元人民币。

（3）汇兑差额为-5 000（675 000-680 000）元人民币，应计入当期损益，同时调整货币性项目的原记账本位币金额。

相应的会计分录为：

借：财务费用——汇兑损益   5 000

  贷：应收账款   5 000

假设2021年3月31日收到上述货款（即结算日），当日的即期汇率为1美元=6.60元人民币，甲公司实际收到的货款100 000美元折算为人民币应当是660 000（100 000×6.60）元，与当日应收账款中该笔货币资金的账面金额675 000元人民币的差额为-15 000元人民币。当日甲公司应做如下会计分录：

借：银行存款   660 000

  财务费用——汇兑损益   15 000

  贷：应收账款   675 000

【例2-11】国内A公司的记账本位币为人民币。7月26日，向国外B供货商购入商品一批，商品已经验收入库。根据双方供货合同，货款共计100 000美元，货到后10日内A公司付清所有货款。当日即期汇率为1美元=6.80元人民币。

假设7月31日的即期汇率为1美元=6.90元人民币，并且不考虑增值税等相关税费，则该笔交易产生的外币货币性项目应付账款计算如下。

（1）采用7月31日即期汇率折算记账本位币，折算金额为690 000（100 000×6.90）元人民币。

（2）交易日折算记账本位币的金额为680 000（100 000×6.80）元人民币。

（3）汇兑差额为10 000（690 000－680 000）元人民币，应计入当期损益。

相应会计分录为：

借：财务费用——汇兑损益   10 000

    贷：应付账款   10 000

8月5日，A公司根据供货合同以自有美元存款付清所有货款（即结算日）。当日的即期汇率为1美元=6.85元人民币。A公司应做如下会计分录：

借：应付账款   690 000

    贷：银行存款   685 000

        财务费用——汇兑损益   5 000

2. 外币非货币性项目的处理

非货币性项目，是指货币性项目以外的项目，包括存货、长期股权投资、固定资产、无形资产等。

（1）以历史成本计量的外币非货币性项目，由于已在交易发生日按当日即期汇率折算，因此资产负债表日不应改变其原记账本位币金额，不产生汇兑差额。

原因在于，这些项目在取得时已按即期汇率折算，构成了这些项目的历史成本，如果再按资产负债表日的即期汇率折算，就会导致这些项目价值不断变动，从而使这些项目的折旧、摊销和减值不断地随之变动，这与项目的实际情况不符。

但是，由于存货在资产负债表日采用成本与可变现净值孰低计量，因此在以外币购入存货并且该存货在资产负债表日的可变现净值以外币反映的情况下，计提存货跌价准备时应当考虑汇率变动的影响。

（2）以公允价值计量的外币非货币性项目，如交易性金融资产（股票、基金等），采用公允价值确定日的即期汇率折算，折算后的记账本位币金额与原记账本位币金额的差额，作为公允价值变动（含汇率变动）处理，计入当期损益。

【例2-12】某外贸公司的记账本位币为人民币。2021年6月15日，该公司进口一台机器设备，设备价款为 500 000 美元，尚未支付，当日的即期汇率为 1 美元 =6.80 元人民币。2021 年 6 月 30 日的即期汇率为 1 美元 =6.50 元人民币。假设不考虑相关税费，该项设备属于企业的固定资产，在购入时已按当日即期汇率折算为人民币 3 400 000 元。由于固定资产属于非货币性项目，因此 2021 年 6 月 30 日不需要按当日即期汇率进行调整。

第五节　国际贸易结算

国际贸易经常发生货款结算，以结清买卖之间的债权债务关系，这种结算称为国际贸易结算。国际贸易结算是以物品交易、钱货两清为基础的有形贸易结算。

国际贸易结算的方式主要有信用证结算、汇付与托收结算、银行保证函及各种结算方式的结合使用。

一、信用证结算

信用证（letter of credit）简称 L/C，这种结算方式是银行信用介入国际货物买卖价款结算的产物。信用证的出现不仅在一定程度上解决了买卖双方之间互不信任的问题，而且还能使双方在使用信用证结算货款的过程中获得银行资金融通的便利，从而促进了国际贸易的发展。因此，信用证被广泛应用于国际贸易，以致成为当今国际贸易中一种主要的结算方式。

信用证是银行做出的有条件的付款承诺，即银行根据开证申请人的请求和指示，向受益人开具的有一定金额，并在一定期限内凭规定的单据承诺付款的书面文件；或者是银行在规定金额、日期和单据的条件下，愿代开证申请人承购受益人汇票的保证书。

1. 信用证的结汇方式

在信用证付款条件下，外贸企业在银行办理出口结汇主要有三种方式：收妥结汇、押汇和定期结汇。不同银行的具体结汇方式有所不同。

（1）收妥结汇

收妥结汇又称收妥付款，是指信用证议付行收到出口企业的出口单据后，经审查无误，将单据寄交国外付款行索取货款的结汇方式。在这种方式下，议付行都是待收到付款行的货款后，即从国外付款行收到该行账户的贷记通知书时，才按当日外汇牌价，依据出口企业的指示，将货款折算为人民币拨入出口企业的账户。

（2）押汇

押汇又称买单结汇，是指议付行在审单无误的情况下，按信用证条款贴现受益人的汇票或者以一定的折扣买入信用证项下的货运单据，从票面金额中扣除从议付日到估计收到票款之日的利息，将余款按议付日外汇牌价折算为人民币，拨给出口企业。银行之所以做出口押汇，是为了给出口企业提供资金融通的便利，这有利于加速出口企业的资金周转。

（3）定期结汇

定期结汇是指议付行根据向国外付款行索偿所需时间，预先确定一个固定的结汇期限，并与出口企业约定该期限到期后，无论是否已经收到国外付款行的货款，都要主动将票款金额折算为人民币拨给出口企业。

2. 信用证议付的流程

信用证议付的流程如下。

（1）进出口双方在贸易合同中明确以信用证方式支付，并确定信用证的种类、金额、到期日和开证日期等。

（2）进口方在合同规定的期限内向当地银行申请开证，依照合同的各项有关规定填写开证申请书，并交付押金。

（3）开证行根据申请书的内容，开立以出口方为受益人的信用证，并寄交通知行。

（4）通知行收到信用证，即核对开证行的签字与密押，审核无误后转交出口方。

（5）出口方审证，如发现与合同条款不符或其他错误，即通知进口方修改信用证。如审核无误，则按时装运货物取得货运单据。

（6）出口方在信用证有效期和交单期内，缮制汇票及信用证规定的各种单据，提交议付行办理议付。议付行审核单证一致后，根据汇票金额扣除利息，将货款垫付给出口方。

（7）议付行将汇票和全套单据寄交开证行或其他指定付款行索偿。

（8）开证行或付款行审核单据无误后，付款给议付行。

（9）开证行通知进口方付款赎单。进口方审核单据无误后办理付款手续，获取全套单据。

（10）进口方凭货运单据向承运人提货。

3. 进口方的账务处理

进口货物在签订合同时采用信用证方式结算的，进口方应先向银行办理开证申请，填制开证申请书；再根据开证申请书及进口合同的金额，向银行办理从外汇结算往来户转入信用证存款专户。

借：其他货币资金——信用证存款

　　财务费用

　　贷：银行存款——外币户

没有现汇账户的，按规定不可提前购汇（此时企业无需对外付汇），要用人民币作信用证保证金，会计分录如下：

借：其他货币资金——信用证保证金

　　贷：银行存款——人民币户

采用信用证结算方式，按照国际惯例，银行只收取部分开证保证金，故信用证存款户的资金多数不足以付清货款，还需补足差额。在付款赎单时，企业应根据具体情况做如下账务处理：

借：应付账款、商品采购等科目

　　贷：其他货币资金——信用证存款

　　　　银行存款——人民币户（或外币户）

【例 2-13】某外贸公司进口商品 200 件，国外进价为每件 500 美元，货款总额为 100 000 美元。

（1）6 月 1 日，企业向银行申请开立信用证，从外汇存款账户按合同价款的 40% 划出信用证保证金，手续费 1 000 元。当日汇率中间价为 1 美元 =6.50 元人民币。

借：其他货币资金——信用证保证金　　　　　　　　　　　　260 000

　　贷：银行存款——美元户　　　　　　　　　　（40 000×6.50）260 000

借：财务费用——手续费　　　　　　　　　　　　　　　　　　1 000

　　贷：银行存款——人民币户　　　　　　　　　　　　　　　　1 000

（2）6 月 1 日，申请信用证时支付银行手续费 1 000 元。

借：财务费用——手续费　　　　　　　　　　　　　　　　　　1 000

　　贷：银行存款　　　　　　　　　　　　　　　　　　　　　　1 000

（3）6 月 10 日收到银行转来全套单据，企业审单无异议，通知银行冲销原保证金，其余办妥购汇手续赎单。当日汇率中间价为 6.45 元、卖出价为 6.46 元。

借：商品采购——进口商品 647 600

　　贷：其他货币资金——信用证存款 260 000

　　　　银行存款——人民币户 （60 000 × 6.46）387 600

购汇申请书应作为购汇业务的原始凭证，所购外汇由银行直接对外支付，在企业账上无反映。

4. 出口方的会计处理

（1）在信用证结算方式下，出口方作为受益人会收到由通知行转来的进口方开具的信用证原件及信用证通知书，此时出口方无需做账务处理，进行备忘记录即可。

（2）出口方发货后，汇集全套单据向付款行或议付行交单，以求尽快获取资金，此时应做如下账务处理：

借：应收账款——应收外汇账款

　　贷：主营业务收入

（3）银行审单相符后即支付货款：

借：银行存款——人民币户

　　贷：应收账款——应收外汇账款

二、汇付与托收结算

1. 汇付

汇付又称汇款（remittance），是付款人通过银行，使用各种结算工具将货款汇交收款人的一种结算方式。它属于商业信用，采用顺汇法。

汇付业务涉及的当事人有四个：付款人（汇款人）、收款人、汇出行和汇入行。其中，付款人（通常为进口人）与汇出行（委托汇出款项的银行）之间订有合约关系，汇出行与汇入行（汇出行的代理行）之间订有代理合约关系。

在办理汇付业务时，需要由汇款人向汇出行提交汇款申请书，汇出行有义务根据汇款申请书的指示向汇入行发出付款委托书；汇入行收到付款委托书后，有义务向收款人（通常为出口人）解付货款。但汇出行和汇入行对非自身过失所造成的损失（如付款委托书在邮递途中遗失或延误等致使收款人无法或迟期收到货款）不承担责任，而且汇出行对汇入行工作上的过失也不承担责任。

（1）汇出汇款的会计处理

汇款的会计处理与国内业务基本相同，通过"其他货币资金"账户进行核算。汇款人填制申请书并付款时，凭申请书的回单联做如下账务处理：

借：其他货币资金——银行汇票

　　贷：银行存款——人民币户（或外币户）

当收款人领取汇款后，汇款人凭退回的收条做转销处理：

借：有关科目

　　贷：其他货币资金——银行汇票

（2）汇入汇款的会计处理

收款人在收到汇款后，应凭汇入汇款通知书及外汇结汇证明，做如下账务处理：

借：银行存款——人民币户（或外币户）

　　贷：有关科目

外贸进出口实务中，汇款使用的频率较低，通常只用来支付佣金、广告费、杂项费用和货款尾数等。

2. 托收

托收（collection）是出口人在货物装运后，开具以进口方为付款人的汇票，委托出口地银行通过其在进口地的分行或代理行代进口人收取货款的一种结算方式。它属于商业信用，采用的是逆汇法。

托收方式的当事人有委托人、托收行、代收行和付款人。委托人也称出票人，通常为出口人，即开出汇票委托银行向国外付款人代收货款；托收行，即接受出口人的委托代为收款的出口地银行；代收行，即接受托收行的委托代付款人收取货款的进口地银行；付款人，汇票上的付款人即托收的付款人，通常为进口人。

上述当事人中，委托人与托收行之间、托收行与代收行之间都是委托代理关系，付款人与代收行之间则不存在任何法律关系，付款人是根据买卖合同付款的。所以，委托人能否收到货款，完全视进口方的信誉好坏，代收行与托收行均不承担责任。

在办理托收业务时，委托人要向托收行递交一份托收委托书，在该委托书中给出各种指示，托收行以至代收行均按照委托的指示向付款人代收货款。

（1）进口方的会计处理

① 采用托收方式结算货款，出口方发货后向银行办理交单，承办银行开出进口代

收单据通知书"，通知客户办理有关付款、承兑、拒付手续。此时进口方做如下账务处理：

借：商品采购

贷：应付账款——应付外汇账款

② 若采用 D/P（付款交单）方式，在付款赎单日应做如下账务处理：

借：应付账款——应付外汇账款

贷：银行存款——人民币户（或外币户）

③ 若采用 D/A（承兑交单）方式，在承兑日应做如下账务处理：

借：应付账款——应付外汇账款

贷：应付票据——应付外汇票据

远期汇票到期日：

借：应付票据——应付外汇票据

贷：银行存款——人民币户（或外币户）

（2）出口方的会计处理

① 在托收方式下，出口方发货后向银行办理交单，在交单日，无论是 D/P 方式，还是 D/A 方式，出口方均在此时确认收入。账务处理如下：

借：应收账款——应收外汇账款

贷：主营业务收入

② 若采用 D/A 方式，出口方凭银行通知在承兑日做如下账务处理：

借：应收票据——应收外汇票据

贷：应收账款——应收外汇账款

③ 在 D/P 收汇日或 D/A 远期汇票到期日，出口方凭结汇水单做如下账务处理：

借：银行存款——人民币户（或外币户）

贷：应收账款——应收外汇账款

或应收票据——应收外汇票据

三、银行保证函

银行保证函（banker's letter of guarantee），简写为 L/G，又称银行保证书、银行保函或简称保函，它是指银行应委托人的申请向受益人开立的一种书面凭证，保证申请人按规定履行合同，否则由银行负责偿付债款。

四、各种结算方式的结合使用

在国际贸易业务中，一笔交易的货款结算可以只使用一种结算方式（通常如此），也可以根据需要，如不同的交易商品、不同的交易对象、不同的交易做法，将两种以上的结算方式结合使用，以利于促成交易、安全及时收汇或有利于妥善处理付汇。常见的结算方式结合使用的形式有信用证与汇付结合、信用证与托收结合、汇付与银行保证函或信用证结合。

1. 信用证与汇付结合

信用证与汇付结合是指一笔交易的货款，部分用信用证方式支付，余额用汇付方式结算。这种结算方式的结合形式常用于允许其交货数量有一定机动幅度的某些初级产品的交易。对此，经双方同意，信用证规定凭装运单据先付发票金额或在货物发运前预付金额若干，余额待货到目的地（港）后或按再检验的实际数量用汇付方式支付。使用这种结合形式，必须先明确采用的是何种信用证、何种汇付方式及按信用证支付金额的比例。

2. 信用证与托收结合

信用证与托收结合是指一笔交易的货款，部分用信用证方式支付，余额用托收方式结算。这种结合形式的具体做法通常是：信用证规定受益人（出口人）开立两张汇票，属于信用证项下的部分货款凭光票支付，而其余额则将货运单据附在托收的汇票项下，按即期或远期付款交单方式托收。由于这种做法对出口人收汇较为安全，又可以减少进口人的垫金，因此容易被双方接受。但采用信用证与托收结合的结算方式，必须明确信用证的种类和支付金额及托收方式的种类，也必须明确"在全部付清发票金额后方可交单"的条款。

3. 汇付与银行保证函或信用证结合

汇付与银行保证函或信用证结合使用的形式常用于成套设备、大型机械和大型交通运输工具（飞机、船舶等）等货款的结算。这类产品交易金额大、生产周期长，往往要求买方以汇付方式预付部分货款或定金，其余大部分货款则由买方按信用证规定或开加保函分期付款或迟期付款。

此外，还有汇付与托收结合、托收与备用信用证或银行保证函结合等方式。外贸企业在开展对外经济贸易业务时，究竟选择哪一种结算方式，可酌情而定。

第三章　出口业务核算

第一节　出口业务概述

外贸企业的出口业务按其经营的性质不同，可以分为自营出口业务、代理出口业务和加工补偿出口业务等。

一、出口贸易业务常见类型

1. 自营出口业务

自营出口业务是指外贸企业自己经营出口贸易，并自负盈亏的业务。企业在取得出口销售收入、享受出口退税的同时，要承担出口商品的进价成本及与出口贸易业务有关的一切国内外费用、佣金支出，并且还要处理对外索赔、理赔等事项。

在自营出口中，外贸企业需要与生产企业或其他供应商签订购销合同，从而达到采购货物的目的；随后外贸企业再与外商签订出口销售合同，将货物出口销售。外贸企业在这一过程中分别扮演着买方和卖方两个角色。由于在自营出口活动中外贸企业既是买方又是卖方，因此其需要对生产企业或其他供应商履行包括收货、付款在内的买方权利义务，对国外客户则应当履行包括交货、收款在内的卖方权利义务。在自营出口中，因为外贸企业是向生产企业购买了货物再行销售，所以根据法律规定，货物销售应当缴纳增值税，生产企业或其他供应商会向外贸企业出具增值税发票，据以结算货款；外贸企业在出口销售时，再根据规定办理出口退税事宜。

2. 代理出口业务

代理出口业务是指外贸企业代理国内委托方办理对外洽谈、签约、托运、交单和结汇等全过程的出口贸易业务，或者仅代理对外销售、交单和结汇的出口贸易业务。代理企业仅收取一定比例的手续费。

在代理出口中，外贸企业作为生产企业或其他委托企业的代理人，其本身不具有独立买方或卖方的身份。外贸企业与生产企业或其他委托企业签订的是出口代理协议，生产企业或其他委托企业与外商签订货物出口销售合同。在代理出口中，外贸企业既非买方也非卖方，其主要的义务就是帮助生产企业或其他委托企业办理全部的出口手续，取得出口单据并交给委托方办理退税，主要的权利就是向生产企业或其他委托企业收取代理费。在代理出口中，由于外贸企业不是产品的实际买受方，仅仅是提供出口代理服务，因此收取代理费时，应由外贸企业向委托方出具代理费发票据实结算。

3. 加工补偿出口业务

加工补偿出口业务也称"三来一补"业务，即来料加工、来件装配、来样生产和补偿贸易业务。

三来业务是指外商提供一定的原材料、零部件、元器件，必要时提供某些设备，由外贸企业按对方的要求进行加工或装配成产品交给对方销售，外贸企业收取外汇加工费的业务。补偿贸易业务是指由外商提供生产技术、设备和必要的材料，由外贸企业生产，然后用生产的产品分期归还外商的业务。

二、出口贸易的一般流程

出口贸易的一般流程包括报价、订货（签约）、付款、备货、包装、办理通关手续、装船、约定运输保险、提单、结汇。

1. 报价

外贸出口一般是从商品的询价、报价开始。其中，出口商品报价的内容涉及商品的质量等级、商品的规格型号、商品是否有特殊包装要求、所购商品量的多少、交货期的要求、商品的运输方式及商品的材质等。

比较常用的报价有 FOB "装运港船上交货"、CFR "成本加运费"、CIF "成本、保险费加运费" 等形式。

2. 订货（签约）

贸易双方就报价达成一致意见后，国外客户订货并针对一些主要事项与外贸企业进行协商，协商内容包括商品名称、规格型号、数量、价格、包装、产地、装运期、付款条件、结算方式等。双方协商一致后签订购货合同，这标志着出口业务的正式开始。

3. 付款

比较常用的国际付款方式有三种，即信用证付款、T/T 付款（电汇）和直接付款。

（1）信用证付款

信用证分为光票信用证和跟单信用证两类。跟单信用证是指附有指定单据的信用证，光票信用证是指不附任何单据的信用证。简单地说，信用证是保证出口商收回货款的文件。这里需要注意，出口货物的装运期限应在信用证的有效期限内进行，信用证的交单期限不得超过信用证的有效日期。

国际贸易中以信用证为付款方式的居多，信用证的开证日期应当明确、清楚、完整。

（2）T/T 付款（电汇）

T/T 付款方式是以外汇现金方式结算，由国外客户将款项汇至外贸企业指定的外汇银行账号内，可以要求货到后一定期限内汇款。

（3）直接付款

直接付款方式是指买卖双方直接交货付款。

4. 备货

备货在整个外贸业务流程中有着举足轻重的作用，企业必须按照合同逐一落实。备货的主要核对内容如下。

（1）货物品质、规格：应按合同的要求核实。

（2）货物数量：保证满足合同或信用证对数量的要求。

（3）备货时间：应根据信用证规定，结合船期安排，以利于船货衔接。

5. 包装

外贸出口可以根据货物类别选择包装方式（如纸箱、木箱、编织袋等），不同的包装方式其包装要求也不同。

（1）一般出口包装标准：根据贸易出口通用的标准进行包装。

（2）特殊出口包装标准：根据客户的特殊要求进行出口货物包装。

（3）货物的包装和唛头（运输标志）：应进行认真检查核实，使之符合信用证的规定。

6. 办理通关手续

办理通关手续极为烦琐又极其重要，如不能顺利通关，则无法完成交易。

（1）属于法定检验的出口商品，须办理出口商品检验证书。

（2）须由持有报关证的专业人员，持装箱单、发票、报关委托书、出口结汇核销单、出口货物合同副本、出口商品检验证书等文本去海关办理通关手续。

7. 装船

外贸企业应根据货物的多少确定装船方式，并根据购货合同所定的险种进行投保，可选择整装集装箱（又称货柜）、拼装集装箱等。拼装集装箱一般按出口货物的体积或重量计算运费。

8. 约定运输保险

外贸出口时，通常交易双方在签订的购货合同中已约定运输保险的相关事项。常见的保险有海洋货物运输保险、陆空邮货运保险等。其中，海洋货物运输保险条款所承保的险别分为基本险别和附加险别两类。

9. 提单

提单是出口商办理完出口通关手续、海关放行后，由外运公司签出、供进口商提货与结汇所用的单据。所签提单根据信用证的要求份数签发，出口商凭提单办理退税等业务，进口商凭提单办理提货等手续。

海运货物情况下，出口商应将正本提单、装箱单、发票寄给进口商，进口商必须持正本提单、装箱单、发票提取货物。若是空运货物，则可直接用提单、装箱单、发票的传真件提取货物。

10. 结汇

出口货物装出后，进出口公司应按照信用证的规定，正确缮制装箱单、发票、提单、原产地证、出口结汇等单据。在信用证规定的交单有效期内，递交银行办理议付结汇手续。

三、出口业务单证

1. 装箱单

装箱单是信用证结算经常要求提交的单据之一，需要重点说明包装情况、包装条件和每件的毛重、净重等内容。装箱单一般没有统一的格式。

2. 出口合同

出口合同是进口商与出口商依照法律，通过协商就各自在贸易上的权利和义务所达成的具有法律约束力的协议。出口商的出口合同是为销售产品而订立的合同，因此它也被称为销售确认书和销售合同。

3. 原产地证

原产地证是出口国特定机构出具的证明出口货物为该国家（或地区）原产的一种证明文件。

4. 代理报关委托书

代理报关委托书是托运人委托承运人或其代理人办理报关等通关事宜，明确双方权利和义务的书面文件。委托方应及时提供报关报检所需的全部单证，并对单证的真实性、准确性和完整性负责。

5. 出口货物报关单

出口货物报关单是由海关总署规定的具有统一格式和填制规范，由出口企业或其代理人填制并向海关提交的申报货物状况的法律文书。它是海关依法监管货物出口、征收关税及其他税费、编制海关统计以及处理其他海关业务的重要凭证。

6. 商业发票

商业发票是卖方开立的载有货物名称、数量、价格等内容的清单，作为买卖双方交接货物和结算货款的主要单证，它既是进口国确定征收进口关税的依据，也是买卖双方索赔、理赔的依据。

7. 进出口许可证

进出口许可证是由国家有关机关给进出口商签发的允许商品进口或出口的证书。进出口许可证制度是我国及世界各国普遍采用的对外贸易管制手段之一。

8. 报检委托书

有些货物品名海关强制规定需要提交出入境通关单（如机电、汽车等），外贸企业可委托报检公司向国家出入境检验检疫局报检；若有自主报检权，则可自行由具有报检员资格的人员进行报检，无需报检委托书。报检委托书一般没有标准格式。

9. 出境货物报检单

出境货物报检单是国家质量监督检验检疫部门根据工作需要，为保证检验检疫工作规范化和程序化而设置的，报检人根据有关法律法规或者合同约定请检验检疫机构对某种货物进行鉴定的书面凭证。

10. 出境货物通关单

出境货物通关单是指国家质量监督检验检疫总局授权的出入境检验检疫机构依法对列入《出入境检验检疫机构实施检验检疫的进出境商品目录》（以下简称《法检目录》），以及虽未列入《法检目录》，但国家有关法律、行政法规明确由出入境检验检疫机构实施检验检疫的出境货物及特殊物品等签发的出口货物发货人或其代理人已办理报验手续的证明文书。

四、出口销售收入的确认原则

外贸企业自营出口销售收入的确认与计量，应遵循《企业会计准则第14号——收入》（以下简称收入准则）。

1. 销售收入的确认条件

收入准则规定，企业应当在履行了合同中的履约义务，即在客户取得相关商品控制权时确认收入。所谓取得相关商品控制权，是指能够主导该商品的使用并从中获得几乎全部的经济利益。收入准则第五条规定，当企业与客户之间的合同同时满足下列条件时，企业应当在客户取得相关商品控制权时确认收入：

（1）合同各方已批准该合同并承诺将履行各自义务；

（2）该合同明确了合同各方与所转让商品或提供劳务（以下简称"转让商品"）相关的权利和义务；

（3）该合同有明确的与所转让商品相关的支付条款；

（4）该合同具有商业实质，即履行该合同将改变企业未来现金流量的风险、时间分布或金额；

（5）企业因向客户转让商品而有权取得的对价很可能收回。

在合同开始日即满足前款条件的合同，企业在后续期间无需对其进行重新评估，除非有迹象表明相关事实和情况发生重大变化。合同开始日通常是指合同生效日。

在合同开始日不符合收入准则第五条规定的合同，企业应当对其进行持续评估，并在其满足本准则第五条规定时按照该条款的要求进行会计处理。

对于不符合收入准则第五条规定的合同，企业只有在不再负有向客户转让商品的剩余义务，且已向客户收取的对价无需退回时，才能将已收取的对价确认为收入；否则，应当将已收取的对价作为负债进行会计处理。没有商业实质的非货币性资产交换，不确认收入。

2. 销售收入的确认时间

根据收入准则，企业还应注意收入的确认时间。收入准则将履行一个单项履约义务的时间分成了两大类：第一类是时点履约，第二类是时段履约。并且，一项履约要么是时点履约，要么是时段履约。收入准则规定，满足下列条件之一的，属于在某一时段内履行履约义务，否则属于在某一时点履行履约义务：

（1）客户在企业履约的同时即取得并消耗企业履约所带来的经济利益；

（2）客户能够控制企业履约过程中在建的商品；

（3）企业履约过程中所产出的商品具有不可替代用途，且该企业在整个合同期间内有权就累计至今已完成的履约部分收取款项。

有权就累计至今已完成的履约部分收取款项，是指在由于客户或其他方原因终止合同的情况下，企业有权就累计至今已完成的履约部分收取能够补偿其已发生成本和合理利润的款项，并且该权利具有法律约束力。

对于在某一时段内履行的履约义务，企业应当在该段时间内按照履约进度确认收入，但是，履约进度不能合理确定的除外。企业应当考虑商品的性质，采用产出法或投入法确定恰当的履约进度。其中，产出法是根据已转移给客户的商品对于客户的价值确定履约进度，投入法是根据企业为履行履约义务的投入确定履约进度。对于类似情况下的类似履约义务，企业应当采用相同的方法确定履约进度。当履约进度不能合理确定时，企业已经发生的成本预计能够得到补偿的，应当按照已经发生的成本金额确认收入，直到履约进度能够合理确定为止。

对于在某一时点履行的履约义务，企业应当在客户取得相关商品控制权时点确认收入。在判断客户是否已取得商品控制权时，企业应当考虑下列迹象：

（1）企业就该商品享有现时收款权利，即客户就该商品负有现时付款义务；

（2）企业已将该商品的法定所有权转移给客户，即客户已拥有该商品的法定所有权；

（3）企业已将该商品实物转移给客户，即客户已实物占有该商品；

（4）企业已将该商品所有权上的主要风险和报酬转移给客户，即客户已取得该商品所有权上的主要风险和报酬；

（5）客户已接受该商品；

（6）其他表明客户已取得商品控制权的迹象。

3. 出口商品销售收入的会计确认

外贸企业应按收入准则的相关规定合理确认销售收入，并按时办理入账手续。

出口商品销售收入是企业出口退（免）税的主要依据。出口商品销售不管以何种方式成交，最后都要以离岸价为依据进行核算和办理出口退（免）税。除正常的销货款外，出口商品销售收入的确认还与外汇汇率的确定，国外运、保、佣的冲减，出口商品退运等密切相关。

企业出口业务就其贸易性质不同，主要有企业自营出口贸易、委托外贸企业代理出口贸易、来料加工复出口贸易及国内深加工结转贸易等，不同的贸易方式其外销收入确认也不同。

（1）企业自营出口贸易，无论是海、陆、空出口，均在取得运单并向银行办理交单后确认出口销售收入。自营出口销售收入的入账金额一律以离岸价（FOB价）为基础，以离岸价以外价格条件成交的出口商品，其发生的国外运输保险及佣金等费用支出，均应作冲减销售收入处理。

（2）委托外贸企业代理出口贸易，应在收到外贸企业代办的运单和向银行办理交单后确认收入。入账金额与自营出口相同，支付给外贸企业的代理费应作为出口产品销售费用处理，不得冲减外销收入。

（3）来料加工复出口贸易，应在收到成品出运单和向银行办理交单后确认收入。收入的入账金额与自营出口相同。按外商来料的原辅料是否作价，在核算来料加工复出口的商品外销收入时，对不作价的，按工缴费收入入账；作价的，按合约规定的原辅料款及工缴费入账。对外商投资企业委托其他企业加工收回后复出口的，按现行出口商品退（免）税规定，委托企业可向主管出口退税的税务机关申请出具来料加工免税证明，由受托企业在收取委托企业加工费时据以免征增值税。

（4）国内深加工结转贸易，也称间接出口贸易，是国内企业以进料加工贸易方式进口原材料，并加工成商品后报关结转销售给境内加工企业的一种贸易方式，即国内企业深加工后再复出口。这种贸易方式下，外销收入的确认与内销大致相同。

实务中，外贸企业自营出口以确认已报关、取得运输单据或已经向银行交单作为确认销售收入实现的时间；委托出口的，以确认已报关、取得委托出口相关单据或已经向银行交单作为确认销售收入实现的时间。企业先收汇后发货的，以确认发货时间作为收入实现的时间。

第二节　自营出口的核算

自营出口是指外贸企业组织贸易出口业务中属于自营性质的出口销售。自营出口的出口销售收入归外贸企业，商品进价、与出口业务有关的一切国内外运费及佣金支出等均由外贸企业自己负担，出口销售的盈亏纳入外贸企业当期损益。

一、购进出口商品

外贸企业应单独设账核算出口货物的购进金额和进项税额，若购进货物时不能确定是用于出口的，先记入出口库存账，用于其他用途时再从出口库存账转出。

出口商品购进的入账时间应以取得出口商品所有权或实际控制权的时间为准，即取得商品入库单和增值税专用发票等有关结算凭证。购入自营出口商品时，由于结算方式和采购地点的不同，商品入库和货款的支付在时间上并不一定完全同步，相应地，其账务处理也会有所不同。

1.发票账单与商品同时到达

如果发票账单与商品同时到达，那么应在商品验收入库后：

借：库存商品——自营出口商品（按商品的实际成本）

　　应交税费——应交增值税（进项税额）（按专用发票上注明的增值税税额）

　贷：银行存款、应付账款、应付票据等（按实际支付的款项或应付的款项）

【例3-1】某外贸公司从本市购入一批风扇，已经验收入库，同时收到的增值税专用发票上注明商品价款为 100 000 元，增值税税额 13 000 元。款项已经通过银行转账支付。该公司为增值税一般纳税人，根据上述经济业务，应做如下账务处理：

借：库存商品——风扇   100 000

    应交税费——应交增值税（进项税额）   13 000

  贷：银行存款   113 000

2. 已取得发票等凭证或已支付货款但商品未到

如果已取得发票等凭证或已支付货款但商品尚未运抵，应根据发票账单等结算凭证：

借：在途物资——自营出口商品（按商品的实际成本）

    应交税费——应交增值税（进项税额）（按专用发票上注明的增值税税额）

  贷：银行存款、应付账款、应付票据等（按实际支付的款项或应付的账款）

待商品到达并验收入库后，再根据收货单等凭据：

借：库存商品——自营出口商品（按商品的实际成本）

  贷：在途物资（按商品的实际成本）

【例3-2】某外贸公司购入甲商品一批，发票及账单已经收到，但商品尚未到达。收到的增值税专用发票上注明商品价款 200 000 元，增值税 26 000 元。货款已经通过银行转账支付。该公司为增值税一般纳税人，根据上述经济业务，应做如下账务处理。

（1）收到发票及账单时：

借：在途物资——甲商品   200 000

    应交税费——应交增值税（进项税额）   26 000

  贷：银行存款   226 000

（2）商品到达并验收入库时：

借：库存商品——甲商品   200 000

  贷：在途物资——甲商品   200 000

3. 商品已到并已验收入库，但结算凭证未到，货款尚未支付

当商品已经到达并已验收入库，但发票账单等结算凭证未到，货款尚未支付时，则根据以下程序进行处理：

第1步，在没有收到发票账单等结算凭证前，先不做账务处理；

第2步，如果月末发票等结算凭证仍未到，那么须按商品的暂估价值，借记"库存商品——自营出口商品"科目，贷记"应付账款——暂估应付账款"科目；

第3步，下月初先用红字作同样的记账凭证予以冲回；

第4步，待收到发票账单等结算凭证后，再按实际金额，借记"库存商品——自营出口商品""应交税费——应交增值税（进项税额）"科目，贷记"银行存款""应付账款""应付票据"等科目。

【例3-3】某外贸公司购入丙商品一批，于5月28日收到商品并验收入库，但是发票等结算凭证直到6月6日才收到，上面注明商品价款300 000元，增值税39 000元。收到发票的当日，公司通过银行转账支付了该笔款项。该公司为增值税一般纳税人，根据上述经济业务，应做如下账务处理。

（1）5月28日，公司收到商品时，由于尚未收到发票等结算凭证，可先不做账务处理。

（2）5月31日（月末），由于仍未收到发票等结算凭证，先将该批商品估价入账（假设暂估价300 000元）：

借：库存商品——丙商品   300 000
    贷：应付账款——暂估应付账款   300 000

（3）6月初，用红字（以方框表示，下同）将上述分录原账冲回：

借：库存商品——丙商品   300 000
    贷：应付账款——暂估应付账款   300 000

（4）6月6日，收到发票并支付货款时：

借：库存商品——丙商品   300 000
    应交税费——应交增值税（进项税额）   39 000
    贷：银行存款   39 000

4. 运杂费的账务处理

外贸企业出口货物属于增值税免税项目，发生的国内运费不可以抵扣进项税额。根据规定，企业采购出口商品时，如果运杂费不包含在商品价格里，而是单独核算，那么即使取得相应的运费增值税发票，其进项税额也是不予以出口退税的。会计核算时，企业可以将运杂费直接记入"销售费用"科目。

【例3-4】某外贸公司购进一批准备自营出口的运动鞋。采购合同约定商品价格不含运费，运费5 300元（含增值税300元），公司已收到运费专票并支付了款项。根据上述经济业务，该公司应做如下账务处理：

借：销售费用   5 300

 贷：银行存款   5 300

二、购进出口商品特殊情况的核算

1.进货退出

进货退出是指商品购进验收入库后，因数量、质量、品种、规格不符，再将商品退回供应商。

由于进货量大，外贸企业对原箱整件包装的商品，一般在验收时只做抽样检查，因此在入库后复验商品时，往往会发现商品的数量、质量、品种、规格不符。针对这种情况，外贸企业应及时与供应商联系，调换或补回商品，或者做进货退出处理。

在发生进货退出业务时，应按税务规定由供应商开出红字专用发票，外贸企业据以进行进货退出的核算。

【例3-5】某外贸公司之前向飘逸公司购进羽绒服1 000套，每套500元，货款已付清。后复验发现其中100套质量不符合要求，经联系后飘逸公司同意退货。

（1）6月5日，收到飘逸公司退货的红字专用发票，开列退货款50 000元，退增值税税额6 500元：

借：应收账款——飘逸公司   56 500

  应交税费——应交出口增值税（进项税额）   6 500

 贷：库存商品——库存出口商品   50 000

（2）6月6日，收到对方退来货款及增值税税额：

借：银行存款   56 500

 贷：应收账款——飘逸公司   56 500

2.购进商品退补价

外贸企业购进的出口商品，有时由于供应商疏忽，会发生单价开错或者价格计算错误，需要调整商品货款的情况，因此就会产生商品退补价的核算。

在发生商品退补价时，应由供应商填制更正发票交给外贸企业，据以进行退补价款的核算。

（1）购进商品退价的核算

购进商品退价是指原先结算货款的进价高于实际进价，应由供应商将高于实际进价的差额退还给外贸企业。

① 商品未售出：

借：应收账款

　　贷：库存商品——库存出口商品

　　　　应交税费——应交出口增值税（进项税额）

② 商品已售出：

借：应收账款

　　贷：主营业务成本

　　　　应交税费——应交出口增值税（进项税额）

【例3-6】某外贸公司向立达公司购进出口商品2 000件，每件50元，商品已验收入库，款项已支付。今收到立达公司开来的红字更正发票，列明每件商品应为45元，应退货款10 000元，增值税税额1 300元，退货和退税款尚未收到。

借：应收账款——立达公司　　　　　　　　　　　　　　　11 300

　　贷：库存商品——库存出口商品　　　　　　　　　　　10 000

　　　　应交税费——应交出口增值税（进项税额）　　　　　1 300

（2）购进商品补价的核算

购进商品补价是指原先结算货款的进价低于实际进价，外贸企业将低于实际进价的差额补付给供应商。

① 商品未售出：

借：库存商品——库存出口商品

　　应交税费——应交出口增值税（进项税额）

　　贷：应付账款

② 商品已售出：

借：主营业务成本

　　应交税费——应交出口增值税（进项税额）

　　贷：应付账款

【例3-7】某外贸公司之前向迅达公司购进商品1 000件，每件300元，商品已验收入库，款项已支付。后收到迅达公司更正发票，列明每件商品应为350元，应补付货款50 000元，增值税税额6 500元。

借：库存商品——库存出口商品   50 000

   应交税费——应交出口增值税（进项税额）   6 500

 贷：应付账款——迅达公司   56 500

3. 购进商品发生短缺和溢余

外贸企业购进商品，应认真验收以确保账实相符。如果商品发生短缺或溢余情况，除根据实收数量入账外，还应查明缺溢原因，及时予以处理。

购进商品发生短缺或溢余的主要原因有：在运输途中由于不可抗拒的自然条件和商品性质等因素，使商品发生损耗或溢余；因运输物流企业的失误造成事故或丢失商品；因供应商的疏忽造成少发或多发商品，以及不法分子贪污盗窃等。因此，对于商品短缺或溢余，外贸企业要认真调查、具体分析、明确责任、及时处理，以保护本企业财产的安全。

（1）购进商品发生短缺的核算

外贸企业购进商品发生短缺时，在查明原因前，应通过"待处理财产损溢"账户进行核算。

查明原因后，如果是供应商少发商品，经联系后，可由其补发商品或做进货退出处理；如果是运输途中的自然损耗，则应作为"销售费用"列支。如果是责任事故，应由运输单位或责任人承担经济责任的，则作为"其他应收款"处理；应由本企业承担损失的，报经批准后，在"管理费用"或"营业外支出"账户列支。

【例3-8】某外贸公司向燕龙公司购进商品200件，每件500元，货款共计100 000元，增值税税额13 000元。款项已支付。商品运抵后，经验收发现短缺10件，实收190件，总额5 000元，增值税税款650元。

（1）收到发票支付货款时：

借：在途物资   100 000

   应交税费——应交出口增值税（进项税额）   13 000

 贷：银行存款   113 000

（2）发现短缺时：

借：库存商品——库存出口商品　　　　　　　　　　　　　95 000

　　贷：在途物资　　　　　　　　　　　　　　　　　　　95 000

借：待处理财产损溢——待处理流动资产损溢　　　　　　　5 650

　　贷：在途物资　　　　　　　　　　　　　　　　　　　5 000

　　　　应交税费——应交增值税（进项税额转出）　　　　650

（3）经查明，短缺的商品是因对方少发货造成的，做退款处理（已收到红字发票）：

借：应收账款——燕龙公司　　　　　　　　　　　　　　　5 650

　　贷：待处理财产损溢——待处理流动资产损溢　　　　　5 650

若短缺的商品是自然灾害等原因造成的，经批准应列作"营业外支出"：

借：营业外支出　　　　　　　　　　　　　　　　　　　　5 650

　　贷：待处理财产损溢——待处理流动资产损溢　　　　　5 650

若在保险公司赔偿范围内，则由其全额赔偿：

借：应收账款——应收赔偿款　　　　　　　　　　　　　　5 650

　　贷：待处理财产损溢——待处理流动资产损溢　　　　　5 650

（2）购进商品发生溢余的核算

外贸企业购进商品发生溢余，在查明原因前，应通过"待处理财产损溢"账户进行核算。查明原因后，如果是运输途中的自然升溢，应冲减"销售费用"账户；如果是供应商多发商品，可与对方联系，由其补来专用发票后，作为商品购进处理。

【例3-9】 某外贸公司向翔安公司购进商品1 000件，每件300元，货款共计300 000元，增值税税额39 000元。款项已支付。

（1）采购商品时：

借：在途物资　　　　　　　　　　　　　　　　　　　　300 000

　　应交税费——应交出口增值税（进项税额）　　　　　39 000

　　贷：银行存款　　　　　　　　　　　　　　　　　　339 000

（2）商品到达后，验收时实收1 100件，溢余100件，总额为30 000元：

借：库存商品——库存出口商品　　　　　　　　　　　　330 000

　　贷：在途物资　　　　　　　　　　　　　　　　　　300 000

　　　　待处理财产损溢——待处理流动资产损溢　　　　30 000

（3）经查明，溢余的100件商品属于对方多发，已补来专用发票，开列货款30 000元，增值税税额3 900元，账务处理如下：

借：待处理财产损溢——待处理流动资产损溢	30 000
贷：在途物资	30 000
借：在途物资	30 000
应交税费——应交出口增值税（进项税额）	3 900
贷：应付账款——翔安公司	33 900

若溢余的100件商品属于对方多发，退回供应单位，则做如下账务处理：

借：待处理财产损溢——待处理流动资产损溢	30 000
贷：库存商品	30 000

三、取得其他进项的核算

外贸企业在经营过程中还会因为购买办公用品、教育培训支出、差旅费等取得一些进项。通常情况下，如果企业仅仅只有自营出口的免税业务，那么这些进项是不可以抵扣的；如果企业还兼营内销、进口等业务，那么这些进项是可以抵扣的。当然，由于税法对此没有明确规定，因此是否可以抵扣，外贸企业还需要与主管税务机关沟通确认。

1. 用于免税项目的进项核算

根据《中华人民共和国增值税暂行条例》（以下简称《增值税暂行条例》）的规定，下列项目的进项税额不得从销项税额中抵扣：

（1）用于简易计税方法计税项目、免征增值税项目、集体福利或者个人消费的购进货物、劳务、服务、无形资产和不动产；

（2）非正常损失的购进货物，以及相关的劳务和交通运输服务；

（3）非正常损失的在产品、产成品所耗用的购进货物（不包括固定资产）、劳务和交通运输服务；

（4）国务院规定的其他项目。

【例3-10】6月15日，某外贸公司以银行存款购买一批商品发放给员工作为福利，合计价款20 340元（含增值税2 340元）。

（1）购买福利用品时：

借：应付职工薪酬——福利费	18 000
应交税费——应交增值税（进项税额）	2 340
贷：银行存款	20 340

（2）进项税额转出时：

借：应付职工薪酬——福利费　　　　　　　　　　　　　　　　　　2 340

　　贷：应交税费——应交增值税（进项税额转出）　　　　　　　　2 340

（3）结转管理费用时：

借：管理费用——福利费　　　　　　　　　　　　　　　　　　　20 340

　　贷：应付职工薪酬——福利费　　　　　　　　　　　　　　　20 340

2. 购进国内旅客运输服务的进项核算

根据规定，纳税人购进国内旅客运输服务，其进项税额允许从销项税额中抵扣。纳税人未取得增值税专用发票的，暂按照以下规定确定进项税额。

（1）取得增值税电子普通发票的，进项税额为发票上注明的税额。

（2）取得注明旅客身份信息的航空运输电子客票行程单的，按照下列公式计算进项税额：

$$航空旅客运输进项税额 = （票价 + 燃油附加费） ÷ （1+9\%） × 9\%$$

（3）取得注明旅客身份信息的铁路车票的，按照下列公式计算进项税额：

$$铁路旅客运输进项税额 = 票面金额 ÷ （1+9\%） × 9\%$$

（4）取得注明旅客身份信息的公路、水路等其他客票的，按照下列公式计算进项税额：

$$公路、水路等其他旅客运输进项税额 = 票面金额 ÷ （1+3\%） × 3\%$$

【例 3-11】某外贸公司业务部张恩慧出差回来，报销差旅费 6 836 元，补付现金 836 元（前期预借差旅费 6 000 元）。其中，住宿费 3 180 元（已取得增值税专用发票，增值税税额为 180 元）、火车票 1 090 元、其他消费 2 566 元。

火车票可抵扣的进项税额 = 1 090 ÷ （1+9\%） × 9\% = 90（元）

借：管理费用——差旅费　　　　　　　　　　　　　　　　　　　6 566

　　应交税费——应交增值税（进项税额）　　　　　　　　　　　　270

　　贷：其他应收款——张恩慧　　　　　　　　　　　　　　　　6 000

　　　　库存现金　　　　　　　　　　　　　　　　　　　　　　836

四、出口商品销售的核算

出口商品销售的核算主要包括收到预收款、支付国内费用、确认出口销售收入、结转出口销售成本、核算国外运保费及收汇与结汇等内容。

1. 收到预收款

为防范风险，有些外贸企业在签订出口合同时会先收取一部分预收款。外贸企业可以设置"预收账款——预收外汇账款"账户，用于核算出口销售收取的预收外汇账款；没有设置"预收账款——预收外汇账款"账户的，可以将预收款记入"应收账款——应收外汇账款"账户。

借：银行存款——外币户

贷：预收账款——预收外汇账款

或应收账款——应收外汇账款

2. 支付国内费用

出口商品支付的国内费用主要包括国内运费、出口专用包装费、报检费、报关费、港杂费及快递费等。对于外贸企业，支付的这些国内费用应记入"销售费用"账户。这些销售费用如果没有单独核算，期末应采取合理的方法进行分配，从而计算每种（每笔）出口商品的盈亏情况。

此外，由于出口商品免税，因此出口商品所支付的这些国内费用对应的增值税进项税额也不能抵扣。账务处理为：

借：销售费用

贷：银行存款

3. 确认出口销售收入

出口商品办理报关手续后，取得运输单据或已经向银行交单，应及时确认出口销售收入。外贸出口中的交单，就是向银行提交单据。出口商品已经装船装车并取得已装船提单或铁路运单时，外贸企业应根据信用证或出口合同规定，将全套出口单证交给银行，委托银行向进口方索取货款。

出口商品收入的入账金额以离岸价（FOB价）为基础。以离岸价以外价格条件（如CIF）成交的出口商品，其发生的国外运输保险及佣金等费用支出，应冲减销售收入或计入其他应付款。

实务中，外贸企业的记账汇率通常采取当日即期汇率或出口当月第一个工作日人民币汇率中间价。账务处理为：

借：应收账款——应收外汇账款

    贷：主营业务收入——自营出口销售收入

4. 结转出口销售成本

出口商品结转销售成本应与结转销售收入同时进行。由于外贸企业一般先有国外订单，再采购相关商品，因此库存出口商品通常采取个别计价法核算。

借：主营业务成本——自营出口销售成本

    贷：库存商品——自营出口商品

外贸企业在出口销售时，应先备妥发票、装箱单以及其他出口单证，然后将产品出库交给对外运输单位（如国际快递、船货代公司等），办理出口手续。由于此时发出商品尚未达到出口销售收入确认条件，因此有些外贸企业在会计核算时，会先通过"发出商品"账户核算。

（1）办理出口托运：

借：发出商品——自营出口商品

    贷：库存商品——自营出口商品

（2）结转销售成本：

借：主营业务成本——自营出口销售成本

    贷：发出商品——自营出口商品

5. 核算国外运保费

外贸出口的运保费，即海运费（包括空运费、陆运费）和货运保险费。海运费是指运费单据上注明的海运费，不包括其他费用（如内陆运费、吊装费、口岸杂费等），单据上注明的其他费用应作为销售费用处理。

对于 CIF 价与 FOB 价之间的差额，即海运费和保险费的账务处理，目前并没有明确的处理规定，实务中一般有以下两种处理方式。

（1）通过收入科目核算

会计上先按 CIF 价确认收入，海运费及保险费计入出口销售收入，在实际支付时冲减出口销售收入。

借：主营业务收入——自营出口销售收入

    贷：银行存款

【例 3-12】某外贸公司发生如下业务：

5月8日，收到美国M公司的预付款100 000美元，当日汇率为6.53；

5月15日，向美国M公司出口一批甲商品，货款总额200 000美元（CIF价），该批出口商品国内采购成本为1 000 000元；

5月20日，支付国内运费（到目的港运费及港杂费）10 900元；

5月23日，支付海运费2 000美元，国外保险费1 000美元，海运费及国外保险费以自有外汇账款支付，当日汇率为6.52；

5月30日，收到美国M公司的尾款100 000美元，当日汇率为6.50。

该外贸公司国外费用的账务处理通过收入科目核算。

（1）5月8日预收账款时：

借：银行存款——美元户　　　　　　　（100 000×6.53）653 000

　　贷：预收账款——应收外汇账款——M公司　　　　　653 000

（2）5月15日确认销售收入：

借：预收账款——应收外汇账款——M公司（200 000×6.53）1 306 000

　　贷：主营业务收入——自营出口销售收入　　　　　1 306 000

（3）5月15日结转销售成本：

借：主营业务成本——自营出口销售成本　　　　　　1 000 000

　　贷：库存商品——库存出口商品——甲商品　　　　1 000 000

（4）5月20日支付国内运费：

借：销售费用　　　　　　　　　　　　　　　　　　　　10 900

　　贷：银行存款　　　　　　　　　　　　　　　　　　10 900

（5）5月23日支付海运费：

借：主营业务收入——自营出口销售收入　　　　　　　　13 040

　　贷：银行存款——美元户　　　　　　　（2 000×6.52）13 040

（6）5月23日支付国外保险费：

借：主营业务收入——自营出口销售收入　　　　　　　　6 520

　　贷：银行存款——美元户　　　　　　　（1 000×6.52）6 520

（7）5月30日收到尾款：

借：银行存款——人民币户　　　　　　（100 000×6.50）650 000

　　财务费用——汇兑损益　　　　　　　　　　　　　　3 000

　　贷：预收账款——应收外汇账款——M公司　　　　　653 000

（2）通过往来科目核算

会计和税务上均按 FOB 价确认收入，海运费和保险费可以通过"其他应付款"科目核算。在收到境外公司款项时，贷记"其他应付款"；实际支付海运费和保险费时，再冲减"其他应付款"科目。

为正确计算出口成本及盈亏额，对应在本期负担而尚未支付的国外运费、保险费和佣金，应分别进行预提，冲减本期销售收入。

① 预提时：

借：主营业务收入——自营出口销售收入

　　贷：应付账款——应付外汇账款——预计国外费用

② 实际支付时：

借：应付账款——应付外汇账款——预计国外费用

　　贷：银行存款

当实际支付与预期有差异时，本期差额列入"主营业务收入——自营出口销售收入"，跨期差额记入"以前年度损益调整"账户。

6. 收汇与结汇

出口销售的收汇，是指外贸企业因出口货物或提供服务等而产生的应收货款，从境外汇入的外币到境内指定收汇银行的外币账户上的过程。简单来说，收汇是因出口货物或提供劳务等而产生的收入外汇款项，相当于收款。目前，我国允许外贸企业在一定的条件下保留现汇，企业可以根据汇率的长短期变化趋势、人民币资金账户的头寸数额、支付外币运保佣以及进口货款的用汇量等因素，选择保留现汇还是立即结汇。

外贸企业出口销售收入实现时，应将出口销售收入时的汇率与实际收汇时的汇率加以区分，出口销售收入入账时以记账规定的汇率计算，同时记应收外汇账款。收汇结算时按当日银行现汇买入价折合成人民币，将与其对应的应收外汇账款人民币的差额计入汇兑损益。

对于收汇结汇过程中产生的汇兑差额，应根据情况借记或贷记"财务费用——汇兑损益"科目。结汇时的银行外汇买入价低于记账汇率，记入"财务费用——汇兑损益"科目的借方，反之记入贷方。

此外，收汇时通常还需要支付银行手续费，因此实际收汇金额会少于客户汇款金额。支付给银行的手续费应记入"财务费用"科目。

（1）收汇时：

借：银行存款——外币户

财务费用——手续费

——汇兑损益

贷：应收账款——应收外汇账款

（2）结汇时：

借：银行存款——人民币户

财务费用——汇兑损益

贷：银行存款——外币户

【例3-13】6月5日，某外贸公司出口一批运动鞋，发票金额为100 000美元（CIF价），预计海运费5 000美元，当日汇率为6.60。6月25日，银行通知该笔货款到账，并出具了结汇水单。水单显示：当天银行买入价为6.50元，国外银行扣费用100美元。

借：银行存款——人民币户 　　　　　　　　　　　（99 900×6.50）649 350

财务费用——银行手续费 　　　　　　　　　　　（100×6.50）650

——汇兑损益 　　　　　　　　　　　10 000

贷：应收账款——应收外汇账款 　　　　　　　（100 000×6.60）660 000

如果6月25日结汇时银行买入价为6.70元，那么账务处理为：

借：银行存款——人民币户 　　　　　　　　　　　（99 900×6.70）669 330

财务费用——银行手续费 　　　　　　　　　　　（100×6.50）650

贷：应收账款——应收外汇账款 　　　　　　　（100 000×6.60）660 000

财务费用——汇兑损益 　　　　　　　　　　　9 980

【例3-14】某外贸公司有一笔出口业务，5月20日订立合同，约定FOB总价款为10 000美元，当日汇率为6.55；5月23日收到预收款5 000美元，汇率6.54；6月5日报关出口开具出口发票，汇率6.53；6月23日收到尾款5 000美元，汇率6.51。假设无其他费用，企业按业务发生时的即期汇率折算，汇兑损益采用逐笔结转法。

（1）5月20日，不需要进行会计处理。

（2）5月23日，收到预收款5 000美元，按汇率6.54折算为人民币32 700元：

借：银行存款——美元户 　　　　　　　　　　　（5 000×6.54）32 700

贷：预收账款——预收外汇账款 　　　　　　　　　　　32 700

（3）6月5日，开发票时按当日汇率折算为人民币65 300元：

借：预收账款——预收外汇账款 　　　　　　　　　（10 000×6.53）65 300

　　贷：主营业务收入——自营出口销售收入 　　　　　　　　　　　　　65 300

（4）6月23日，收到尾款，按当日汇率折算为人民币32 550元，但该项销售业务预收项目的余额为32 600元，差额（50元）部分为汇兑损益，计入财务费用。

借：银行存款——美元户 　　　　　　　　　　　　　（5 000×6.51）32 550

　　财务费用——汇兑损益 　　　　　　　　　　　　　　　　　　　　　　　50

　　贷：预收账款——预收外汇账款 　　　　　　　　　　　　　　　　　32 600

五、支付国外佣金的核算

外贸业务经常会遇到支付佣金的问题。佣金是出口销售价格的组成部分，也是给中间商的一种报酬。

佣金支付方法有两种：一种是议付佣金，即出口货款结汇时，由银行按规定佣金率在结汇款中代扣后，支付给国外客户；另一种是出口方在收妥全部货款后，将佣金另行汇付国外。企业在支付佣金后，应按实际支付金额冲减出口销售收入，以外币支付的与上述处理方法相同。

佣金分为明佣、暗佣、累积佣金三种，其支付方式不同，账务处理也不同。

1. 明佣

明佣又称发票内佣金，是指在交易中要公开表明的金额，国外客户在支付出口货款时会直接扣除。明佣需要在买卖合同、信用证等相关单证上明确标明数额，表示方法通常为写在贸易术语后面，如"CIFC5%"，就代表含5%佣金的价格。出口企业根据扣除佣金后的销售货款净额收取货款，不再另付佣金。

值得注意的是，虽然明佣由国外客户在支付出口货款时直接扣除，不需要出口企业另付，但在出口销售收入的核算中应单独反映，将这部分费用作为冲减销售收入的一部分。

借：应收账款——应收外汇账款（扣除佣金后的货款净额）

　　贷：主营业务收入——自营出口销售收入——货款（货款总额）

　　　　　　　　　　　　——自营出口销售收入——佣金（红字）

【例3-15】某外贸公司向美国兰特公司出口1 000件商品，销售总价为50 000美元，出口佣金（明佣）按成交价的 1% 计算。企业向银行办理交单结汇，当天外汇美元中间价为 6.60 元。3 个月后收款，此时外汇美元中间价为 6.50 元，则相应的账务处理如下。

（1）销售时，按金额扣除佣金数的净额计入应收账款，佣金部分冲减销售收入：

应付佣金 = 50 000 × 1% = 500（美元）

货款 = 50 000 - 500 = 49 500（美元）

借：应收账款——应收外汇账款——兰特公司 　　　　（49 500 × 6.60）326 700

　　贷：主营业务收入——自营出口销售收入——货款 　　（50 000 × 6.60）330 000

　　　　　　　——自营出口销售收入——出口佣金 　　（500 × 6.60）3 300

（2）收款时：

借：银行存款——美元户 　　　　　　　　　　　　　（49 500 × 6.50）321 750

　　财务费用——汇兑损益 　　　　　　　　　　　　　4 950

　　贷：应收账款——应收外汇账款——兰特公司 　　　　　326 700

2. 暗佣

暗佣又称发票外佣金，是指出口企业在向购买方报价时，不在合同中明确佣金率，不在出口发票上列示佣金金额，而是同中间商按事先约定另付佣金的一种做法。

采取暗佣方式的，出口企业应先根据销售总额收取货款，再另付佣金。

【例 3-16】国内甲外贸公司向美国乙公司出口一批轴承，在出口合同的价格条款及出口发票上均未标明佣金，暗佣金额对实际买主保密。甲外贸公司与美国中介服务机构丙公司另行签订"付佣协议"（或"代理协议"），甲外贸公司收到货款后将佣金支付给丙公司。

案例解析：

对于暗佣，需要特别注意增值税的税务处理。首先，甲外贸公司要确定中介服务机构丙公司是否需要就这笔佣金代扣代缴增值税。根据相关政策，境外单位向境内单位销售完全在境外发生的服务，不属于在境内销售服务，不征收增值税。此时，就需要判断丙公司购买的服务是否完全发生在境外。甲外贸公司直接与丙公司签订合同，中介服务实际发生地在境外且与境内货物销售无关。基于此，丙公司提供的中介服务可判定为完全发生在境外的服务，不征收增值税。实务中，部分境外中间商会在我国境内设立办事机构或代理人，如果出口企业与这些机构签订中介服务合同，那么所发生的佣金支出则不属于不征收增值税的项目，出口企业需要依法代扣代缴增值税及相关税费。

此外，对于出口企业代扣代缴的增值税是否可以作为增值税进项税额用于抵扣销项税额的问题，需要区分不同的情况做出处理。如果出口货物适用免抵退税政策，那么相当于企业出口货物适用零税率，对应支付出口佣金代扣代缴的增值税可以计入可抵扣增值税进项税额；如果出口货物适用出口免退税政策，根据相关规定，企业支付的出口佣金属于用于免征增值税项目，其进项税额不得抵扣。

暗佣的支付方式有两种：议付佣金和汇付佣金。

（1）议付佣金

议付佣金是指在出口货物结汇时，由银行从货款总额中扣留佣金并付给国外中间商的佣金支付方式。该方式下，出口企业收到的结汇款为扣除佣金后的货款净额。

①计提时：

借：主营业务收入——自营出口销售收入——佣金（红字）

　　贷：应付账款——应付外汇账款——应付佣金

②结汇时：

借：银行存款

　　　财务费用——汇兑损益

　　　应付账款——应付外汇账款——应付佣金

　　贷：应收账款——应收外汇账款——货款

【例 3-17】某外贸公司 5 月 8 日向美国 K 公司出口一批甲商品，货款总额为 100 000 美元（CIF 洛杉矶），议付暗佣 1%，采取信用证方式结算。该批出口商品国内采购成本为 550 000 元，国内运费（到目的港运费及港杂费）5 450 元，海运费 1 000 美元，国外保险费 500 美元。交单日汇率 6.53，收款付佣日汇率 6.50；海运费及国外保险费以自有外汇账款支付，汇率 6.52。国外费用账务处理通过收入科目核算。

（1）确认销售收入：

借：应收账款——应收外汇账款——K 公司　　　　　（100 000×6.53）653 000

　　贷：主营业务收入——自营出口销售收入　　　　　　　　　　　　653 000

借：主营业务收入——自营出口销售收入　　　　　　　　　　　　　　6 530

　　贷：应付账款——应付外汇账款——应付佣金　　　　（1 000×6.53）6 530

（2）结转销售成本：

借：主营业务成本——自营出口销售成本　　　　　　　　　　　　　550 000

　　贷：库存商品——库存出口商品——甲商品　　　　　　　　　　　550 000

（3）支付国内运费：

借：销售费用   5 450

　　贷：银行存款   5 450

（4）支付海运费：

借：主营业务收入——自营出口销售收入   6 520

　　贷：银行存款——美元户   （1 000×6.52）6 520

（5）支付国外保险费：

借：主营业务收入——自营出口销售收入   3 260

　　贷：银行存款——美元户   （500×6.52）3 260

（6）收款付佣：

借：银行存款——人民币户   （99 000×6.50）643 500

　　财务费用——汇兑损益   3 000

　　应付账款——应付外汇账款——应付佣金   （1 000×6.50）6 500

　　　贷：应收账款——应收外汇账款   653 000

（2）汇付佣金

汇付佣金是指出口结汇时，按货款总额收汇，结汇后另行到银行购买外汇，汇付给国外中间商的佣金支付方式。这是目前支付佣金使用最多的一种方式。

①计提时：

借：主营业务收入——自营出口销售收入——佣金（红字）

　　贷：应付账款——应付外汇账款——应付佣金

②在出口货物收汇并另行购汇付佣时：

借：应付账款——应付外汇账款——应付佣金

　　贷：银行存款

【例3-18】某外贸公司出口一批货物，货款总计200 000美元（FOB价），按合同约定，佣金率为1%，采用汇付方式。交单日汇率6.51，收款日汇率6.50，付佣日购汇汇率6.52。

（1）交单确认收入：

借：应收账款——应收外汇账款   （200 000×6.51）1 302 000

　　贷：主营业务收入——自营出口销售收入   1 302 000

（2）计提佣金：

借：主营业务收入——自营出口销售收入　　　　　　　　　　　　　13 020

　　贷：应付账款——应付外汇账款——应付佣金　　　　（2 000×6.51）13 020

（3）收款时：

借：银行存款——人民币户　　　　　　　　　　（200 000×6.50）1 300 000

　　财务费用——汇兑损益　　　　　　　　　　　　　　　　　　　　2 000

　　贷：应收账款——应收外汇账款　　　　　　　　　　　　　　 1 302 000

（4）购汇付佣：

借：应付账款——应付外汇账款——应付佣金　　　　　　　　　　　13 020

　　财务费用——汇兑损益　　　　　　　　　　　　　　　　　　　　　20

　　贷：银行存款——人民币户　　　　　　　　　　　 （2 000×6.52）13 040

3. 累计佣金

累计佣金是由出口企业与国外包销、代理客户签订协议，在一定期间内按累计数额支付的佣金。

累计佣金能具体认定为属于某笔出口销售收入的，应按冲减分录做冲减销售收入处理；无法认定的，应列入"销售费用"科目。分录如下：

借：销售费用

　　贷：应付账款——应付外汇账款——佣金

【例3-19】6月30日，某外贸公司依据协议向境外中介服务机构支付累计佣金1 000美元，当日汇率为1美元=6.50元人民币。

借：销售费用　　　　　　　　　　　　　　　　　　　　　　　　　6 500

　　贷：应付账款——应付外汇账款——佣金　　　　　　 （1 000×6.50）6 500

六、退关及销货退回

1. 退关

退关是指外贸企业的商品发货出库后，因故未能装运出口，商品重新运回仓库。储运部门在接到业务部门转来的出口商品止装通知单后，应将已发出的商品提回，并办理入库手续。

2. 销货退回

外贸企业的商品出口销售后，因故遭到国外进口方的退货，在收到运回商品的海运提单时，应区别具体情况进行会计核算。

（1）根据出口商品的提单及原发票复印件等凭证，做转销出口销售收入的账务处理。

收到海运提单：

借：主营业务收入——自营出口销售收入——×× 商品（红字）

　　贷：应收外汇账款——×× 客户

　　　　或应付外汇账款（在货款已收到的情况下）

同时，冲销原结转的销售成本：

借：主营业务成本——自营出口销售成本——×× 商品（红字）

　　贷：在途商品——国外退货（红字）

（2）退回商品入库，凭商品入库单：

借：库存商品——出口库存商品

　　贷：在途商品——国外退货

（3）对出口销售退回商品，原出口时支付的国外运费、保险费，国内运费、装卸费等，均应通过"待处理财产损溢"账户冲销：

借：待处理财产损溢——待处理流动资产损溢

　　贷：销售费用（国内费用）

　　　　主营业务收入——自营出口销售收入——国外运费

　　　　　　　　　　　　　　　　　　　　　——国外保险费

（4）确认佣金。若支付佣金的方式是明佣，则在出口发票上已经扣除，不需要再做冲回处理。若支付佣金的方式是暗佣，则账务处理为：

借：应付账款——应付外汇账款——应付佣金

　　贷：主营业务收入——自营出口销售收入——佣金

（5）退回商品发生的国内外费用：

借：待处理财产损溢——待处理流动资产损溢

　　贷：银行存款

（6）国外退货损失。国外退货损失应在报批后根据责任人造成、发生意外、管理不善等原因，分别记入"其他应收款""营业外支出""管理费用"等账户：

借：其他应收款

营业外支出

管理费用

贷：待处理财产损溢——待处理流动资产损溢

（7）已申报退税的出口货物，还应到主管税务机关申请办理已补税证明，补交应退税款：

借：应交税费——应交增值税（出口退税）

主营业务成本——自营出口销售成本（消费税）

贷：主营业务成本——自营出口销售成本（按征退税率之差计算）

（8）退回的出口货物转做内销处理，外贸企业除应冲转销售成本外，对已申报退税的，还应按规定持有关证明到其主管税务机关申请办理《出口商品退运已补税证明》，补交应退税款，同时申请《出口货物转内销证明》。

补交应退的税款时，会计分录同（7）。

出口企业取得《出口货物转内销证明》后，按有关金额计算内销货物的进项税额，会计分录如下：

借：应交税费——应交增值税（进项税额）

贷：应收出口退税款（按退税率计算）

主营业务成本——自营出口销售成本（按征退税率之差计算）

（9）退回调换商品，不论部分或全部，除应先按上述退回商品冲转销售成本外，在重新发货时，还应按自营出口同样做销售收入及成本的账务处理。如果调换的出口货物不变更品种、数量，对原销售进价影响不大，也可以简化账务处理。

对已申报退税的出口货物，应到其主管税务机关申请办理《出口商品退运已补税证明》，补交应退税款。更换的货物重新报关出口后，再按规定办理申报退税手续。

【例3-20】某外贸公司于2021年5月向A客户出口甲商品一批，相关业务如下。

（1）商品的出口成本为100 000元。

（2）出口发票列明：CIF20 000美元，扣除2%的出口佣金400美元（明佣），销货净额19 600美元，当日美元市场汇率为6.50。

（3）发生国内运费1 090元。

（4）发生海运费500美元、保险费300美元，当日美元市场汇率为6.45。

（5）收取销货款时，当日美元市场汇率为6.40。

（6）出口商品因故被进口商退回，发生国内外费用 8 000 元。

根据以上具体业务，账务处理如下。

（1）确认收入、佣金：

借：应收外汇账款——A 客户 　　　　　　　　　　（19 600×6.50）127 400

　　贷：主营业务收入——自营出口销售收入——出口佣金 　（400×6.50）2 600

　　　　　　　　　　　　　　　　　　　　　——甲商品 　　　　　130 000

同时结转销售成本：

借：主营业务成本——自营出口销售成本——甲商品 　　　　　　　100 000

　　贷：库存商品——甲商品 　　　　　　　　　　　　　　　　　100 000

（2）支付国内运费：

借：销售费用 　　　　　　　　　　　　　　　　　　　　　　　　　1 090

　　贷：银行存款 　　　　　　　　　　　　　　　　　　　　　　　　1 090

（3）支付海运费和保险费：

借：主营业务收入——自营出口销售收入——运保费 　　（800×6.45）5 160

　　贷：银行存款 　　　　　　　　　　　　　　　　　　　　　　　　5 160

（4）销货款收汇：

借：银行存款 　　　　　　　　　　　　　　　　（19 600×6.40）125 440

　　财务费用——汇兑损益 　　　　　　　　　　　　　　　　　　　　1 960

　　贷：应收账款——应收外汇账款——A 客户 　　（19 600×6.50）127 400

（5）收到退回商品的海运提单：

借：主营业务收入——自营出口销售收入——甲商品 　　　　　　　127 400

　　贷：应收账款——应收外汇账款——A 客户 　　　　　　　　　127 400

同时，冲销原结转的销售成本：

借：在途商品——甲商品 　　　　　　　　　　　　　　　　　　　100 000

　　贷：主营业务成本——自营出口销售成本——甲商品 　　　　　　100 000

（6）退回商品入库：

借：库存商品——出口库存商品 　　　　　　　　　　　　　　　　100 000

　　贷：在途商品——甲商品 　　　　　　　　　　　　　　　　　100 000

（7）对退回商品，原出口时支付的国外运费、保险费，国内运费、装卸费予以
冲销：

借：待处理财产损溢——待处理流动资产损溢　　　　　　　　　　6 250

　贷：销售费用　　　　　　　　　　　　　　　　　　　　　　1 090

　　　主营业务收入——自营出口销售收入——运保费　　　　　5 160

（8）退回商品时，发生的国内外费用：

借：待处理财产损溢——待处理流动资产损溢　　　　　　　　　8 000

　贷：银行存款　　　　　　　　　　　　　　　　　　　　　　8 000

（9）退货损失，报批后转入"营业外支出"账户：

借：营业外支出　　　　　　　　　　　　　　　　　　　　　14 250

　贷：待处理财产损溢——待处理流动资产损溢　　　　　　　14 250

七、索赔和理赔

1. 索赔

索赔是指外贸企业因进口方违反合同规定而遭受损失时，根据合同规定向对方提出的赔偿要求。

属于进口方责任而引起索赔的原因主要有：进口方未按期付款，未及时办理运输手续，未及时开立信用证以及其他违反合同或法定义务的行为。

外贸企业出口销售业务的索赔，经进口方确认并同意赔偿后进行账务处理：

借：应收账款——应收外汇账款

　贷：营业外收入——出口索赔

2. 理赔

理赔是指外贸企业因违反合同规定使进口方遭受损失，受理对方根据合同规定提出的赔偿要求。

属于出口方责任而引起对方索赔的原因主要有：出口方所交货物的品质、数量、包装与合同不符，未按期交货以及不在保险责任范围内的商品短缺、残损严重等情况。凡不属于保险责任范围，又在合约规定的索赔期限内的损失，需进口方提供有关证明，外贸企业经核实，确认情况属实，应负责赔偿的，进行如下账务处理。

（1）在确认理赔后：

借：待处理财产损溢——待处理流动资产损溢

　贷：应付账款——应付外汇账款——出口理赔

（2）查明原因，分情况进行处理。

①属于国内供货单位的责任，经协商同意赔偿的：

借：其他应收款

　　贷：待处理财产损溢——待处理流动资产损溢

②属于出口商品包装不善、商品逾期装运，因本企业管理不善造成的，经批准：

借：管理费用

　　贷：待处理财产损溢——待处理流动资产损溢

③属于少发货，经核实确认，应做销货退回处理的，根据红字外销出库凭证：

借：主营业务收入——自营出口销售收入（红字）

　　贷：应收外汇账款

同时，调整原销售成本：

借：待处理财产损溢——待处理流动资产损溢

　　贷：主营业务成本——自营出口销售成本（红字）

④如果少发的商品是短缺所造成的，经报批后：

借：营业外支出——出口理赔

　　贷：待处理财产损溢——待处理流动资产损溢

⑤如果少发的商品为原供货单位责任，那么应向对方收取货款：

借：应收账款（银行存款）

　　贷：待处理财产损溢——待处理流动资产损溢

⑥属于错发商品的，按不同的情况进行处理。

若双方同意以调换商品处理，根据出库单调整库存商品及销售成本：

借：主营业务成本——自营出口销售成本（补发商品成本差额）

　　库存商品（退回错发商品）

　　贷：库存商品（补发商品）

若补发商品的价格小于退回错发商品：

借：主营业务成本——自营出口销售成本（补发商品成本差额）

　　库存商品（退回错发商品）

　　贷：库存商品（补发商品）

　　　　主营业务收入——自营出口销售收入（红字）

⑦对退回及补发商品所发生的国内、国外费用：

借：待处理财产损溢——待处理流动资产损溢

　　贷：银行存款

⑧ 报批后，根据责任人造成、意外损失、管理不善等原因，分别记入"其他应收款""营业外支出""管理费用"等账户：

借：营业外支出

　　其他应收款

　　管理费用

　　贷：待处理财产损溢——待处理流动资产损溢

⑨ 如果以退补差价的方式处理，那么应根据出口更改发票调整出口销售收入：

借：主营业务收入——自营出口销售收入

　　贷：应收账款——应收外汇账款

⑩ 所发商品的单价低于合同商品的单价，根据对方索赔的金额：

借：主营业务收入——自营出口销售收入（红字）

　　贷：待处理财产损溢——待处理流动资产损溢

【例 3-21】某外贸公司于 2021 年 6 月 3 日向美国乙公司出口一批乙商品，CIF 价为 50 000 美元，明佣 1 000 美元。记账汇率为 6.50，款项已收取。根据具体业务，账务处理如下。

（1）6 月 10 日，美国乙公司因收到的货物规格与合同不符，提出索赔 5 000 美元。经审核确认，该外贸公司同意理赔。当日美元市场汇率为 6.55。

借：待处理财产损溢——待处理流动资产损溢　　　　　　　　　　32 750

　　贷：应付账款——应付外汇账款——出口理赔　　（5 000×6.55）32 750

（2）6 月 13 日，查明原因为发错商品，应冲减商品销售收入：

借：自营出口销售收入——错发商品　　　　　　　　　　　　　　32 750

　　贷：待处理财产损溢——待处理流动资产损溢　　　　　　　　32 750

（3）6 月 18 日，收到储运部门转来的出库单两联，红字出库单列明乙商品 1 000 台，每台 300 元；蓝字出库单列明乙商品 1 000 台，每台 250 元。调整商品销售成本，账务处理如下：

借：库存商品——库存出口商品　　　　　　　　　　　　　　　　300 000

　　贷：库存商品——库存出口商品　　　　　　　　　　　　　　250 000

　　　　主营业务成本——自营出口销售成本　　　　　　　　　　 50 000

第三节　代理出口的核算

代理出口是指外贸企业或其他出口企业，受委托单位的委托，代办出口货物销售的一种出口业务。受托方必须有进出口经营权，委托方可以是出口企业，也可以是非出口企业。

一、代理出口销售业务的特点

与自营出口业务相比，代理出口销售业务具有以下特点。

（1）代理企业不垫付商品资金，不负担基本费用；代理出口销售业务不承担出口销售盈亏与经营风险，属于有偿服务。

（2）企业按出口发票的金额和规定向委托方计收手续费，作为经办代理出口销售业务的服务收入。

（3）为划清双方责任，受托方与委托方应事先协商并签订代理出口协议，明确规定代理范围、经营商品、商品交接、储存运输、费用负担、手续费率、外汇划拨、索赔处理、结算方式及双方其他职责等。

（4）代理业务发生的一切国内外直接费用都属于垫付性质，直接费用应由委托方负担，代理出口发生的间接费用则用向委托方收取的手续费进行补偿。

（5）代理出口业务的外汇结算有以下两种方式。

一是异地结汇法，也称委托方结汇，是指委托方向银行交单时办妥必要的手续，由银行在收到外汇货款时，向受托企业和委托单位分割收汇。采取该方法时，银行收到外汇货款后，将受托企业代垫的国外运费、保险费、佣金及代理手续费划给受托企业，将外汇余款原币划拨委托方，由委托方自行去委托地银行办理结汇。

二是全额收汇法，也称当地结汇，即由受托出口企业办理结汇收账，扣除各种代垫费用及代理手续费后，再将人民币余款划拨委托方。

（6）代理出口销售业务的出口退税通常由委托方自行办理，但受托方应提供相应的证明与凭单。一般由受托企业负责去所在地的税务局开立代理出口退税证明，由委托方持证明和出口报关单、出口收汇核销单及代理出口协议副本等文件向当地税务部门办理退税。

二、代理出口商品收发的核算

外贸企业根据合同规定收到委托单位发来的代理出口商品时，应根据储运部门转来的代理商品入仓单上所列的金额：

借：受托代销商品

    贷：代销商品款

代理商品出库后，应根据储运部门转来的代理业务出库单上所列的金额：

借：待运和发出商品——受托代销商品

    贷：受托代销商品

"受托代销商品"是资产类账户，用以核算企业接受其他单位委托代理出口的商品和代销的商品。企业收到其他单位代理出口商品或代销商品时，记入借方；代理出口商品发运后或代销商品销售后，结转其成本时，记入贷方；余额在借方，表示委托代理出口商品和代销商品的结存额。

"代销商品款"是负债类账户，用以核算企业接受代理出口商品和代销商品的货款。企业收到代理出口商品或代销商品时，记入贷方；代理出口商品或代销商品销售时，记入借方；余额在贷方，表示尚未销售的代理出口商品和代销商品的数额。

【例 3-22】昊联外贸公司接受泉州利华服装公司委托代理出口一批服装业务，服装已运到。

（1）6 月 2 日，代理出口的服装验收入库，入库单上列明入库服装 1 000 套，每套300 元：

借：受托代销商品——利华服装公司   300 000

    贷：代销商品款——利华服装公司   300 000

（2）6 月 5 日，代理出口的服装办理出库手续，结转出口销售成本时：

借：代销商品款——利华服装公司   300 000

    贷：受托代销商品——利华服装公司   300 000

三、代理出口商品销售收入的核算

代理出口业务属于代销性质，所取得的收入归属于委托方，不是受托出口企业的收入，不能记入受托出口企业的销售收入账户。但是，受托出口企业收取的代理手续费，是受托出口企业的一项收入。

在发出商品、取得提单后，受托出口企业就取得了向国外客户收取货款的权利。由于这项债权实际上属于委托方，因此受托出口企业在取得该项债权的同时，也产生了对委托企业的债务。

财务部门收到业务部门转来的代理出口商品的发票副本和银行回单后，应做如下处理：

借：应收账款——应收外汇账款（发票金额 × 即期汇率）

  贷：应付账款——×× 公司（委托方）

【例3-23】沿用【例3-22】，6月6日，昊联外贸公司根据代理出口合同将商品报关出口给美国 W 公司，并开具出口发票，每套 FOB 价格为 60 美元，共计货款 60 000 美元。当日美元汇率的中间价为 6.50 元。

借：应收账款——应收外汇账款   （60 000 × 6.50）390 000

  贷：应付账款——利华服装公司   390 000

四、垫付国内外基本费用的核算

代理出口业务，在出口过程中所发生的国内外基本费用（如运费、保险费等），均由委托方负责。受托代理出口企业在垫付后，可以在结算时扣回；或者先向委托方收取一笔预收款，待代理业务结束时再进行清算。外贸企业在垫付国内外直接费用时，账务处理如下：

借：应付账款——×× 公司（委托方）

  贷：银行存款

【例3-24】沿用【例3-22】和【例3-23】，昊联外贸公司代理销售服装发生以下国内外直接费用。

（1）6月7日，以银行存款支付将服装运送出口港运杂费 1 090 元，支付装船费 1 130 元。

借：应付账款——利华服装公司   2 220

  贷：银行存款   2 220

（2）6月8日，购汇支付外轮运输公司的运费 900 美元、保险公司的保险费 100 美元，当日银行美元卖出价 1 美元 =6.51 元人民币。

借：应付账款——利华服装公司   6 510

  贷：银行存款——外币存款   （1 000 × 6.51）6 510

五、代理出口销售收汇的核算

外贸企业代理出口销售收汇时，应根据收汇通知等分不同的结算方式进行处理，具体如表 3-1 所示。

表 3-1　代理出口销售收汇的核算

结算方式	账务处理
异地结汇法	根据银行转来的分割收结汇的收账通知和分割结汇通知，划拨委托方收汇余额： 借：银行存款（代垫及应收费用的外币总额 × 买入汇率 + 代垫国内费用总额） 　　财务费用——汇兑损益 　　贷：应收账款——应收外汇账款 [（外币总额 - 代垫国外费用 - 代理手续费）× 当日即期汇率 - 代垫国内费用]
当地结汇法	（1）根据银行转来的收汇通知： 借：银行存款（总金额 × 买入汇率） 　　财务费用——汇兑损益 　　贷：应收账款——应收外汇账款（总金额 × 当日即期汇率） （2）由业务部门按代理出口销售收入的一定比例开具收取代理手续费的发票，送交财务部门扣款： 借：银行存款 　　贷：其他业务收入——代理出口手续费 　　　　应交税费——应交增值税（销项税额） （3）将差额汇付委托单位： 借：应付账款——×× 公司（代理出口销售收入 - 垫付的国内外费用 - 应收取的代理手续费） 　　贷：银行存款

【例 3-25】沿用【例 3-22】至【例 3-24】，6 月 20 日，收到银行转来分割收结汇的收账通知，金额为 60 000 美元，其中代垫国内运费 1 090 元、支付装船费 1 130 元，代垫国外运费 900 美元、保险费 100 美元，代理手续费 1 000 美元（不含增值税）。当日银行买入金额为 1 美元 =6.45 元人民币。昊联外贸公司代理销售服装采取当地结汇法，代理业务的手续费率为 2%。

（1）根据银行转来的收汇通知：

借：银行存款　　　　　　　　　　　　　　　（60 000×6.45）387 000

　　财务费用——汇兑损益　　　　　　　　　　　　　　　　3 000

　　贷：应收账款——应收外汇账款　　　　　　（60 000×6.50）390 000

（2）结转代理手续费：

代理手续费 =1 000×6.45=6 450（元）

代理手续费增值税 =6 450×6%=387（元）

借：应付账款——利华服装公司 6 837

  贷：其他业务收入——代理出口手续费 6 450

    应交税费——应交增值税（销项税额） 387

（3）将差额汇付委托单位：

扣除代垫费用和代理出口手续费后的应付账款 =390 000-2 220-6 510-6 837= 374 433（元）

借：应付账款——利华服装公司 374 433

  贷：银行存款 374 433

六、代理出口业务出口关税的核算

代理出口业务发生的关税额，由委托方承担。在实际业务中，受托方通常需要代征代缴，同代垫其他费用一样进行处理。

（1）受托出口企业收到海关签发的税款缴纳凭证时：

借：应付账款——××公司（委托方）

  贷：应交税费——应交出口关税

（2）缴纳关税时：

借：应交税费——应交出口关税

  贷：银行存款

【例3-26】某进出口公司代理甲公司出口一批商品，我国口岸FOB价折合人民币为550 000元，出口关税税率为10%。

出口关税 =FOB价 ÷（1+ 出口关税税率）× 出口关税税率

     =550 000 ÷（1+10%）× 10%=50 000（元）

（1）计算应交出口关税时：

借：应付账款——甲公司 50 000

  贷：应交税费——出口关税 50 000

（2）缴纳出口关税时：

借：应交税费——出口关税 50 000

  贷：银行存款 50 000

第四章 进口业务核算

第一节 自营进口的核算

所谓自营进口，是指外贸企业自行组织的商品进口。自营进口销售的各种费用由外贸企业自行支付，盈亏由外贸企业自行承担。

一、自营进口成本

外贸企业自营进口商品的采购成本主要包括国外进价和进口税金，但不包括可以抵扣的进口增值税。国外进价包括买价、海运费、海运保险费、报关报检费、进口关税及进口消费税等一系列与购货有关的费用。

1. 国外进价

进口商品的进价一律以 CIF 价为基础，如果与出口商以 FOB 价或 CFR 价成交，那么商品离开对方口岸后，应由进口商负担的国外运费和保险费等均应作为商品的国外进价入账。

进口企业收到的能够直接认定的进口商品佣金，应冲减进口商品的国外进价；对于难以认定的佣金，如累计佣金，一般应冲减销售费用。

对于外贸企业来说，商品到达我国口岸后发生的运输装卸费、保险费等费用不能计入国外进价，而应直接计入销售费用。

2. 进口税金

进口税金是指进口商品在进口环节应缴纳的计入进口商品成本的各种税金，包括海关征收的关税和消费税。

商品进口环节征收的增值税是价外税，它不是进口商品采购成本的构成部分，应将其列入"应交税费"账户。

自营进口商品的采购成本 = CIF 价 + 税金（进口关税、进口消费税）- 收到的进口佣金

= FOB 价 + 国外运费、保费 - 收到的进口佣金 + 进口税金（进口关税、进口消费税）

= CFR 价 + 保费 - 收到的进口佣金 + 税金（进口关税、进口消费税）

二、自营进口商品购进的核算

1. 开证申请（信用证）

进口货物通过交易磋商，在签订合同时会选定货款支付是采取托收方式还是信用证方式。

如果采取托收方式结算，则属于出口方给予进口方商业信用，此时不涉及资金收付，也就不需要做任何账务处理。

如果采取信用证方式结算，那么进口商应先向银行办理开证申请，填制开证申请书，申明其将向银行提供支付货款的资金，同意支付银行的手续费和利息。有现汇账户的，可以办理从外汇结算往来户转入信用证存款专户；没有现汇账户的，不允许提前购汇，可以用人民币作为信用证保证金。

信用证缴纳保证金的比例是根据开证申请人在开证银行的授信情况确定的，如果开证申请人在开证行没有授信，那么需要缴纳 100% 的保证金；如果开证申请人在开证行有授信，那么根据授信的情况不同，开证保证金的比例也不同。一般授信至少需要 30% 的保证金。

（1）有现汇账户的，根据开证申请书及进口合同的金额，向银行办理从外汇结算往来户转入信用证存款专户：

借：其他货币资金——信用证存款

财务费用——手续费

贷：银行存款——外币户

（2）若无现汇账户，则直接用人民币作信用证保证金：

借：其他货币资金——信用证保证金

贷：银行存款——人民币户

2. 付款赎单

进口企业收到银行转来的全套单证，审核通过后付款赎单。付款赎单是进口商向开证行付清货款或按规定汇率向银行买入外汇后付清货款并领取单据的俗称。在 L/C（信用证）项下，出口商会把代表货物所有权的单据寄交议付行或开证行取得货款，然后银行会通知买方付款赎单；买方缴纳货款及其他费用后获得单据，并凭单据提取货物，至此整个业务流程宣告完成。

付款赎单时，对即期信用证要购汇支付或通过信用证存款专户及外汇存款支付，对远期信用证则在到期日支付。当信用证存款户的资金不足以付清货款时，还需购汇补足差额。

借：在途物资等

　　贷：其他货币资金——信用证存款

　　　　银行存款——人民币户（或外币户）

3. 支付国外运费、保险费

进口商品时，支付的国外运费、保险费应计入进口商品成本。

借：在途物资等

　　贷：银行存款——外币户

4. 支付国内运费等

对于外贸企业自营进口商品，支付的国内运费通常计入期间费用（销售费用）。

借：销售费用

　　应交税费——应交增值税（进项税额）

　　贷：银行存款

5. 收到进口佣金

进口企业收到的出口方付来的佣金，应冲减进口商品采购成本。

借：银行存款——外币户

　　贷：在途物资

6. 报关缴税

在进口环节需要缴纳的税金主要有关税、增值税、消费税。其中，关税和消费税计入进口商品采购成本，增值税不计入采购成本。

（1）计提关税、消费税时：

借：在途物资

　　贷：应交税费——应交进口关税

　　　　　　　　——应交消费税

（2）实际缴纳时：

借：应交税费——应交进口关税

　　　　　　——应交消费税

　　　　　　——应交增值税（进项税额）

　　贷：银行存款

三、自营进口商品实现销售的核算

外贸企业自营进口商品，以开出的进口结算单、增值税专用发票向国内用户办理货款结算，作为商品销售成立的条件。进口商品销售结算有单到结算、货到结算、出库结算三种方式。

1. 单到结算

单到结算是指外贸企业不论进口商品是否到达我国港口，只要收到银行转来的国外全套结算单据，经审核符合合同规定，即向国内客户办理货款结算，以确认销售收入的实现。

2. 货到结算

货到结算是指外贸企业收到运输公司发来的进口商品已到达我国港口的通知后，即向国内客户办理货款结算，以确认销售收入的实现。

3. 出库结算

出库结算是指外贸企业的进口商品到货后，先验收入库，待出库销售时，再根据销售发票办理结算，以确认销售收入的实现。

不同结算方式的会计处理如表 4-1 所示。

表 4-1　不同结算方式的会计处理

业务	会计分录	
	出库结算	单到结算、货到结算
商品入库	借：库存商品 　　贷：在途物资——自营进口商品	由于不用入库，因此无此步骤
确认收入	借：应收账款等 　　贷：主营业务收入——自营进口销售收入 　　　　应交税费——应交增值税（销项税额）	
结转成本	借：主营业务成本——自营进口销售成本 　　贷：库存商品	借：主营业务成本——自营进口销售成本 　　贷：在途物资——自营进口商品
收到货款	借：银行存款 　　贷：应收账款	

【例 4-1】某外贸公司为一般纳税人，记账本位币为人民币，对外币交易采用交易日的即期汇率折算。该公司从美国进口一批护肤品，价格为 100 000 美元（FOB 价），结算方式为即期跟单信用证。开证时存入开证行信用证保证金账户 700 000 元。国内销售结算方式为货到结算，国内销售价为 1 500 000 元（不含增值税，增值税税率为13%）。业务发生时的即期汇率均为 1 美元 =6.60 元人民币。进口业务资料如下：

进口业务资料

项目	美元金额	汇率	人民币金额
1. 外商售价（FOB）	100 000	6.60	660 000.00
2. 国外运费（F）	3 500	6.60	23 100.00
3. 国外保险费（I）	500	6.60	3 300.00
4. 进口到岸价（CIF）	104 000	6.60	686 400.00
5. 进口关税（50%）			343 200.00
6. 进口消费税（10%）			114 400
7. 进口增值税（13%）			148 720

进口商品成本 = 进口到岸价（CIF）+ 进口关税 + 进口消费税 =1 144 000（元）

（1）预存保证金：

借：其他货币资金——信用证保证金存款　　　　　　　　　　　　　700 000

　　贷：银行存款——人民币户　　　　　　　　　　　　　　　　　700 000

（2）接到银行转来的国外单证，付款赎单：

借：商品采购——在途进口物资——护肤品　　　　　　　　　660 000

　　贷：其他货币资金—信用证保证金存款　　　　（100 000×6.60）660 000

（3）支付境外运费：

借：商品采购——在途进口物资——护肤品　　　　　　　　　23 100

　　贷：银行存款——人民币户　　　　　　　　　　（3 500×6.60）23 100

（4）支付境外保险费：

借：商品采购——在途进口物资——护肤品　　　　　　　　　3 300

　　贷：银行存款——人民币户　　　　　　　　　　（500×6.60）3 300

（5）报关时，凭海关的税单缴纳进口税费：

借：商品采购——在途进口物资——护肤品　　　　　　　　　457 600

　　贷：应交税费——应交进口关税　　　　　　　　　　　　343 200

　　　　　　　　——应交进口消费税　　　　　　　　　　　114 400

借：应交税费——应交进口关税　　　　　　　　　　　　　　343 200

　　　　　　——应交进口消费税　　　　　　　　　　　　　114 400

　　　　　　——应交增值税（进项税额）　　　　　　　　　148 720

　　贷：银行存款　　　　　　　　　　　　　　　　　　　　606 320

（6）结转国内销售收入：

借：应收账款——应收国内账款——××国内客户　　　　　　1 695 000

　　贷：主营业务收入——自营进口销售收入——护肤品　　　1 500 000

　　　　应交税费——应交增值税（销项税额）　　　　　　　195 000

（7）结转销售成本：

借：主营业务成本——自营进口销售成本——护肤品　　　　　1 144 000

　　贷：商品采购——在途进口物资——护肤品　　　　　　　1 144 000

（8）收到货款：

借：银行存款——人民币户　　　　　　　　　　　　　　　　1 695 000

　　贷：应收账款——应收国内账款——××国内客户　　　　1 695 000

（9）收到银行退回的信用证保证金存款13 600（700 000-660 000-23 100-3 300）元：

借：银行存款——人民币户　　　　　　　　　　　　　　　　13 600

　　贷：其他货币资金——信用证保证金存款　　　　　　　　13 600

第二节　代理进口的核算

代理进口业务是指有进出口经营资格的进口企业接受委托方的委托，代理委托单位与外商签订进口贸易合同，并负责对外履行合同的业务。对该项业务，代理企业将收取一定手续费。

一、代理进口业务规定

对于代理进口业务，代理企业（受托方）不负担代理业务盈亏。若负担盈亏，则不属于代理进口业务，而成了转销业务。转销业务属于自营性质，应按自营进口业务办理。

代理进口商品的国外货款、国外运保费、进口税金以及各种国内费用都由委托单位承担，盈亏也完全由委托单位自行承担，外方支付的进口佣金和索赔款也全部交给委托单位。受托代理的外贸企业只承担间接费用，包括开证费、电信费等。受托代理的外贸企业根据进口商品的 CIF 价，按规定的代理手续费率向委托方收取代理手续费，所收取的手续费作为代理开支及盈利，应按规定缴纳增值税。

代理进口所需的外汇原则上由委托方解决，如果受托外贸企业代为购汇，则手续费由委托方负担。根据这一原则，委托方通常必须预付采购进口商品的资金，受托外贸企业只有向委托方收妥款项后，才能签订进口合同和对外开立进口信用证。

代理进口业务需要签订代理进口合同或协议，就代理进口商品的名称、规格、价款条件、费用负担、风险责任、手续费等相关内容做出详细约定，明确双方的责任与义务。因此，当银行转来国外全套结算单据，代理企业经审核无误后，即可支付进口商品货款。

外贸企业代理进口业务，应以开出代理进口结算单并向委托单位办理货款结算的时间确认销售收入（代理费收入）的实现。

二、代理进口业务流程

代理进口业务的流程如下。

（1）经过与委托方充分协商，双方签订代理进口协议。

（2）经过委托方确认，与委托方指定的境外出口商重新签订进口合同，以备报关时使用。

（3）委托方资金到位后开具 L/C、赎单或前 T/T（交款前全款电汇）。当结算方式为跟单信用证、跟单托收或预付货款时，委托方先将信用证保证金或货款划入代理方的指定账户，代理方随即开立信用证或办理赎单、付汇。

（4）货物抵达口岸前 3～5 天通知委托方准备接货。

（5）委托方将报关所需的手续费划入代理方的指定账户，代理方随即委托办理报关、报检。

三、代理进口业务核算

1. 预收采购资金

代理进口业务模式下，委托单位通常必须预付采购进口商品的资金，受托的外贸企业只有在向委托单位收妥款项后，才能与进口商签订进口合同。在收到委托单位的预付款时：

借：银行存款

　　贷：预收账款——××公司

2. 支付国外货款

根据"谁进口谁付汇"的原则，委托代理公司进口货物的，需要由代理公司支付货款给国外供应商。代理企业收到银行转来的国外全套结算单据，经审核无误后即可付款。

借：预收账款——××公司

　　贷：银行存款

3. 支付代理进口商品的运输费、保险费

借：预收账款（应收账款、应付账款）

　　贷：银行存款

4. 代交进口税费

代理进口商品应缴纳的进口税费主要包括海关征收的进口关税、消费税和增值税。这些税费均应由委托单位承担。

借：预收账款（应收账款、应付账款）

　　贷：应交税费——应交进口关税

　　　　　　　　——应交增值税（进项税额）

　　　　　　　　——应交消费税

实际缴纳进口税费时：

借：应交税费——应交进口关税

　　　　　　——应交增值税（进项税额）

　　　　　　——应交消费税

　　贷：银行存款

注意

　　进口代理公司以代理进口的形式报关，并提交代理进口合同时，可以要求海关开具"双抬头"（代理公司和委托方名称）的海关增值税专用缴款书（即增值税发票）。这个缴款书委托方拿去可以直接抵扣，代理公司无需自己给委托方开具增值税发票。

　　对于双抬头的代征增值税，只能是委托方或受托方根据合同规定单方抵扣，通常情况下是由委托方抵扣的。

　　申报抵扣税款的委托进口单位，必须提供相应的海关代征增值税专用缴款书原件、委托代理合同及付款凭证，否则不予抵扣进项税款。

5. 与委托方清算

代理进口商品，代理方与委托方结算的款项主要包括以 CIF 价为基础的进价、进口税金、各项费用和代理手续费。

（1）代理手续费：

借：预收账款

　　贷：其他业务收入（或主营业务收入）——代理进口销售收入

　　　　应交税费——应交增值税（销项税额）

（2）根据代理进口商品结算单与委托方结算货款，当预付超出时，应将多余的款项退还委托方：

借：预收账款

　　贷：银行存款

当预付不足时，应向委托方收取：

借：银行存款

  贷：预收账款

【例 4-2】某外贸公司代理华科公司进口一批 A 商品，以 FOB 价成交。

（1）5 月 8 日，收到华科公司预付款 900 000 元。

借：银行存款   900 000

  贷：预收账款——华科公司   900 000

（2）5 月 10 日，购汇支付代理进口业务的国外运费 2 000 美元。当日美元汇率卖出价为 6.55 元。

借：预收账款——华科公司   （2 000×6.55）13 100

  贷：银行存款   13 100

（3）5 月 11 日，购汇支付代理进口业务的国外保险费 500 美元。当日美元汇率卖出价为 6.55 元。

借：预收账款——华科公司   （500×6.60）3 300

  贷：银行存款   3 300

（4）5 月 20 日，收到银行转来的代理进口业务全部结算单据，货款总计 100 000 美元，明佣 1 500 美元。经审核无误，扣除佣金后购汇付款。当日美元汇率卖出价为 6.50 元。

预收账款 =（100 000−1 500）×6.50=640 250（元）

借：预收账款——华科公司   640 250

  贷：银行存款   640 250

（5）5 月 20 日，按代理进口协议约定收取代理进口手续费 2 120 美元（含增值税 120 美元），并开出增值税专用发票。当日美元汇率卖出价为 6.50 元。

借：预收账款——华科公司   （2 120×6.50）13 780

  贷：其他业务收入——代理进口手续费   13 000

      应交税费——应交增值税（销项税额）   780

（6）5 月 26 日，代理进口的商品运抵我国口岸，向海关申报应纳进口关税 65 000 元，增值税 92 950 元。

借：预收账款——华科公司   157 950

 贷：应交税费——应交进口关税   65 000

     ——应交增值税（进项税额）   92 950

（7）5月27日，缴纳代理进口商品应缴纳的关税和增值税。

借：应交税费——应交进口关税   65 000

    ——应交增值税（进项税额）   92 950

 贷：银行存款   157 950

（8）5月28日，根据代理进口结算清单，向委托方结清余款。

余款 =900 000-13 100-3 300-640 250-13 780-157 950=71 620（元）

借：预收账款——华科公司   71 620

 贷：银行存款   71 620

第五章　进出口业务的税费核算

第一节　进口应交税费的核算

外贸企业在进口贸易过程中，通常需要缴纳关税、增值税。如果进口的是应税消费品，还需要缴纳消费税。此外，一些特定的货物还需要缴纳反倾销税等。

一、关税

关税是指一国海关根据该国法律规定，对通过其关境的进出口货物征收的一种税收。政府对进出口商品都可征收关税，但进口关税最为重要，是主要的贸易措施。

关税的征税对象是准许进出境的货物和物品。关税纳税义务人包括进口货物收货人、出口货物发货人、进出境物品的所有人。

我国进口关税的法定税率包括最惠国税率、协定税率、特惠税率和普通税率。进出口货物，应当适用海关接受该货物申报进口或者出口之日实施的税率征税。

1. 关税税款的计算

计算进口关税税款的基本公式是：

$$进口关税税额 = 完税价格 \times 进口关税税率$$

在征收方式上，我国关税一般采用从价税。

（1）从价计征的应纳税额 = 应税进口货物数量 × 单位完税价格 × 适用税率

（2）从量计征的应纳税额 = 应税进口货物数量 × 关税单位税额

（3）复合计征的应纳税额 = 应税进口货物数量 × 关税单位税额 + 应税进口货物数量 × 单位完税价格 × 适用税率

进口关税的税款缴纳形式为人民币。进口货物以外币计价成交的，由海关按照签发税款缴纳证之日，国家外汇管理部门公布的人民币外汇牌价的买卖中间价折合人民币计征。人民币外汇牌价表未列入的外币，按国家外汇管理部门确定的汇率折合人民币。

完税价格金额计算到元为止，元以下四舍五入。完税税额计算到分为止，分以下四舍五入。

2. 关税完税价格

进口货物的完税价格，由海关以该货物的成交价格为基础审查确定。成交价格不能确定时，完税价格由海关依法确定。

《中华人民共和国海关法》规定，进口货物的完税价格包括货物的货价、货物运抵我国境内输入地点起卸前的运输、保险及其他相关费用。

若下列费用未包含在进口货物价格中，应当计入完税价格。

（1）由买方负担的除购货佣金以外的佣金和经纪费。

（2）由买方负担的与该货物视为一体的容器费用。

（3）由买方负担的包装材料和包装劳务费用。

（4）与该货物的生产和向境内销售有关的，由买方以免费或以低于成本的方式提供并可按适当比例分摊的料件、工具、模具、消耗材料及类似货物的价款，以及在境外开发、设计等相关服务的费用。

（5）与货物有关并作为卖方向我国销售该货物的一项条件，应当由买方直接或间接支付的特许使用费。但在固定完税价格时，进口货物在境内的复制权费不得计入该货物的实付或应付价格。

（6）卖方直接或间接从买方获得该货物境内销售处置所得的利益。

确定进口货物完税价格的方法主要有两类：成交价格估价方法和进口货物海关估价方法。

这里重点介绍成交价格估价方法（CIF），其中 C 是完整的货价，包含支付的佣金（支付给自己采购代理人的购货佣金除外）；I 是保险费，包含在出口国和进口途中的保险费；F 是运费和其他费用，包含在出口国和进口途中的运费和其他费用。

计算进口货物关税的完税价格，CIF 三项缺一不可。如果价格不正常或不完整，则需要进行调整。需要注意的是：货物运抵我国关境内输入地点起卸后发生的通关费、运费等不能计入关税完税价格。

【例5-1】某外贸公司进口一批商品，成交价格为100 000美元（FOB价），实际支付海运费4 000美元，保险费1 000美元（汇率为1美元=6.60元人民币）。该商品适用的进口关税税率为20%。计算应缴纳的进口关税税款。

（1）确定货物的完税价格（即确定货物的CIF报价），根据汇率适用原则将外币计算为人民币。

审定完税价格=100 000+4 000+1 000=105 000（美元）

将外币价格折算为人民币=105 000×6.60=693 000（元）

（2）确定货物适用的进口关税税率：20%。

（3）计算应缴纳的进口关税税款：

进口关税应纳税额=完税价格×进口关税税率=693 000×20%=138 600（元）

3. 账务处理

会计准则规定，进口关税应计入商品的采购成本。

外贸企业自营进口业务所缴纳的关税，在会计核算上通过设置"应交税费——应交进口关税"和"商品采购"账户加以反映。

（1）申报应缴纳的进口关税：

借：商品采购

　　贷：应交税费——应交进口关税

（2）实际缴纳进口关税时：

借：应交税费——应交进口关税

　　贷：银行存款

【例5-2】某外贸公司从国外采购自营进口商品一批，CIF价折合人民币为500 000元，进口关税税率为10%，增值税税率为13%，根据海关开出的专用缴款书，以银行转账支票付讫税款。

（1）申报缴纳进口关税时：

应交关税=500 000×20%=100 000（元）

商品采购成本=500 000+100 000=600 000（元）

应交增值税=500 000×13%=65 000（元）

借：商品采购——自营进口商品　　　　　　　　　　　　　　　　100 000

　　贷：应交税费——应交进口关税　　　　　　　　　　　　　　　100 000

（2）实际缴纳关税和增值税时：

借：应交税费——应交进口关税	100 000
——应交增值税（进项税额）	65 000
贷：银行存款	165 000

（3）商品验收入库时：

借：库存商品——自营进口商品	600 000
贷：商品采购——自营进口商品	600 000

代理进出口业务，对受托方来说，一般不垫付货款，大多以收取手续费的形式为委托方提供代理服务。因此，由于进出口而应缴纳的关税均由委托单位负担，受托单位即使向海关缴纳了关税，也只是代垫或代付，后续仍要从委托方处收回。

代理进出口业务所计缴的关税，在会计核算上也是通过设置"应交税费"账户反映，其对应账户是"预收账款""应收账款""银行存款"等。

【例5-3】某外贸公司为甲客户代理进口商品一批，CIF价折合人民币为200 000元，进口关税税率为25%，增值税税率为13%，根据海关开出的专用缴款书，以银行转账支票付讫税款。

（1）申报缴纳进口关税时：

应交关税 = 200 000 × 25% = 50 000（元）

应交增值税 = （200 000 + 50 000）× 13% = 32 500（元）

借：预收账款——甲	82 500
贷：应交税费——应交进口关税	50 000
——应交增值税（进项税额）	32 500

（2）实际缴纳关税和增值税时：

借：应交税费——应交进口关税	50 000
——应交增值税（进项税额）	32 500
贷：银行存款	82 500

二、消费税

为了调节消费结构，正确引导消费观念，国家在普遍征收增值税的基础上选择部分消费品，再征收一道消费税。对于外贸企业而言，进口货物若属于应税消费品，则应缴纳消费税。

根据规定，进口的应税消费品，由进口人或者其代理人向报关地海关申报纳税。纳税人进口应税消费品的，消费税纳税义务发生时间为报关进口的当天。

1. 消费税的征收方式

消费税实行从价定率、从量定额，或者从价定率和从量定额复合计税（以下简称复合计税）的办法计算应纳税额。应纳税额的计算公式为：

$$实行从价定率办法计算的应纳税额 = 销售额 \times 比例税率$$

$$实行从量定额办法计算的应纳税额 = 销售数量 \times 定额税率$$

$$实行复合计税办法计算的应纳税额 = 销售额 \times 比例税率 + 销售数量 \times 定额税率$$

纳税人销售的应税消费品，以人民币计算销售额。纳税人以人民币以外的货币结算销售额的，应当折合成人民币计算。

销售额为纳税人销售应税消费品向购买方收取的全部价款和价外费用，不包括应收取的增值税销项税额。如果销售额中包含增值税，那么在计算消费税时，应先将销售额换算为不含税的销售额。换算公式为：

$$应税消费品的销售额 = 含增值税的销售额 \div （1+ 增值税税率或征收率）$$

2. 进口消费税的组成计税价格

进口的应税消费品，按照组成计税价格计算纳税。

（1）实行从价定率办法计算应纳税额：

$$组成计税价格 = （关税完税价格 + 关税） \div （1- 消费税比例税率）$$

$$应纳税额 = 组成计税价格 \times 消费税税率$$

（2）实行定额税率的进口应税消费品采用从量定额办法计算应纳税额：

$$应纳税额 = 应税消费品数量 \times 消费税单位税额$$

（3）实行复合计税办法计算应纳税额：

$$组成计税价格 = （关税完税价格 + 关税 + 进口数量 \times 消费税定额税率） \div （1- 消费税比例税率）$$

$$应纳税额 = 应税消费品数量 \times 消费税单位税额 + 组成计税价格 \times 消费税税率$$

【例5-4】某企业为增值税一般纳税人。2021年6月，该企业进口一批商品，关税完税价格为500 000元，关税税率为25%，消费税税率为10%。那么应缴纳的关税和消费税分别是多少？

（1）关税税额 =500 000×25%=125 000（元）

（2）组成计税价格 =（500 000+125 000）÷（1-10%）=694 444.44（元）

（3）应纳消费税税额 =694 444.44×10%=69 444.44（元）

3. 自营进口商品消费税的账务处理

外贸企业进口的应税消费品产生的消费税，应计入进口应税消费品的成本。会计核算上，外贸企业应在"应交税费"科目下设置"应交消费税"明细科目核算应缴纳的消费税。

（1）申报缴纳进口商品消费税时：

借：商品采购

　　贷：应交税费——应交消费税

（2）实际缴纳消费税时：

借：应交税费——应交消费税

　　贷：银行存款

【例5-5】 2021年6月，某外贸公司从国外进口一批应税消费品，支付买价200 000美元（FOB价），支付到达我国海关前的运输费用8 000美元、保险费用2 000元。人民币汇率为1美元=6.50元人民币。该进口货物的关税税率为20%，消费税税率为50%，增值税税率为13%。

（1）支付货款时：

借：商品采购——自营进口商品　　　　　　　　　　　　　　　　　　1 300 000

　　贷：银行存款　　　　　　　　　　　　　　　　　　　　　　　　　1 300 000

（2）支付运费和保险费时：

借：商品采购——自营进口商品　　　　　　　　　　　　　　　　　　　65 000

　　贷：银行存款　　　　　　　　　　　　　　　　　　　　　　　　　　65 000

（3）申报缴纳进口关税、消费税、增值税时：

关税完税价格 =FOB价 + 运费 + 保险费 =1 300 000+65 000=1 365 000（元）

应交进口关税 =1 365 000×20%=273 000（元）

消费税组成计税价格 =（关税完税价格 + 关税）÷（1- 消费税比例税率）

　　　　　　　　　 =（1 365 000+273 000）÷（1-50%）=3 276 000（元）

应交进口消费税 = 组成计税价格 × 消费税税率 =3 276 000×50%=1 638 000（元）

应交进口增值税 =（关税完税价格 + 关税 + 消费税）× 增值税税率

$$= (1\ 365\ 000 + 273\ 000 + 1\ 638\ 000) \times 13\% = 425\ 880\ （元）$$

借：商品采购——自营进口商品 　　　　　　　　　　　　1 911 000

　贷：应交税费——应交进口关税 　　　　　　　　　　　273 000

　　　　　　　——应交消费税 　　　　　　　　　　　1 638 000

（4）缴纳进口商品的进口关税、消费税和增值税时：

借：应交税费——应交进口关税 　　　　　　　　　　　　273 000

　　　　　　——应交消费税 　　　　　　　　　　　　1 638 000

　　　　　　——应交增值税（进项税额） 　　　　　　　425 880

　贷：银行存款 　　　　　　　　　　　　　　　　　　2 336 880

4. 代理进口商品消费税的账务处理

外贸企业代理进出口业务，一般不垫付货款，大多以收取手续费的形式为委托方提供代理服务。因此，由于进出口而应缴纳的消费税也应由委托单位负担，受托单位即使向海关缴纳了消费税，也只是代垫或代付，日后仍要从委托方处收回。

代理进出口业务所计缴的消费税，在会计核算上也通过设置"应交税费"账户来反映，其对应账户是"预收账款""应收账款""银行存款"等。

（1）申报缴纳进口商品消费税时：

借：预收账款等

　贷：应交税费——应交消费税

（2）实际缴纳消费税时：

借：应交税费——应交消费税

　贷：银行存款

【例5-6】某外贸公司受海华公司委托，代理进口一批甲商品，以FOB价成交。

（1）6月1日，收到海华公司预付代理进口法国香水的款项600 000元。

借：银行存款 　　　　　　　　　　　　　　　　　　　600 000

　贷：预收账款——海华公司 　　　　　　　　　　　　600 000

（2）6月12日，购汇支付国外运费800美元、保险费200美元，当日美元汇率卖出价为6.52元。

借：预收账款——海华公司 　　　　　　　　　　　　　6 520

　贷：银行存款 　　　　　　　　　　　　　　　　　　6 520

（3）6月15日，收到银行转来全套结算单据，开列商品200箱，每箱250美元（FOB价），共计货款50 000美元。经审核无误，扣除佣金后支付货款，当日美元汇率卖出价为6.50元。

借：预收账款——海华公司　　　　　　　　　　　　　　　　　325 000

　　贷：银行存款　　　　　　　　　　　　　　　　　　　　　325 000

（4）6月20日，代理进口的商品运达我国口岸，向海关申报应交进口关税（税率为10%）、消费税（税率为50%）和增值税（税率为13%）。

关税完税价格＝FOB价＋运费＋保险费＝325 000+6 520=331 520（元）

应交进口关税＝331 520×10%=33 152（元）

消费税组成计税价格＝（关税完税价格＋关税）÷（1-消费税比例税率）

　　　　　　　　　＝（331 520+33 152）÷（1-50%）=729 344（元）

应交进口消费税＝组成计税价格×消费税税率＝729 344×50%=364 672（元）

应交进口增值税＝（关税完税价格＋关税＋消费税）×增值税税率

　　　　　　　　　＝（331 520+33 152+364 672）×13%=94 814.72（元）

借：预收账款——海华公司　　　　　　　　　　　　　　　　492 638.72

　　贷：应交税费——应交进口关税　　　　　　　　　　　　　33 152.00

　　　　　　　　——应交消费税　　　　　　　　　　　　　364 672.00

　　　　　　　　——应交增值税（进项税额）　　　　　　　　94 814.72

（5）6月21日，缴纳代理进口商品的进口关税、消费税和增值税。

借：应交税费——应交进口关税　　　　　　　　　　　　　　　33 152.00

　　　　　　——应交消费税　　　　　　　　　　　　　　　364 672.00

　　　　　　——应交增值税（进项税额）　　　　　　　　　　94 814.72

　　贷：银行存款　　　　　　　　　　　　　　　　　　　　492 638.72

三、增值税

进口增值税，是指进口环节征缴的增值税，属于流转税的一种。不同于一般增值税以在生产、批发、零售等环节的增值额为征税对象，进口增值税是专门对进口环节的增值额进行征税的一种增值税。

1. 纳税人和征税对象

凡是申报进入我国海关境内的货物，只要是报关进口，不论是国外生产还是我国已出口而转销国内的货物，是进口者自行采购还是国外捐赠的货物，是进口者自用还是作为贸易或其他用途等，均应按照规定缴纳进口环节的增值税。进口货物的增值税纳税人是进口货物的收货人（承受人）或办理报关手续的单位和个人。

一般贸易进口的货物在进口环节海关已代征缴纳的增值税可以申报抵扣。纳税人进口货物，凡是已缴纳了进口环节增值税的，无论其是否已经支付货款，其取得的海关完税凭证均可作为增值税进项税额抵扣凭证。

2. 应纳税额的计算

税法规定，纳税人进口货物，按照组成计税价格和规定的增值税税率计算应纳税额，不得抵扣任何税额（在计算进口环节的应纳增值税税额时，不得抵扣发生在我国境外的各种税费）。组成计税价格和应纳税额的计算公式为：

$$组成计税价格 = 关税完税价格 + 关税 + 消费税$$

$$应纳税额 = 组成计税价格 \times 税率$$

需要注意的是，进口货物增值税的组成计税价格包括已缴纳的关税税额；如果进口货物属于消费税应税消费品，其组成计税价格还包括进口环节已缴纳的消费税税额。进口增值税的计算公式为：

$$进口增值税 = （关税完税价格 + 关税 + 消费税）\times 增值税税率$$

3. 账务处理

按照《增值税暂行条例》及实施细则的规定，外贸企业自营进口货物所缴纳的增值税，应记入"应交税费——应交增值税（进项税额）"科目，不能计入进货成本。

【例5-7】某外贸公司2021年7月进口一批商品。该批商品FOB价为300 000美元，到达我国海关前的运输费用为8 000美元、保险费用为2 000元。人民币汇率为1美元=6.50元人民币。该进口货物的关税税率为10%、消费税税率为50%、增值税税率为13%。

（1）支付买价时：

借：商品采购——自营进口商品   1 950 000

  贷：银行存款   1 950 000

（2）支付运费和保险费时：

借：商品采购——自营进口商品　　　　　　　　　　　　　　　　　65 000

　　贷：银行存款　　　　　　　　　　　　　　　　　　　　　　　　65 000

（3）申报缴纳进口关税、消费税、增值税时：

关税完税价格 =FOB 价 + 运费 + 保险费

　　　　　　　=1 950 000+65 000=2 015 000（元）

应交进口关税 =2 015 000×10%=201 500（元）

消费税组成计税价格 =（关税完税价格 + 关税）÷（1- 消费税比例税率）

　　　　　　　　　=（2 015 000+201 500）÷（1-50%）=4 433 000（元）

应交进口消费税 = 组成计税价格 × 消费税税率

　　　　　　　=4 433 000×50%=2 216 500（元）

应交进口增值税 =（关税完税价格 + 关税 + 消费税）× 增值税税率

　　　　　　　=（2 015 000+201 500+2 216 500）×13%=576 290（元）

借：商品采购——自营进口商品　　　　　　　　　　　　　　　　2 418 000

　　贷：应交税费——应交进口关税　　　　　　　　　　　　　　　201 500

　　　　　　　　　——应交消费税　　　　　　　　　　　　　　2 216 500

（4）缴纳进口商品的进口关税、消费税和增值税时：

借：应交税费——应交进口关税　　　　　　　　　　　　　　　　　201 500

　　　　　　　——应交消费税　　　　　　　　　　　　　　　　2 216 500

　　　　　　　——应交增值税（进项税额）　　　　　　　　　　　576 290

　　贷：银行存款　　　　　　　　　　　　　　　　　　　　　　2 994 290

第二节　出口退税的核算

出口退税是指在国际贸易业务中，对我国报关出口的货物退还在国内各生产环节和流转环节按税法规定缴纳的增值税和消费税，即出口环节免税且退还以前纳税环节的已纳税款。对出口货物、劳务和跨境应税行为实行退（免）税是国际贸易中通常采用的方式，这种方式比较公平合理，因为大部分国家接收进口货物时会加征进口关税和进口增值税，如果出口时还加征一道出口增值税，会导致该国产品成本大于其他国家，竞争力下降。

一、出口退税的范围

出口退税必须是增值税、消费税征收范围内的货物。之所以必须具备这一条件，是因为出口货物退（免）税只能对已经征收过增值税、消费税的货物退还或免征其已缴纳税额和应缴纳税额。未征收增值税、消费税的货物（包括国家规定免税的货物）不能退税，以充分体现"未征不退"的原则。

此外，出口退税必须是报关离境出口的货物。所谓出口，即输出关口，它包括自营出口和委托代理出口两种形式。区别货物是否报关离境出口，是确定货物是否属于退（免）税范围的主要标准之一。凡在国内销售、不报关离境的货物，除另有规定者外，不论出口企业是以外汇还是以人民币结算，也不论出口企业在财务上如何处理，均不得视为出口货物予以退税。对在境内销售收取外汇的货物，如宾馆、饭店收取外汇的货物等，因其不符合离境出口条件，均不能给予退（免）税。

二、增值税的出口退税

增值税出口退税是指纳税人出口适用税率为零的货物，向海关办理出口手续后，凭出口报关单等有关凭证，按月向税务机关申报办理该项出口货物的退税。

增值税出口退税是在国际贸易中被大多数国家所采用的一种税收措施，目的是鼓励出口产品的公平竞争。

1. 出口货物的税收政策

我国的出口货物税收政策主要有以下三种形式。

（1）出口免税并退税。出口免税是指对货物在出口环节不征增值税、消费税，这是把货物在出口环节与出口前的销售环节都同样视为一个征税环节；出口退税是指对货物在出口前实际承担的税收负担，按规定的退税率计算后予以退还。

（2）出口免税不退税。出口免税与上述含义相同。出口不退税是指适用这个政策的出口货物由于在前一道生产、销售或进口环节是免税的，因此出口时该货物本身就不含税，也无须退税。出口免税有一般贸易出口免税、来料加工贸易免税和间接出口免税三种情况。

（3）出口不免税也不退税。出口不免税是指对国家限制或禁止出口的某些货物的出口环节视同内销环节，照常征收增值税；出口不退税是指对这些货物出口不退还出口前其所负担的税款。出口退税率为零的产品适用这一政策。

这里需要注意：出口不退税和出口退税率为零不是一回事。出口退税率为零的产品，只要是报关出口的，也一样要办理退税手续，这样虽然拿不到退税，但也不用缴纳增值税；而不能退税的产品只能视为内销，必须缴纳增值税。

2. 出口退税方法

增值税的出口退税方法主要分两种："免、抵、退"税或"免、退"税

（1）"免、抵、退"税

免：出口免征增值税。

抵：出口销售额对应的进项税额抵减应纳增值税税额。

退：未抵减完的部分予以退还。

"免、抵、退"办法主要适用于自营和委托出口自产货物的生产企业，应退税额先抵减内销应交销项税，如果不够抵减再退税。

（2）"免、退"税

免：出口免征增值税。

退：相应的进项税额予以退还。

"免、退"税办法适用于外贸企业，一般是购进的货物出口，不用抵减内销，直接按照购进货物取得专用发票上的金额乘以适用税率退税。

3. 退（免）税依据

增值税退（免）税的计税依据包括票据依据和金额依据。

出口货物、劳务的增值税退（免）税的计税依据，按出口货物、劳务的出口发票（外销发票），其他普通发票或购进出口货物、劳务的增值税专用发票，海关进口增值税专用缴款书确定。

（1）对于生产企业出口自产货物而言，一般按扣减所含耗用的保税和免税金额之后的离岸价计税。

（2）对于外贸企业出口外购货物而言，一般按购进货物增值税专用发票上注明的金额或按海关进口增值税专用缴款书上注明的完税价格计税。

增值税退（免）税的计税依据如表 5-1 所示。

表 5-1　增值税退（免）税的计税依据

类别	计税依据
生产企业出口货物、劳务（进料加工复出口货物除外）	出口货物、劳务的实际离岸价（FOB）
进料加工出口货物	离岸价 - 出口货物耗用的保税进口料件款
生产企业国内购进无进项税额且不计提进项税额的免税原材料加工后出口的货物	离岸价 - 国内购进免税原材料的金额
外贸企业出口货物（委托加工修理修配货物除外）	购进出口货物增值税专用发票上注明的金额或海关进口增值税专用缴款书上注明的完税价格
外贸企业出口委托加工修理修配货物	加工修理修配费用增值税专用发票上注明的金额
出口进项税额未计算抵扣的已使用过的设备	增值税专用发票上注明的金额或海关进口增值税专用缴款书上注明的完税价格 × 已使用过的设备固定资产净值 ÷ 已使用过的设备原值
免税品经营企业销售的货物	增值税专用发票上注明的金额或海关进口增值税专用缴款书上注明的完税价格
中标机电产品增值税	一是生产企业销售机电产品普通发票上注明的金额；二是外贸企业购进货物增值税专用发票上注明的金额或海关进口增值税专用缴款书上注明的完税价格
输入特殊区域的水电气	购进时的增值税专用发票上注明的金额
跨境应税行为退（免）税中的"免、抵、退"	取得的实际收入
跨境应税行为退（免）税中的"免、退"	购进应税服务的增值税专用发票或解缴税款的缴款凭证上注明的金额

4. 生产企业的出口退税（增值税）

生产企业的货物出口必须在口岸电子执法系统出口退税子系统中查询到报关单出口信息后，方能计算出口货物的免抵退税额。生产企业出口货物的免抵退税额应根据出口货物离岸价和出口货物退税率计算。

"免、抵、退"管理办法适用的企业类型及相关规定如表 5-2 所示。

表 5-2 "免、抵、退"管理办法适用的企业类型及相关规定

企业类型	具体情况	基本政策规定
生产企业	（1）出口自产货物和视同自产货物及对外提供加工修理修配劳务 （2）列名的生产企业出口非自产货物 （3）适用一般计税方法的生产企业提供适用零税率的应税服务和无形资产	免征增值税，相应的进项税额抵减应纳增值税税额（不包括适用增值税即征即退、先征后退政策的应纳增值税税额），未抵减完的部分予以退还
外贸企业	适用一般计税方法的外贸企业直接将服务或自行研发的无形资产出口	
特殊行业企业	（1）境内单位和个人提供的国际运输服务 （2）境内单位和个人向境外单位提供的完全在境外消费的规定服务 （3）航天运输服务参照国际运输服务，适用零税率	

（1）实行"免、抵、退"管理办法的企业，按规定计算的当期出口物资不予免征、抵扣和退税的税额，计入出口物资成本：

借：主营业务成本（按税法规定计算的当期出口商品不予免征、抵扣和退税的增值税税额）

　　贷：应交税费——应交增值税（进项税额转出）

（2）按税法规定计算的当期应予抵扣的增值税税额：

借：应交税费——应交增值税（出口抵减内销商品应纳税额）

　　贷：应交税费——应交增值税（出口退税）

（3）因应抵扣的税额大于应纳税额而未全部抵扣，按规定应予退回的税款：

借：应收出口退税

　　贷：应交税费——应交增值税（出口退税）

（4）收到退回的税款：

借：银行存款

　　贷：应收出口退税款——增值税

【例 5-8】某生产企业实行"免、抵、退"的退税办法。期初，企业进项税额 50 000 元、本期进项税额 70 000 元，所有进项税额均可抵扣。本期企业出口商品销售收入 1 000 000 元、内销商品销售收入 2 000 000 元，按规定其出口商品的退税率为 10%（有关收入的会计分录略）。根据上述经济业务，该企业应做如下账务处理。

（1）计算当期不予免抵退的税额：

当期不予免抵退的税额 =1 000 000×（13%-10%）=30 000（元）

借：主营业务成本   30 000

    贷：应交税费——应交增值税（进项税额转出）   30 000

（2）计算当期应予抵扣的税额：

当期内销商品销项税额 $=2\ 000\ 000×13\%=260\ 000$（元）

当期内销商品应纳税额 $=260\ 000-（50\ 000+70\ 000-30\ 000）=170\ 000$（元）

当期出口退税额 $=1\ 000\ 000×10\%=100\ 000$（元）

因出口退税额（100 000元）小于内销商品应纳税额（170 000元），可于当期全部扣减：

借：应交税费——应交增值税（出口抵减内销商品应纳税额）   100 000

    贷：应交税费——应交增值税（出口退税）   100 000

【例5-9】某生产企业实行"免、抵、退"的退税办法。期初，企业进项税额100 000元、本期进项税额200 000元，所有进项税额均可抵扣。本期企业出口产品销售收入5 000 000元、内销产品销售收入3 000 000元，按规定其出口产品的退税率为10%。根据上述经济业务，该企业应做如下账务处理（有关收入的会计分录略）。

（1）计算当期不予免抵退的税额：

当期不予免抵退的税额 $=5\ 000\ 000×（13\%-10\%）=150\ 000$（元）

借：主营业务成本   150 000

    贷：应交税费——应交增值税（进项税额转出）   150 000

（2）计算当期应予抵扣的税额：

当期内销产品销项税额 $=3\ 000\ 000×13\%=390\ 000$（元）

当期内销产品应纳税额 $=390\ 000-（100\ 000+200\ 000-150\ 000）=240\ 000$（元）

当期出口退税额 $=5\ 000\ 000×10\%=500\ 000$（元）

应退税款 $=500\ 000-240\ 000=260\ 000$（元）

借：应交税费——应交增值税（出口抵减内销产品应纳税额）   240 000

    应收出口退税款——增值税   260 000

    贷：应交税费——应交增值税（出口退税）   500 000

生产企业出口货物、劳务、服务和无形资产的增值税"免、抵、退"税，按下列公式计算：

（1）当期应纳税额

当期应纳税额 = 当期销项税额 −（当期进项税额 − 当期不得免征和抵扣税额）

当期不得免征和抵扣税额 = 当期出口货物离岸价 × 外汇人民币折合率 ×（出口货物适用税率 − 出口货物退税率）− 当期不得免征和抵扣税额抵减额

当期不得免征和抵扣税额抵减额 = 当期免税购进原材料价格 ×（出口货物适用税率 − 出口货物退税率）

（2）当期"免、抵、退"税额的计算

当期"免、抵、退"税额 = 当期出口货物离岸价 × 外汇人民币折合率 × 出口货物退税率 − 当期"免、抵、退"税额抵减额

当期"免、抵、退"税额抵减额 = 当期免税购进原材料价格 × 出口货物退税率

免税购进原材料包括国内购进免税原材料和进料加工免税进口料件，其中进料加工免税进口料件的价格为组成计税价格。国内购进原材料是指开具进料加工免税证明业务所涉及符合国家政策规定的国内购进免税原材料。

进料加工免税进口料件的组成计税价格 = 货物到岸价格 + 海关实征关税 + 海关实征消费税

（3）当期应退税额和免抵税额的计算

① 在期末留抵税额大于应退税金额的情况下，足额退还。即当期期末留抵税额≤当期免抵退税额时：

当期应退税额 = 当期期末留抵税额

当期免抵税额 = 当期免抵退税额 − 当期应退税额

② 在期末留抵税额小于应退税金额的情况下，退还留抵税额，剩余的结转以后退还，记入"应交税费——应交增值税（免抵税额）"科目。即当期期末留抵税额＞当期免抵退税额时：

当期应退税额 = 当期免抵退税额

（4）免抵退税不得免征和抵扣税额的计算

免抵退税不得免征和抵扣税额 = 当期出口货物离岸价 × 外汇人民币牌价 ×（出口货物征税税率 − 出口货物退税率）− 免抵退税不得免征和抵扣税额抵减额

免抵退税不得免征和抵扣税额抵减额 = 免税购进原材料价格 ×（出口货物征税税率 − 出口货物退税率）

（5）新发生出口业务的计算

新发生出口业务的生产企业自发生首笔出口业务之日起 12 个月内的出口业务，不

计算当期应退税额，当期免抵税额等于当期免抵退税额；未抵减完的进项税额，结转下期继续抵扣，从第 13 个月开始按免抵退税计算公式计算当期应退税额。

【例 5-10】某生产企业系增值税一般纳税人，兼营内销和外销，增值税税率为 13%，出口退税率为 10%，2021 年 6 月上期期末留抵税额 200 000 元，国内采购原材料取得增值税专用发票上注明价款 1 000 000 元，准予抵扣的进项税额为 130 000 元；内销货物不含税价 800 000 元，外销货物销售额 1 200 000 元（不考虑汇兑损益）。计算应退税额。

（1）当期免抵退税不得免征和抵扣税额 = 1 200 000 ×（13% - 10%）= 36 000（元）

借：主营业务成本   36 000

  贷：应交税费——应交增值税（进项税额转出）   36 000

（2）当期应纳税额 = 104 000 -（130 000 - 36 000）- 200 000 = -190 000（元）

（3）当期免抵退税额 = 1 200 000 × 10% = 120 000（元）

当期期末留抵税额（190 000 元）＞当期免抵退税额（120 000 元）

（4）当期应退税额 = 当期免抵退税额 = 120 000（元）

借：应收出口退税款——增值税   120 000

  贷：应交税费——应交增值税（出口退税）   120 000

（5）当期免抵税额 = 0

（6）结转下期抵扣的进项税额 = 190 000 - 120 000 = 70 000（元）

注意

    来料加工类似于国内业务的委托加工，它是由国外的委托方提供原材料，国内的加工方代垫部分辅助材料进行加工并收取加工费，进口和成品出口往往是一笔买卖，或者是两笔相关的买卖，原料的供应商往往是成品承受人。来料加工实行的是增值税的免税不退税政策，进口的原材料免税；国内加工方收取的加工费免征增值税；由于加工费免征增值税，加工过程中所耗用的国内购进货物的进项税额不予抵扣，因此免税加工费对应的进项税额要做进项税额转出处理。

5. 外贸企业的出口退税（增值税）

（1）外贸企业增值税退（免）税计税依据

① 外贸企业出口货物（委托加工修理修配货物除外），增值税退（免）税的计税依据为购进出口货物取得的增值税专用发票上注明的金额或海关进口增值税专用缴款书上

注明的完税价格。

② 外贸企业出口委托加工修理修配货物，增值税退（免）税的计税依据为加工修理修配费用的增值税专用发票上注明的金额。外贸企业应将加工修理修配使用的原材料（进料加工海关保税进口料件除外）作价销售给受托加工修理修配的生产企业，受托加工修理修配的生产企业应将此原材料成本并入加工修理修配费用开具增值税专用发票。

【例 5-11】某外贸公司 6 月购进牛仔布委托加工成服装出口，取得牛仔布增值税专用发票一张，注明计税金额 20 000 元；取得服装加工费计税金额 10 000 元，受托方将原料成本并入加工修理修配费用并开具了增值税专用发票。假设退税税率为 13%，计算该企业应退税额。

应退税额 =（20 000+10 000）× 13%＝3 900（元）

③ 外贸企业进料加工复出口货物，应以国内委托加工收回单证的增值税专用发票上注明的加工费为计税依据。开展进料加工的出口企业或发生未经海关批准将保税进口料件作价销售给其他企业加工的，按规定征收增值税和消费税。目前，加工贸易由海关监管，海关总署规定保税进口料件不允许企业作价销售，只能采取委托加工收回出口的方式。对此，为了避免冲突，便于统一管理，规定调整为作价销售保税进口料件按内销征税，比照一般贸易委托加工的方式计算退税。

④ 外贸企业从小规模纳税人处购进持有税务机关代开的增值税专用发票的出口货物，退税依据为增值税专用发票上注明的销售金额。

（2）账务处理

① 按规定计算的应收出口退税额：

借：应收出口退税款——增值税

　　贷：应交税费——应交增值税（出口退税）

② 收到出口退税款时：

借：银行存款

　　贷：应收出口退税款——增值税

③ 根据征税率与退税率的差，将不可退的进项税额计入成本：

借：主营业务成本

　　贷：应交税费——应交增值税（进项税额转出）

④ 收到出口退税款：

借：银行存款

　　贷：应收出口退税款——增值税

⑤ 对已办理申报退税的出口货物，如发生退关或退货，出口企业应按规定到其主管税务机关申报办理《出口商品退运已补税证明》，根据其主管税务机关规定的应补交税款，做如下会计分录：

借：应交税费——应交增值税（出口退税）

　　主营业务成本——自营出口销售成本

　　贷：主营业务成本——自营出口销售成本（不予退税）（按征退税率之差计算）

　　银行存款

对出口企业尚未申报退税的退关退货，不补交税款，也不做上述会计分录。

【例 5-12】某外贸公司 2021 年 7 月发生如下经济业务。

（1）1 日，购进一批商品，取得的增值税专用发票上注明货款 300 000 元，增值税 39 000 元。款项已支付。

借：库存商品——自营出口商品　　　　　　　　　　　　　　　300 000

　　贷：应交税费——应交增值税（进项税额）　　　　　　　　　　 39 000

　　银行存款　　　　　　　　　　　　　　　　　　　　　　339 000

（2）5 日，报关出口。根据合同约定，该批商品 FOB 价为 50 000 美元，当日人民币汇率为 6.50 元。

借：应收账款——应收外汇账款　　　　　（50 000 × 6.50）325 000

　　贷：主营业务收入——自营出口销售收入　　　　　　　　　 325 000

（3）5 日，结转商品销售成本。

借：主营业务成本——自营出口销售成本　　　　　　　　　　　300 000

　　贷：库存商品——自营出口商品　　　　　　　　　　　　　 300 000

（4）10 日，收到款项 50 000 美元并结汇，当日银行美元买入价为 1 美元 =6.45 元人民币。

借：银行存款　　　　　　　　　　　　　　　　　　　　　　322 500

　　财务费用——汇兑损益　　　　　　　　　　　　　　　　　 2 500

　　贷：应收账款——应收外汇账款　　　　　　　　　　　　　 325 000

（5）15 日，按规定申报出口退税，出口退税率为 10%。

应收出口退税款 =300 000 × 10%=30 000（元）

借：应收出口退税款——增值税   30 000

  贷：应交税费——应交增值税（出口退税）   30 000

根据征税率与退税率的差，将不可退的进项税计入成本。

借：主营业务成本——自营出口销售成本   9 000

  贷：应交税费——应交增值税（进项税额转出）   9 000

（6）30 日，收到出口退税款。

借：银行存款   30 000

  贷：应收出口退税款——增值税   30 000

三、出口退税——消费税

企业出口应税消费品时，除了涉及增值税的出口退税，还会涉及消费税的出口退税。增值税与消费税出口退税的比较如表 5-3 所示。

表 5-3 增值税与消费税出口退税的比较

项目	增值税出口退税	消费税出口退税
退税比率	退税率、征税率、征收率	征税率
生产企业自营或委托出口	适用"免、抵、退"税收政策 运用"免、抵、退"的公式计算，按规定退税	适用免税但不退税政策，不计算退税额
外贸企业收购货物出口	适用"免、退"税收政策 按照退税计税依据和规定的退税率计算退税额	免税并退上一环节已征消费税 按照退税计税依据和规定征税率计算退税额

1. 消费税出口退税的相关规定

（1）出口免税并退税

① 适用范围

——有出口经营权的外贸企业购进应税消费品直接出口。

——外贸企业接受其他外贸企业委托代理出口应税消费品。

外贸企业只有受其他外贸企业委托，代理出口应税消费品才可办理出口退税，外贸企业受其他企业（主要是非生产性商贸企业）委托，代理出口应税消费品是不予退（免）税的。

② 计算

——属于从价定率计征的货物，应以外贸企业从工厂购进时征收消费税的价格为计税依据。

——属于从量定额计征的货物，应以购进和报关出口的数量为计税依据。

——属于复合计征消费税的，按从价定率和从量定额的计税依据分别确定，公式为：

应退税额 = 从价定率计征消费税的退税计税依据 × 比例税率 + 从量定额计征消费税的退税计税依据 × 定额税率

出口货物的消费税应退税额的计税依据，按购进出口货物的消费税专用缴款书和海关进口消费税专用缴款书确定。

【例5-13】某外贸公司购入一批化妆品，取得增值税专用发票，发票金额为1 000 000元，增值税税额为130 000元，后来公司将该批化妆品全部报关出口，该批化妆品的消费税税率为30%。试计算其应退消费税税额。

应退消费税税额 = 出口货物的工厂销售额 × 税率 = 1 000 000 × 30% = 300 000（元）

【例5-14】某外贸公司购进粮食白酒2 000千克，价值100 000元，全部用于出口，该货物的税率为20%，每千克0.5元。试计算其消费税出口退税额。

（1）从价计征的应退消费税额 = 出口货物的工厂销售额 × 税率

= 100 000 × 20% = 20 000（元）

（2）从量计征的应退消费税额 = 出口货物的出口数量 × 单位税额

= 2 000 × 0.5 = 2 000（元）

（3）应退消费税总额 = 从价计征的应退消费税额 + 从量计征的应退消费税额

= 20 000 + 2 000 = 22 000（元）

（2）出口免税但不退税

有出口经营权的生产性企业自营出口或生产企业委托外贸企业代理出口自产的应税消费品，适用出口免税但不退税政策。

（3）出口不免税也不退税

除生产企业、外贸企业以外的其他企业，具体是指一般商贸企业，这类企业委托外贸企业代理出口应税消费品一律不予退（免）税。

2. 生产企业出口应税消费品的账务处理

生产企业出口自产的属于应征消费税的产品，实行免征消费税的办法。免征消费税的出口应税消费品应分不同情况进行会计处理。

（1）生产企业直接出口应税消费品或通过外贸企业代理出口应税消费品，按规定直接予以免税，不计算缴纳应交消费税。

（2）通过外贸企业出口应税消费品，如果按规定实行先征后退办法，可按下列方法进行会计处理。

① 委托外贸企业代理出口，计算应交消费税时：

借：应收账款

　　贷：应交税费——应交消费税

货物出口后，收到外贸企业退回的退税款时：

借：银行存款

　　贷：应收账款

② 企业将应税消费品销售给外贸企业，由外贸企业自营出口，视同内销货物，计算缴纳消费税。

借：税金及附加

　　贷：应交税费——应交消费税

【例5-15】某公司将一批应税消费品销售给外贸企业，由外贸企业自营出口。该批应税消费品的销售价格为 500 000 元，增值税税率为 13%，消费税税率为 10%。款项尚未收到。根据上述经济业务，该公司应做如下账务处理。

（1）销售时：

应交增值税 =500 000×13%=65 000（元）

借：应收账款	565 000
贷：主营业务收入	500 000
应交税费——应交增值税（销项税额）	65 000

（2）计算消费税：

应交消费税 =500 000×10%=50 000（元）

借：税金及附加	50 000
贷：应交税费——应交消费税	50 000

3. 外贸企业出口应税消费品的账务处理

（1）自营出口

外贸企业自营出口应税消费品，应在应税消费品报关出口后向主管退税的税务机关申请退还已缴纳的消费税。

① 货物出口后，计算应退消费税税额，公式为：

应退消费税税额 = 出口货物的工厂销售额（出口数量）× 税率（单位税额）

借：应收出口退税款——消费税

　　贷：主营业务成本

② 收到退回的消费税款时：

借：银行存款

　　贷：应收出口退税款——消费税

【例 5-16】7 月，某外贸公司发生如下与消费税有关的业务。

（1）3 日，购入一批应税消费品并验收入库，收到的增值税专用发票上列明货款 300 000 元，增值税 39 000 元。同时收到消费税凭证（消费税税率 10%）。

借：库存商品——自营出口应税消费品　　　　　　　　　　　　300 000

　　应交税费——应交增值税（进项税额）　　　　　　　　　　39 000

　　贷：银行存款　　　　　　　　　　　　　　　　　　　　　339 000

（2）5 日，该批应税消费品报关出口后，按规定申报消费税的出口退税。

应退消费税税额 = 出口货物的工厂销售额 × 税率 =300 000×10%=30 000（元）

借：应收出口退税款——消费税　　　　　　　　　　　　　　　30 000

　　贷：主营业务成本——自营出口应税消费品　　　　　　　　30 000

（3）25 日，收到退回的消费税款。

借：银行存款　　　　　　　　　　　　　　　　　　　　　　　30 000

　　贷：应收出口退税款——消费税　　　　　　　　　　　　　30 000

（2）代理出口

① 外贸企业代理出口应税消费品，应在应税消费品报关出口后，按规定申报消费税的出口退税：

借：应收出口退税款——消费税

　　贷：应付账款

② 收到税务部门退回生产企业缴纳的消费税：

借：银行存款

　　贷：应收出口退税款——消费税

③将消费税出口退税款退还委托企业：

借：应付账款

贷：银行存款

【例5-17】7月，某外贸公司受甲公司委托代理出口一批应税消费品，发生如下与消费税有关的业务。

（1）3日，该批应税消费品报关出口后，按规定申报消费税的出口退税，应退消费税为50 000元。

借：应收出口退税款——消费税 50 000

贷：应付账款——甲公司 50 000

（2）25日，收到退回的消费税款50 000元。

借：银行存款 50 000

贷：应收出口退税款——消费税 50 000

（3）26日，将消费税出口退税款退还委托企业。

借：应付账款——甲公司 50 000

贷：银行存款 50 000

第三节　其他涉税核算

除了关税、消费税、增值税外，外贸企业在经营过程中还需要缴纳印花税、城市维护建设税、教育费附加、企业所得税、个人所得税及城镇土地使用税等。

一、印花税

印花税是对经济活动和经济交往中书立、领受具有法律效力的凭证的行为所征收的一种税。外贸企业的印花税主要为购销合同印花税，通常按合同金额的万分之三计算。

实务中，印花税的账务处理可以计提，也可以不计提。

1.先计提后缴税

（1）确认税款时：

借：税金及附加

贷：应交税费——应交印花税

（2）实际缴税时：

借：应交税费——应交印花税

  贷：银行存款

2.不计提

不计提印花税，实际缴税时：

借：税金及附加

  贷：银行存款

【**例 5-18**】5 月 31 日，某外贸公司计提了当月应缴纳的印花税 650 元。6 月 10 日，公司以银行存款实际缴纳了 5 月的印花税。根据上述经济业务，该公司应做如下账务处理。

（1）5 月 31 日，计算应缴纳的印花税时：

借：税金及附加   650

  贷：应交税费——应交印花税   650

（2）6 月 10 日，实际上交城市维护建设税和教育费附加时：

借：应交税费——应交印花税   650

  贷：银行存款   650

二、城市维护建设税

城市维护建设税的税率是指纳税人应缴纳的城市维护建设税税额与纳税人实际缴纳的"两税"（增值税与消费税）税额的比率。城市维护建设税按纳税人所在地的不同，设置了三档地区差别比例税率（特殊规定除外）。

（1）纳税人所在地为市区的，税率为 7%。

（2）纳税人所在地为县城、镇的，税率为 5%。

（3）纳税人所在地不在市区、县城或者镇的，税率为 1%；开采海洋石油资源的中外合作油（气）田所在地在海上的，其城市维护建设税适用 1% 的税率。

城市维护建设税的计税依据是纳税人实际缴纳的"两税"税额。纳税人违反"两税"有关税法而加收的滞纳金和罚款，是税务机关对纳税人违法行为的经济制裁，不作为城市维护建设税的计税依据，但纳税人在被查补"两税"和被处以罚款时，应同时补交偷漏的城市维护建设税，税务机关还将征收滞纳金和罚款。

城市维护建设税应纳税额的大小是由纳税人实际缴纳的"两税"税额决定的，其计算公式为：

应纳税额 = 纳税人实际缴纳的增值税、消费税税额 × 适用税率

由于城市维护建设税实行纳税人所在地差别比例税率，因此在计算应纳税额时，应注意根据纳税人所在地来确定适用税率。

（1）按规定计算应缴纳的城市维护建设税、教育费附加：

借：税金及附加

　　贷：应交税费——应交城市维护建设税

（2）实际缴纳城市维护建设税：

借：应交税费——应交城市维护建设税

　　贷：银行存款

【例5-19】5月31日，某外贸公司计提了当月应缴纳的城市维护建设税。其当月实际缴纳的增值税为100 000元，适用的城市维护建设税税率为7%。6月10日，公司以银行存款实际缴纳了5月的城市维护建设税。根据上述经济业务，该公司应做如下账务处理。

（1）5月31日，计算应缴纳的城市维护建设税时：

应交城市维护建设税 =100 000×7%=7 000（元）

借：税金及附加　　　　　　　　　　　　　　　　　　　　　7 000

　　贷：应交税费——应交城市维护建设税　　　　　　　　　　7 000

（2）6月10日，实际缴纳城市维护建设税时：

借：应交税费——应交城市维护建设税　　　　　　　　　　　7 000

　　贷：银行存款　　　　　　　　　　　　　　　　　　　　　7 000

三、教育费附加

教育费附加是为加快地方教育事业，扩大地方教育经费的资金而征收的一项专用资金。教育费附加和地方教育附加是对缴纳增值税、消费税的单位和个人，就其实际缴纳的税额为计算依据征收的一种附加费。

现行教育费附加征收率为3%，地方教育费附加征收率为2%。教育费附加和地方教育费附加的计算公式为：

应纳教育费附加或地方教育费附加 = 实际缴纳的增值税、消费税税额 × 征收率（3% 或 2%）

相关账务处理如下。

（1）按规定计算应缴纳的教育费附加和地方教育费附加时：

借：税金及附加

　　贷：应交税费——应交教育费附加

　　　　　　　　——应交地方教育费附加

（2）实际缴纳时：

借：应交税费——应交教育费附加

　　　　　　——应交地方教育费附加

　　贷：银行存款

【例 5-20】5 月 31 日，某外贸公司计提了当月应缴纳的教育费附加和地方教育费附加。其当月实际缴纳的增值税为 100 000 元，适用的教育费附加征收率为 3%，地方教育费附加征收率为 2%。6 月 10 日，公司以银行存款实际缴纳了 5 月的教育费附加和地方教育费附加。根据上述经济业务，该公司应做如下账务处理。

（1）5 月 30 日，计算应缴纳的教育费附加和地方教育费附加时：

应交教育费附加 =100 000×3%=3 000（元）

应交地方教育费附加 =100 000×2%=2 000（元）

借：税金及附加　　　　　　　　　　　　　　　　　　　　5 000

　　贷：应交税费——应交教育费附加　　　　　　　　　　　3 000

　　　　　　　　——应交地方教育费附加　　　　　　　　　2 000

（2）6 月 10 日，实际缴纳教育费附加和地方教育费附加时：

借：应交税费——应交教育费附加　　　　　　　　　　　　3 000

　　　　　　——应交地方教育费附加　　　　　　　　　　2 000

　　贷：银行存款　　　　　　　　　　　　　　　　　　　　5 000

四、所得税

1. 企业所得税

企业所得税是我国对国内企业和经营单位的生产经营所得征收的一种税。产生经营所得主要包括销售货物所得、提供劳务所得、利息所得、租金所得、接受捐赠所得和其他所得。无论当期是否获得利润，企业都应按照税法规定申报缴纳企业所得税。

应纳税所得额是企业所得税的计税依据。税法规定，应纳税所得额为企业每一个纳税年度的收入总额，减除不征税收入、免税收入、各项扣除以及允许弥补的以前年度亏损后的余额。

应纳税所得额 = 收入总额 - 不征税收入 - 免税收入 - 各项扣除 - 以前年度亏损

企业应纳税所得额的计算以权责发生制为原则，属于当期的收入和费用，不论款项是否收付，均作为当期的收入和费用处理；不属于当期的收入和费用，即使款项已经在当期收付，也不可作为当期的收入和费用处理。

（1）企业计算当期应交的企业所得税时：

借：所得税费用

　　贷：应交税费——应交所得税

（2）实际缴纳企业所得税时：

借：应交税费——应交所得税

　　贷：银行存款

【例 5-21】某外贸公司 2020 年度实现利润总额 800 000 元，按税法有关规定调整后的应纳税所得额为 760 000 元，适用的所得税税率为 25%。根据上述经济业务，会计分录如下。

（1）计算应交所得税时：

应交所得税 =760 000 × 25%=190 000（元）

借：所得税费用　　　　　　　　　　　　　　　　　　　　　　　190 000

　　贷：应交税费——应交所得税　　　　　　　　　　　　　　　　190 000

（2）实际缴纳企业所得税时：

借：应交税费——应交所得税　　　　　　　　　　　　　　　　　190 000

　　贷：银行存款　　　　　　　　　　　　　　　　　　　　　　　190 000

2. 个人所得税

税法规定，企业对职工个人应缴纳的个人所得税，实行代扣代缴的办法。

（1）按规定计算应代扣代缴的职工个人所得税时：

借：应付职工薪酬

　　贷：应交税费——应交个人所得税

（2）缴纳个人所得税时：

借：应交税费——应交个人所得税

　　贷：银行存款

【例5-22】5月，某外贸公司计算出应代扣代缴的职工个人所得税为 78 600 元。6月 15 日，企业以银行存款缴纳了上述税款。根据上述经济业务，会计分录如下。

（1）按规定计算应代扣代缴的职工个人所得税时：

借：应付职工薪酬　　　　　　　　　　　　　　　　　　　　78 600

　　贷：应交税费——应交个人所得税　　　　　　　　　　　　　78 600

（2）缴纳个人所得税时：

借：应交税费——应交个人所得税　　　　　　　　　　　　　78 600

　　贷：银行存款　　　　　　　　　　　　　　　　　　　　　78 600

五、城镇土地使用税等

（1）外贸企业按规定计算应缴纳的城镇土地使用税、房产税、车船税、矿产资源补偿费、排污费时：

借：税金及附加

　　贷：应交税费——应交城镇土地使用税

　　　　　　　　——应交房产税

　　　　　　　　——应交车船税

　　　　　　　　——矿产资源补偿费

　　　　　　　　——排污费

（2）实际上交时：

借：应交税费——应交城镇土地使用税

　　　　　　——应交房产税

　　　　　　——应交车船税

　　　　　　——矿产资源补偿费

　　　　　　——排污费

　　贷：银行存款

【例5-23】1月 31 日，某外贸公司计提了当月应交的城镇土地使用税 20 000 元、房产税 15 000 元、车船税 7 000 元、排污费 3 000 元。2月 7 日，该公司以银行存款缴纳了上述税款。根据上述经济业务，会计分录如下。

（1）计算应交的房产税、土地使用税、车船税时：

借：税金及附加　　　　　　　　　　　　　　　　　　　45 000

　　贷：应交税费——应交城镇土地使用税　　　　　　　20 000

　　　　　　——应交房产税　　　　　　　　　　　　　15 000

　　　　　　——应交车船税　　　　　　　　　　　　　 7 000

　　　　　　——排污费　　　　　　　　　　　　　　　 3 000

（2）实际上交时：

借：应交税费——应交城镇土地使用税　　　　　　　　　20 000

　　　　——应交房产税　　　　　　　　　　　　　　　15 000

　　　　——应交车船税　　　　　　　　　　　　　　　 7 000

　　　　——排污费　　　　　　　　　　　　　　　　　 3 000

　　贷：银行存款　　　　　　　　　　　　　　　　　　45 000

第六章　外贸企业会计实账操作演练

第一节　演练背景

一、企业概况与期初数据

1. 企业名称

富达外贸有限公司。

2. 职工总数

18 人。

3. 相关税率

该公司属于增值税一般纳税人，除特别说明外，增值税税率均为 13%，城市维护建设税税率为 7%、教育费附加为 3%、地方教育费附加为 2%，企业所得税税率为 25%。

4. 相关期初数据

总账账户期初余额

总账账户	期初余额	总账账户	期初余额
库存现金	2 151.00	应付账款	904 000.00
银行存款	6 604 900.00	应交税费	17 436.00
应收账款	196 800.00	应付职工薪酬	252 042.00
周转材料	33 560.00	实收资本	5 000 000.00
固定资产	1 056 031.60	盈余公积	158 444.00
累计折旧	156 320.00	利润分配	1 365 300.00
其他应收款	6 000.00	本年利润	45 900.00

明细账户期初余额

总账账户	明细账户	期初余额（借方）	总账账户	明细账户	期初余额（贷方）
银行存款	人民币户	6 145 700.00	应付账款	和宅信息公司	565 000.00
	美元户（70 000美元）	459 200.00		光讯科技	339 000.00
其他应收款	林恩达	6 000.00	应付职工薪酬	职工工资	180 030.00
实收资本	林长德	2 500 000.00		社会保险费	54 009.00
	张华山	2 500 000.00		住房公积金	18 003.00
盈余公积	法定盈余公积	158 444.60	应交税费	应交印花税	2 136.00
利润分配	未分配利润	1 365 300.00		应交所得税	15 300.00
应收账款	应收外汇账款——HKC公司（30 000美元）	196 800.00			

5. 相关说明

（1）记账汇率采用当月第一个工作日的市场汇率。其中，3月31日和4月第一个工作日美元市场汇率为6.56，4月30日和5月第一个工作日美元市场汇率为6.46，5月30日和6月第一个工作日美元市场汇率为6.36，6月30日美元市场汇率为6.46。欧元5月第一个工作日市场汇率为7.60。

（2）CIF价的海运费及国外保险费通过收入账户核算，支付的海运费及国外保险费冲减收入。

（3）该公司除自营出口业务外，还有其他应纳税业务（如出口转内销、进口、代理出口等），经与主管税务机关确认，差旅费不属于免税业务的部分及办公费用等所取得的进项税额可以抵扣。

注意：外贸企业是否可以抵扣该部分增值税，最好先向主管税务机关确认。

二、企业发生的经济业务

富达外贸有限公司2021年4月、5月、6月发生了如下经济业务。

4月发生的经济业务

（1）1日，把外汇存款50 000美元兑换为人民币。银行当天的美元买入价为1美元=6.55元人民币，中间价为1美元=6.56元人民币。

（2）2日，收到业务部门转来的对外付佣通知单，应向境外中介服务机构MKO公司支付累计佣金1 000美元。

（3）6日，银行存款美元户收到HKC公司前期所欠货款30 000美元，未办理结汇。

（4）7日，向阳华公司采购一批003号商品，先预付货款100 000元。该批商品用于自营出口美国KYS公司。

（5）8日，向唯朵公司采购的500件001号商品验收入库。唯朵公司开来增值税专用发票，列明单价1 400元，数量500件，货款合计700 000元，增值税进项税额91 000元，并取得相应的消费税专用缴款书。货款尚未支付。

（6）9日，以银行存款美元户支付MKO公司累计佣金1 000美元。

（7）12日，向利华科技公司购进一批004号商品，取得的增值税专用发票上注明金额为100 000元、进项税额为13 000元。款项尚未支付，尚不确定是用于出口还是内销。

注：凡是不能确定用于出口或内销的，一律记入出口库存账。

（8）12日，签发现金支票向银行提取备用金30 000元。

（9）13日，管理部门林恩达出差回来，报销差旅费6 836元，补付现金836元。其中，住宿费3 180元（已取得增值税专用发票，增值税税额为180元）、火车票1 090元。

注：火车票的进项税额 $=1\,090 \div (1+9\%) \times 9\% = 90$（元）

（10）14日，用银行存款偿还和宅信息公司款项565 000元。

（11）15日，收到阳华公司寄来的增值税专用发票，列明003号商品500件，单价800元，货款总计400 000元，增值税进项税额52 000元，消费税税率为15%。商品尚未收到。

（12）15日，签发转账支票一张，金额为138 623.10元，委托银行代发工资。同时代扣个人承担的社保费14 402.40元、公积金18 003元和个人所得税9 001.50元。

（13）15日，以银行存款缴纳个人所得税9 001.50元。

（14）15日，以银行存款缴纳印花税2 136元。

（15）15日，以银行存款缴纳社会保险费68 411.40元，其中单位承担的部分为54 009元，个人承担的部分为14 402.40元。

（16）15日，以银行存款缴纳住房公积金36 006元。其中单位和个人分别应承担18 003元。

（17）15日，以银行存款缴纳第一季度企业所得税15 300元。

（18）19日，向阳华公司采购的003号商品验收入库，实收商品500件（单价800元）。

（19）20日，购入一批用于自营出口的免税农产品。收到的农产品销售发票上注明单价100元，数量3 000件，合计买价300 000元。款项已付，商品未收到。

（20）4月20日，001号商品已经全部报关出口到美国YDC公司，财务开出出口发票，货款总计150 000美元（CIF价），采用议付信用证结算。

（21）20日，结转自营出口的001号商品销售成本。

（22）20日，支付自营出口的001号商品国内运费10 900元。

（23）21日，以外汇存款支付自营出口的001号商品海运费2 000美元。

（24）21日，以外汇存款支付自营出口的001号国外保险费1 000美元。

（25）22日，办公室朱亚华报销招待费5 360元，以现金支付。

注：业务招待费无论是否开具增值税专用发票，都不得抵扣进项税额。

（26）23日，支付光讯科技公司前期货款，实付金额为336 000元，获得现金折扣3 000元。

（27）29日，向后福公司购入一批005号商品，根据合同约定预先支付货款300 000元。

（28）30日，行政部门报销汽车修理费7 910元（含增值税910元），出纳以现金付讫。

（29）30日，管理部门报销高速公路过路费1 030元（含增值税30元），出纳以现金付讫。

（30）30日，计提固定资产折旧11 650元。

（31）30日，根据职工薪酬表计提职工工资。

2021年4月职工薪酬表

所属部门	职工工资	单位负担社保	个人负担社保	单位负担住房公积金	个人负担住房公积金	个人所得税
管理部门	68 350.00	20 505.00	5 468.00	6 835.00	6 835.00	3 417.50
销售部门	111 680.00	33 504.00	8 934.40	11 168.00	11 168.00	5 584.00
合计	180 030.00	54 009.00	14 402.40	18 003.00	18 003.00	9 001.50

（32）30日，根据职工薪酬表计提单位应负担的社保费。

（33）30日，根据职工薪酬表计提单位应负担的住房公积金。

（34）30日，计提当月合同应缴纳印花税1 635元。

（35）30日，结转当月汇兑损益。

（36）30日，结转当月损益。

5 月发生的经济业务

（1）8 日，接受海达公司委托代理出口一批商品。该商品已运抵仓库，入库单上列明入库商品 1 000 套，每套 500 元。

（2）8 日，根据合同约定，收到德国 PJ 公司支付的预付款 50 000 欧元。

（3）9 日，收到华科公司预付款 900 000 元，代理进口一批 009 号商品，货款总计 98 500 美元（FOB 价）。

（4）9 日，将 50 000 欧元兑换为人民币，实收人民币 377 500 元。当日银行买入汇率为 1 欧元 =7.55 元人民币。

（5）10 日，500 件 003 号商品报关出口。根据出口合同，该批出口商品总计货款 80 000 美元（CIF 价），采用议付信用证结算，明佣 1%。当日即期汇率为 1 美元 =6.50 元人民币。

（6）10 日，结转出口 003 号商品的销售成本。

（7）10 日，以银行存款支付出口 003 号商品的国内费用 8 000 元。

（8）11 日，以外汇存款支付出口 003 号商品的海运费 1 000 美元。

（9）11 日，以外汇存款支付出口 003 号商品的保险费 200 美元。

（10）12 日，与外商 HCT 公司签订合同，进口 007 号商品 200 件，国外进价每件 500 美元，货款总值 100 000 美元（FOB 价），明佣 1%。企业向银行申请开立信用证，从人民币存款账户划出信用证保证金 640 000 元，手续费 1 000 元。当日汇率中间价为 1 美元 =6.40 元人民币。

（11）13 日，购入的免税农产品运抵企业。验货时发现只到货 2 500 件，少了 500 件。

（12）13 日，经查明，缺少的农产品系朝华物流公司的责任，朝华物流公司已经同意原价赔偿。

（13）14 日，005 号商品验收入库。后福公司开来的增值税发票上注明单价 500 元，数量 3 000 件，货款总计 1 500 000 元，增值税进项税额 195 000 元。剩余款项尚未支付。

（14）14 日，004 号商品报关出口 WMA 公司，FOB 价格为 20 000 美元。

（15）14 日，结转 004 号商品出口销售成本。

（16）14 日，签发转账支票一张，金额为 138 623.10 元，委托银行代发工资。同时代扣个人承担的社保费 14 402.40 元、住房公积金 18 003 元和个人所得税 9 001.50 元。

（17）14 日，以银行存款缴纳个人所得税 9 001.50 元。

（18）14 日，以银行存款缴纳印花税 1 635 元。

（19）14 日，以银行存款缴纳社会保险费 68 411.40 元，其中单位承担的部分为 54 009 元，个人承担的部分为 14 402.40 元。

（20）14 日，以银行存款缴纳住房公积金 36 006 元。其中单位和个人分别应承担 18 003 元。

（21）17 日，将 2 500 件免税农产品先行报关出口日本三泰公司，已开具出口发票。根据出口合同，该批农产品总计货款 50 000 美元（FOB 价），采用议付信用证结算，议付暗佣 1%。

（22）17 日，根据与海达公司的代理出口合同，将代理出口 008 号商品报关出口给美国 WKJ 公司。收到业务部转来代理出口的发票副本和银行回单，出口发票上列明商品 1 000 套，每套 100 美元（FOB 价），共计货款 100 000 美元（CIF 价）。

（23）17 日，以银行存款支付代理出口 008 号商品运送出口港运杂费 1 090 元，支付装船费 1 130 元。

（24）18 日，结转自营出口免税农产品的销售成本。

（25）18 日，购汇支付代理出口 008 号商品的海运费 900 美元，国外保险费 100 美元。当日银行卖出价 1 美元 =6.51 元人民币。

（26）19 日，收到出口 001 号商品的销售货款 149 800 美元（国外银行手续费 200 美元），结汇金额 966 210 元（当日银行美元买入价为 1 美元 =6.45 元人民币）。

（27）19 日，向德国 PJ 公司出口 3 000 件 005 号商品，已经办妥报关出口，财务开出出口发票。此批货物 FOB 价为 300 000 欧元，汇付暗佣 1%。

（28）5 月 19 日，出口的 004 号商品被退运回企业，已入库。冲减出口收入和出口成本。

（29）20 日，支付自营出口免税农产品的国内运费等 3 270 元。

（30）20 日，结转 005 号商品出口销售成本。

（31）21 日，企业决定将退运的 004 号商品转为内销。

（32）21 日，通过税务机关办好转内销手续，原未抵扣的进项转成可以抵扣的进项。

（33）24 日，支付 005 号商品国内运费 21 800 元。

（34）24 日，购汇支付代理进口 009 号商品的国外运费 2 000 美元。当日银行卖出价为 1 美元 =6.40 元人民币。

（35）24 日，购汇支付代理进口 009 号商品的国外保险费 500 美元。当日银行卖出价为 1 美元 =6.40 元人民币。

（36）25 日，向税务机关申报 001 号出口商品的出口退税款。增值税出口退税率为 13%、消费税率为 10%。

增值税退税额 =700 000×9%=63 000（元）

不可退税款 =700 000×（13%-9%）=28 000（元）

消费税退税额 =700 000×10%=70 000（元）

（37）25 日，004 号商品折价内销完毕，开出的增值税专用发票上注明商品价款 80 000 元，增值税销项税额 10 400 元。款项已全部收到。

（38）25 日，结转 004 号商品内销销售成本。

（39）25 日，收到德国 PJ 公司支付的 005 号出口商品尾款 250 000 欧元。

（40）26 日，办理银行结汇手续，将 250 000 欧元全部兑换为人民币，实收人民币 1 895 000 元。当日银行买入价为 1 欧元 =7.58 元人民币。

（41）27 日，收到银行转来分割收结汇的收账通知，金额为 100 000 美元，其中代垫国内运费 1 090 元、支付装船费 1 130 元，代垫国外运费 900 美元、保险费 100 美元，出口代理手续费 2 000 美元（不含增值税），款项全部存入外币存款户。当日银行买入价 1 美元 =6.45 元人民币。该代理出口业务采取当地结汇法，退税由委托方办理。

代理手续费 =2 000×6.45=12 900（元）

代理手续费增值税 =12 900×6%=774（元）

扣除代垫费用和代理出口手续费后的应付账款 =646 000-2 220-6 510-13 674= 623 596（元）

（42）28 日，向银行议付信用证（自营出口 003 号商品），结汇水单显示：当天银行买入价为 6.35 元，国外银行扣费用 1 000 美元。

国外银行扣费用记入"财务费用——手续费"科目。

国外银行手续费 =1 000×6.46=6 460（元）

结汇金额 =（80 000-800-100）×6.35=502 285（元）

（43）28 日，向银行购汇支付 005 号出口商品的佣金 3 000 欧元，当日银行卖出价为 1 欧元 =7.60 元人民币。企业实付人民币 23 000 元（银行手续费 200 元）。

（44）31 日，计提固定资产折旧 11 650 元。

（45）31 日，根据职工薪酬表计提职工工资。

2021 年 5 月职工薪酬表

所属部门	职工工资	单位负担社保	个人负担社保	单位负担住房公积金	个人负担住房公积金	个人所得税
管理部门	68 350.00	20 505.00	5 468.00	6 835.00	6 835.00	3 417.50
销售部门	123 600.00	37 080.00	9 888.00	12 360.00	12 360.00	6 180.00
合计	191 950.00	57 585.00	15 356.00	19 195.00	19 195.00	9 597.50

（46）31 日，根据职工薪酬表计提单位应负担的社保费。

（47）31 日，根据职工薪酬表计提单位应负担的住房公积金。

（48）31 日，计提当月合同应缴纳的印花税 1 876 元。

（49）31 日，结转当月汇兑损益。

（50）31 日，转出当月未交增值税。

（51）31 日，结转当月损益。

6 月发生的经济业务

（1）1 日，办理自营出口 003 号商品的出口退税。出口退税率 10%、消费税率 15%。

增值税退税额 =400 000×10%-40 000（元）

不可退税额 =400 000×（13%-10%）=12 000（元）

消费税退税额 =400 000×15%=60 000（元）

（2）2 日，公司员工聚餐，开出转账支票支付餐饮费 13 780 元。

（3）3 日，销售员宋立阳出差，预借差旅费 8 000 元，以现金支付。

（4）4 日，开出转账支票支付展览费 26 500 元（含增值税 1 500 元）。

（5）7 日，公司举行工会活动，开出转账支票支付费用 8 480 元（含增值税 480 元）。

（6）8 日，购汇支付 007 号商品进口海运费 800 美元，国外保险费 200 美元。当日银行卖出价为 1 美元 =6.40 元人民币。

（7）9 日，向税务机关申报 005 号出口商品的出口退税款。增值税出口退税率为 9%。

增值税退税额 =1 500 000×9%=135 000（元）

（8）9 日，收到银行转来进口 007 号商品的全套单据，企业审单无异议，办妥购汇手续赎单。当日银行美元卖出价为 6.40 元。同时支付银行手续费 800 元。注：收取的明佣直接扣减货款金额。

（9）9日，信用证多余资金转回人民币存款账户。

（10）10日，向银行议付信用证（自营出口免税农产品），当日银行买入价为1美元=6.36元人民币。

（11）11日，财务部报销会计人员继续教育培训费3 816元（含增值税216元），出纳以现金付讫。

（12）11日，收到银行转来的代理进口009号商品全部结算单据，货款总计98 500美元。经审核无误后购汇付款，当日银行卖出价为1美元=6.40元人民币。

（13）14日，按代理进口协议约定向华科公司开出增值税专用发票，列明应收代理进口手续费折合人民币20 000元，增值税1 200元。

（14）15日，代理进口的009号商品运抵我国口岸，向海关申报缴纳进口关税和增值税。进口关税税率为10%，增值税税率为13%。

关税完税价格=FOB价+运费+保险费=630 400+16 000=646 400（元）

应交进口关税=646 400×10%=64 640（元）

应交进口增值税=（完税价格+实征关税税额）×增值税税率

=（646 400+64 640）×13%=92 435.20（元）

（15）15日，签发转账支票一张，金额为147 801.50元，委托银行代发工资。同时代扣个人承担的社保费15 356元、住房公积金19 195元和个人所得税9 597.50元。

（16）15日，以银行存款缴纳个人所得税9 597.50元。

（17）15日，以银行存款缴纳印花税1 876元。

（18）15日，以银行存款缴纳社会保险费72 941元。其中，单位承担的部分为57 885元、个人承担的部分为15 356元。

（19）15日，以银行存款缴纳住房公积金38 390元。其中，单位和个人分别应承担19 195元。

（20）16日，缴纳代理进口009号商品的关税和增值税。

（21）17日，收到001号商品的增值税和消费税退税款。

（22）17日，进口的007号商品运抵我国口岸，如实向海关申报缴纳关税（税率为30%）、消费税（税率为50%）和增值税（税率为13%）。

关税完税价格=FOB价+运费+保险费=633 600+6 400=640 000（元）

应交进口关税=640 000×30%=192 000（元）

应交进口消费税 = （完税价格 + 实征关税税额）÷ （1 - 消费税税率）× 消费税税率 = （640 000+192 000）÷ （1 - 50%）× 50%=832 000（元）

应交进口增值税 = （完税价格 + 实征关税税额 + 实征消费税税额）× 增值税税率 = （640 000+192 000+832 000）× 13%=216 320（元）

（23）18 日，缴纳 007 号商品的进口关税、消费税和增值税。

（24）18 日，市场部参展人员陈文令、严嵩报销参展花销 8 650 元，以现金支付。其中，住宿费 2 120 元（含增值税 120 元）、机票 2 180 元（含增值税 180 元）。

（25）21 日，支付进口 007 号商品的国内运费 3 270 元（含增值税 270 元），已取得增值税专用发票。

（26）22 日，007 号商品运抵企业，并验收入库。

（27）22 日，根据 009 号商品代理进口结算清单，向华科公司结清余款。

注：余款 = 预收款 - 海运费 - 保险费 - 商品货款 - 代理费用 - 进口关税 - 进口增值税 =900 000 - 12 800 - 3 200 - 630 400 - 21 200 - 64 640 - 92 435.20=75 324.80（元）

（28）23 日，以现金支付职工杨文生活困难补助金 2 000 元。

（29）24 日，以银行存款购买一批商品发放给员工作为福利，合计价款 20 340 元（含增值税 2 340 元）。

（30）25 日，自营进口的 007 号商品销售完成，开给客户万怡公司的增值税专用发票上列明货款 2 000 000 元、增值税 260 000 元。款项尚未收到。

（31）25 日，结转自营进口 007 号商品的销售成本。

（32）28 日，收到银行委托收款凭证，向电信公司支付电话费 5 559 元（含增值税 459 元）。

（33）29 日，收到万怡公司货款 2 260 000 元。

（34）29 日，支付本季度保洁费用 3 180 元（含增值税 180 元）。

（35）30 日，销售部门报销通信费 2 180 元（含增值税 180 元，已取得符合规定的增值税专用发票），出纳以现金付讫。

（36）30 日，计提固定资产折旧 11 650 元。

2021 年 6 月职工薪酬表

所属部门	职工工资	单位负担社保	个人负担社保	单位负担住房公积金	个人负担住房公积金	个人所得税
管理部门	68 350.00	20 505.00	5 468.00	6 835.00	6 835.00	3 417.50

（续表）

所属部门	职工工资	单位负担社保	个人负担社保	单位负担住房公积金	个人负担住房公积金	个人所得税
销售部门	123 600.00	37 080.00	9 888.00	12 360.00	12 360.00	6 180.00
合计	191 950.00	57 585.00	15 356.00	19 195.00	19 195.00	9 597.50

（37）30 日，根据职工薪酬表计提职工工资。

（38）30 日，根据职工薪酬表计提单位应负担的社保费。

（39）30 日，根据职工薪酬表计提单位应负担的住房公积金。

（40）30 日，计提当月合同应缴纳的印花税 1 955 元。

（41）30 日，结转当月汇兑损益。

（42）30 日，转出当月未交增值税。

（43）30 日，计提应交的附加税。

（44）30 日，计提本季度企业所得税。

（45）30 日，结转当月损益。

第二节　填制记账凭证

一、4 月记账凭证

记账凭证

附单据数：

单位：富达外贸有限公司　　　　日期：2021–04–01　　　　凭证号：记 –1

摘要	科目	借方金额	贷方金额
美元兑换人民币	银行存款——人民币户	327 500.00	
美元兑换人民币	财务费用——汇兑损益	500.00	
美元兑换人民币（$50 000，汇率：6.56）	银行存款——美元户		328 000.00
合计：叁拾贰万捌仟元整		328 000.00	328 000.00

主管：　　　　记账：　　　　审核：　　　　出纳：　　　　制单：陈楠

记账凭证

单位：富达外贸有限公司　　　日期：2021-04-02

附单据数：
凭证号：记-2

摘要	科目	借方金额	贷方金额
计提 MKO 公司累计佣金	销售费用——佣金	6 560.00	
计提 MKO 公司累计佣金（$1 000，汇率：6.56）	应付账款——应付外汇账款——MKO 公司		6 560.00
合计：陆仟伍佰陆拾元整		6 560.00	6 560.00

主管：　　　记账：　　　审核：　　　出纳：　　　制单：陈楠

记账凭证

单位：富达外贸有限公司　　　日期：2021-04-06

附单据数：
凭证号：记-3

摘要	科目	借方金额	贷方金额
收到 HKC 公司货款（$30 000，汇率：6.56）	银行存款——美元户	196 800.00	
收到 HKC 公司货款（$30 000，汇率：6.56）	应收账款——应收外汇账款——HKC 公司		196 800.00
合计：壹拾玖万陆仟捌佰元整		196 800.00	196 800.00

主管：　　　记账：　　　审核：　　　出纳：　　　制单：陈楠

记账凭证

单位：富达外贸有限公司　　　日期：2021-04-07

附单据数：
凭证号：记-4

摘要	科目	借方金额	贷方金额
预付 003 号商品采购费用	预付账款——阳华公司	100 000.00	
预付 003 号商品采购费用	银行存款——人民币户		100 000.00
合计：壹拾万元整		100 000.00	100 000.00

主管：　　　记账：　　　审核：　　　出纳：　　　制单：陈楠

记账凭证

附单据数：

单位：富达外贸有限公司　　　　　日期：2021-04-08　　　　凭证号：记-5

摘要	科目	借方金额	贷方金额
自营出口 001 号商品验收入库	库存商品——自营出口商品——001 号商品	700 000.00	
自营出口 001 号商品验收入库	应交税费——应交增值税——进项税额——出口	91 000.00	
自营出口 001 号商品验收入库	应付账款——唯朵公司		791 000.00
合计：柒拾玖万壹仟元整		791 000.00	791 000.00

主管：　　　　记账：　　　　审核：　　　　出纳：　　　　制单：陈楠

记账凭证

附单据数：

单位：富达外贸有限公司　　　　　日期：2021-04-09　　　　凭证号：记-6

摘要	科目	借方金额	贷方金额
支付 MKO 公司累计佣金（$1 000，汇率：6.56）	应付账款——应付外汇账款——MKO 公司	6 560.00	
支付 MKO 公司累计佣金（$1 000，汇率：6.56）	银行存款——美元户		6 560.00
合计：陆仟伍佰陆拾元整		6 560.00	6 560.00

主管：　　　　记账：　　　　审核：　　　　出纳：　　　　制单：陈楠

记账凭证

附单据数：

单位：富达外贸有限公司　　　　　日期：2021-04-12　　　　凭证号：记-7

摘要	科目	借方金额	贷方金额
购进自营出口的 004 号商品	库存商品——自营出口商品——004 号商品	100 000.00	
购进自营出口的 004 号商品	应交税费——应交增值税——进项税额——出口	13 000.00	
购进自营出口的 004 号商品	银行存款——人民币户		113 000.00
合计：壹拾壹万叁仟元整		113 000.00	113 000.00

主管：　　　　记账：　　　　审核：　　　　出纳：　　　　制单：陈楠

记账凭证

单位：富达外贸有限公司　　日期：2021-04-12

附单据数：

凭证号：记-8

摘要	科目	借方金额	贷方金额
提取备用金	库存现金	30 000.00	
提取备用金	银行存款——人民币户		30 000.00
合计：叁万元整		30 000.00	30 000.00

主管：　　　记账：　　　审核：　　　出纳：　　　制单：陈楠

记账凭证

单位：富达外贸有限公司　　日期：2021-04-13

附单据数：

凭证号：记-9

摘要	科目	借方金额	贷方金额
林恩达报销差旅费	管理费用——差旅费	6 566.00	
林恩达报销差旅费	应交税费——应交增值税——进项税额——办公	270.00	
林恩达报销差旅费	其他应收款——林恩达		6 000.00
林恩达报销差旅费	库存现金		836.00
合计：陆仟捌佰叁拾陆元整		6 836.00	6 836.00

主管：　　　记账：　　　审核：　　　出纳：　　　制单：陈楠

记账凭证

单位：富达外贸有限公司　　日期：2021-04-14

附单据数：

凭证号：记-10

摘要	科目	借方金额	贷方金额
偿还和宅信息公司货款	应付账款——和宅信息公司	565 000.00	
偿还和宅信息公司货款	银行存款——人民币户		565 000.00
合计：伍拾陆万伍仟元整		565 000.00	565 000.00

主管：　　　记账：　　　审核：　　　出纳：　　　制单：陈楠

记账凭证

单位：富达外贸有限公司　　日期：2021-04-15　　附单据数：
　　凭证号：记-11

摘要	科目	借方金额	贷方金额
收到自营出口003号商品发票	商品采购——自营出口商品——003号商品	400 000.00	
收到自营出口003号商品发票	应交税费——应交增值税——进项税额——出口	52 000.00	
收到自营出口003号商品发票	预付账款——阳华公司		452 000.00
合计：肆拾伍万贰仟元整		452 000.00	452 000.00

主管：　　记账：　　审核：　　出纳：　　制单：陈楠

记账凭证

单位：富达外贸有限公司　　日期：2021-04-15　　附单据数：
　　凭证号：记-12

摘要	科目	借方金额	贷方金额
发放工资	应付职工薪酬——工资	180 030.00	
发放工资	银行存款——人民币户		138 623.10
代扣个人承担社保	其他应收款——社保费		14 402.40
代扣个人承担住房公积金	其他应收款——住房公积金		18 003.00
代扣个人所得税	应交税费——应交个人所得税		9 001.50
合计：壹拾捌万零叁拾元整		180 030.00	180 030.00

主管：　　记账：　　审核：　　出纳：　　制单：陈楠

记账凭证

单位：富达外贸有限公司　　日期：2021-04-15　　附单据数：
　　凭证号：记-13

摘要	科目	借方金额	贷方金额
缴纳个人所得税	应交税费——应交个人所得税	9 001.50	
缴纳个人所得税	银行存款——人民币户		9 001.50
合计：玖仟零壹元伍角整		9 001.50	9 001.50

主管：　　记账：　　审核：　　出纳：　　制单：陈楠

记账凭证

单位：富达外贸有限公司　　　　日期：2021-04-15

附单据数：

凭证号：记-14

摘要	科目	借方金额	贷方金额
缴纳印花税	应交税费——应交印花税	2 136.00	
缴纳印花税	银行存款——人民币户		2 136.00
合计：贰仟壹佰叁拾陆元整		2 136.00	2 136.00

主管：　　　　记账：　　　　审核：　　　　出纳：　　　　制单：陈楠

记账凭证

单位：富达外贸有限公司　　　　日期：2021-04-15

附单据数：

凭证号：记-15

摘要	科目	借方金额	贷方金额
缴纳社保费	其他应收款——社保费	14 402.40	
缴纳社保费	应付职工薪酬——社保费	54 009.00	
缴纳社保费	银行存款——人民币户		68 411.40
合计：陆万捌仟肆佰壹拾壹元肆角整		68 411.40	68 411.40

主管：　　　　记账：　　　　审核：　　　　出纳：　　　　制单：陈楠

记账凭证

单位：富达外贸有限公司　　　　日期：2021-04-15

附单据数：

凭证号：记-16

摘要	科目	借方金额	贷方金额
缴纳住房公积金	应付职工薪酬——住房公积金	18 003.00	
缴纳住房公积金	其他应收款——住房公积金	18 003.00	
缴纳住房公积金	银行存款——人民币户		36 006.00
合计：叁万陆仟零陆元整		36 006.00	36 006.00

主管：　　　　记账：　　　　审核：　　　　出纳：　　　　制单：陈楠

记账凭证

附单据数：

单位：富达外贸有限公司　　　　　日期：2021-04-15　　　　凭证号：记-17

摘要	科目	借方金额	贷方金额
缴纳第一季度企业所得税	应交税费——应交所得税	15 300.00	
缴纳第一季度企业所得税	银行存款——人民币户		15 300.00
合计：壹万伍仟叁佰元整		15 300.00	15 300.00

主管：　　　　记账：　　　　审核：　　　　出纳：　　　　制单：陈楠

记账凭证

附单据数：

单位：富达外贸有限公司　　　　　日期：2021-04-19　　　　凭证号：记-18

摘要	科目	借方金额	贷方金额
003 号商品验收入库	库存商品——自营出口商品——003 号商品	400 000.00	
003 号商品验收入库	商品采购——自营出口商品——003 号商品		400 000.00
合计：肆拾万元整		400 000.00	400 000.00

主管：　　　　记账：　　　　审核：　　　　出纳：　　　　制单：陈楠

记账凭证

附单据数：

单位：富达外贸有限公司　　　　　日期：2021-04-20　　　　凭证号：记-19

摘要	科目	借方金额	贷方金额
购入自营出口免税农产品	商品采购——自营出口商品——农产品	300 000.00	
购入自营出口免税农产品	银行存款——人民币户		300 000.00
合计：叁拾万元整		300 000.00	300 000.00

主管：　　　　记账：　　　　审核：　　　　出纳：　　　　制单：陈楠

记账凭证

单位：富达外贸有限公司　　日期：2021-04-20

附单据数：
凭证号：记-20

摘要	科目	借方金额	贷方金额
01 报关出口 001 号商品（$150 000，汇率：6.56）	应收账款——应收外汇账款——YDC 公司	984 000.00	
01 报关出口 001 号商品	主营业务收入——自营出口销售收入——001 号商品		984 000.00
合计：玖拾捌万肆仟元整		984 000.00	984 000.00

主管：　　　记账：　　　审核：　　　出纳：　　　制单：陈楠

记账凭证

单位：富达外贸有限公司　　日期：2021-04-20

附单据数：
凭证号：记-21

摘要	科目	借方金额	贷方金额
结转 001 号商品出口销售成本	主营业务成本——自营出口销售成本——001 号商品	700 000.00	
结转 001 号商品出口销售成本	库存商品——自营出口商品——001 号商品		700 000.00
合计：柒拾万元整		700 000.00	700 000.00

主管：　　　记账：　　　审核：　　　出纳：　　　制单：陈楠

记账凭证

单位：富达外贸有限公司　　日期：2021-04-20

附单据数：
凭证号：记-22

摘要	科目	借方金额	贷方金额
支付 001 号商品国内费用	销售费用——出口商品国内费用	10 900.00	
支付 001 号商品国内费用	银行存款——人民币户		10 900.00
合计：壹万零玖佰元整		10 900.00	10 900.00

主管：　　　记账：　　　审核：　　　出纳：　　　制单：陈楠

记账凭证

附单据数：

单位：富达外贸有限公司　　　　日期：2021–04–21　　　　凭证号：记 –23

摘要	科目	借方金额	贷方金额
支付出口 001 号商品海运费	主营业务收入——自营出口销售收入——001 号商品		−13 120.00
支付出口 001 号商品海运费（$2 000，汇率：6.56）	银行存款——美元户		13 120.00
合计：零元整		0	0

主管：　　　　记账：　　　　审核：　　　　出纳：　　　　制单：陈楠

记账凭证

附单据数：

单位：富达外贸有限公司　　　　日期：2021–04–21　　　　凭证号：记 –24

摘要	科目	借方金额	贷方金额
支付出口 001 号商品国外保险费	主营业务收入——自营出口销售收入——001 号商品		−6 560.00
支付出口 001 号商品国外保险费（$1 000，汇率：6.56）	银行存款——美元户		6 560.00
合计：零元整		0	0

主管：　　　　记账：　　　　审核：　　　　出纳：　　　　制单：陈楠

记账凭证

附单据数：

单位：富达外贸有限公司　　　　日期：2021–04–22　　　　凭证号：记 –25

摘要	科目	借方金额	贷方金额
发生业务招待费	管理费用——业务招待费	5 360.00	
发生业务招待费	银行存款——人民币户		5 360.00
合计：伍仟叁佰陆拾元整		5 360.00	5 360.00

主管：　　　　记账：　　　　审核：　　　　出纳：　　　　制单：陈楠

记账凭证

附单据数：

单位：富达外贸有限公司　　　　　日期：2021-04-23　　　　　凭证号：记 -26

摘要	科目	借方金额	贷方金额
偿还光迅科技公司货款	应付账款——光迅科技公司	339 000.00	
偿还光迅科技公司货款	银行存款——人民币户		336 000.00
偿还光迅科技公司货款	财务费用——现金折扣		3 000.00
合计：叁拾叁万玖仟元整		339 000.00	339 000.00

主管：　　　　记账：　　　　审核：　　　　出纳：　　　　制单：陈楠

记账凭证

附单据数：

单位：富达外贸有限公司　　　　　日期：2021-04-29　　　　　凭证号：记 -27

摘要	科目	借方金额	贷方金额
预付后福公司货款	预付账款——后福公司	300 000.00	
预付后福公司货款	银行存款——人民币户		300 000.00
合计：叁拾万元整		300 000.00	300 000.00

主管：　　　　记账：　　　　审核：　　　　出纳：　　　　制单：陈楠

记账凭证

附单据数：

单位：富达外贸有限公司　　　　　日期：2021-04-30　　　　　凭证号：记 -28

摘要	科目	借方金额	贷方金额
行政部门报销汽车修理费	管理费用——车辆费用	7 000.00	
行政部门报销汽车修理费	应交税费——应交增值税——进项税额——办公	910.00	
行政部门报销汽车修理费	库存现金		7 910.00
合计：柒仟玖佰壹拾元整		7 910.00	7 910.00

主管：　　　　记账：　　　　审核：　　　　出纳：　　　　制单：陈楠

记账凭证

单位：富达外贸有限公司　　　　日期：2021-04-30

附单据数：

凭证号：记-29

摘要	科目	借方金额	贷方金额
高速公路过路费	管理费用——车辆费用	1 000.00	
高速公路过路费	应交税费——应交增值税——进项税额——办公	30.00	
高速公路过路费	库存现金		1 030.00
合计：壹仟零叁拾元整		1 030.00	1 030.00

主管：　　　　记账：　　　　审核：　　　　出纳：　　　　制单：陈楠

记账凭证

单位：富达外贸有限公司　　　　日期：2021-04-30

附单据数：

凭证号：记-30

摘要	科目	借方金额	贷方金额
计提固定资产折旧	销售费用——折旧费	11 650.00	
计提固定资产折旧	累计折旧		11 650.00
合计：壹万壹仟陆佰伍拾元整		11 650.00	11 650.00

主管：　　　　记账：　　　　审核：　　　　出纳：　　　　制单：陈楠

记账凭证

单位：富达外贸有限公司　　　　日期：2021-04-30

附单据数：

凭证号：记-31

摘要	科目	借方金额	贷方金额
计提职工工资	管理费用——管理人员职工薪酬	68 350.00	
计提职工工资	销售费用——销售人员职工薪酬	111 680.00	
计提职工工资	应付职工薪酬——工资		180 030.00
合计：壹拾捌万零叁拾元整		180 030.00	180 030.00

主管：　　　　记账：　　　　审核：　　　　出纳：　　　　制单：陈楠

记账凭证

附单据数：

单位：富达外贸有限公司　　　　日期：2021–04–30　　　　凭证号：记 –32

摘要	科目	借方金额	贷方金额
计提单位负担社保费	管理费用——管理人员职工薪酬	20 505.00	
计提单位负担社保费	销售费用——销售人员职工薪酬	33 504.00	
计提单位负担社保费	应付职工薪酬——社保费		54 009.00
合计：伍万肆仟零玖元整		54 009.00	54 009.00

主管：　　　　记账：　　　　审核：　　　　出纳：　　　　制单：陈楠

记账凭证

附单据数：

单位：富达外贸有限公司　　　　日期：2021–04–30　　　　凭证号：记 –33

摘要	科目	借方金额	贷方金额
计提单位负担住房公积金	管理费用——管理人员职工薪酬	6 835.00	
计提单位负担住房公积金	销售费用——销售人员职工薪酬	11 168.00	
计提单位负担住房公积金	应付职工薪酬——住房公积金		18 003.00
合计：壹万捌仟零叁元整		18 003.00	18 003.00

主管：　　　　记账：　　　　审核：　　　　出纳：　　　　制单：陈楠

记账凭证

附单据数：

单位：富达外贸有限公司　　　　日期：2021–04–30　　　　凭证号：记 –34

摘要	科目	借方金额	贷方金额
计提当月合同印花税	税金及附加——印花税	1 635.00	
计提当月合同印花税	应交税费——应交印花税		1 635.00
合计：壹仟陆佰叁拾伍元整		1 635.00	1 635.00

主管：　　　　记账：　　　　审核：　　　　出纳：　　　　制单：陈楠

记账凭证

附单据数：

单位：富达外贸有限公司　　　　日期：2021-04-30　　　　凭证号：记-35

摘要	科目	借方金额	贷方金额
结转汇兑损益	财务费用——汇兑损益	19 500.00	
结转汇兑损益	银行存款——美元户		4 500.00
结转汇兑损益	应收账款——应收外汇账款——YDC公司		15 000.00
合计：壹万玖仟伍佰元整		19 500.00	19 500.00

主管：　　　　记账：　　　　审核：　　　　出纳：　　　　制单：陈楠

记账凭证

附单据数：

单位：富达外贸有限公司　　　　日期：2021-04-30　　　　凭证号：记-36

摘要	科目	借方金额	贷方金额
4月结转损益	主营业务收入——自营出口销售收入——001号商品	964 320.00	
4月结转损益	本年利润	55 393.00	
4月结转损益	主营业务成本——自营出口销售成本——001号商品		700 000.00
4月结转损益	税金及附加——印花税		1 635.00
4月结转损益	销售费用——销售人员职工薪酬		156 352.00
4月结转损益	销售费用——折旧费		11 650.00
4月结转损益	销售费用——佣金		6 560.00
4月结转损益	销售费用——出口商品国内费用		10 900.00
4月结转损益	管理费用——管理人员职工薪酬		95 690.00
4月结转损益	管理费用——业务招待费		5 360.00
4月结转损益	管理费用——差旅费		6 566.00
4月结转损益	管理费用——车辆费用		8 000.00
4月结转损益	财务费用——汇兑损益		20 000.00
4月结转损益	财务费用——现金折扣		-3 000.00
合计：壹佰零壹万玖仟柒佰壹拾叁元整		1 019 713.00	1 019 713.00

主管：　　　　记账：　　　　审核：　　　　出纳：　　　　制单：陈楠

二、5 月记账凭证

记账凭证

单位：富达外贸有限公司　　　　日期：2021-05-08

附单据数：

凭证号：记-1

摘要	科目	借方金额	贷方金额
代理出口 008 号商品入库	受托代销商品——海达公司	500 000.00	
代理出口 008 号商品入库	代销商品款——海达公司		500 000.00
合计：伍拾万元整		500 000.00	500 000.00

主管：　　　　记账：　　　　审核：　　　　出纳：　　　　制单：陈楠

记账凭证

单位：富达外贸有限公司　　　　日期：2021-05-08

附单据数：

凭证号：记-2

摘要	科目	借方金额	贷方金额
预收 PJ 公司出口货款（€50 000，汇率：7.60）	银行存款——欧元户	380 000.00	
预收 PJ 公司出口货款（€50 000，汇率：7.60）	预收账款——预收外汇账款——德国 PJ 公司		380 000.00
合计：叁拾捌万元整		380 000.00	380 000.00

主管：　　　　记账：　　　　审核：　　　　出纳：　　　　制单：陈楠

记账凭证

单位：富达外贸有限公司　　　　日期：2021-05-09

附单据数：

凭证号：记-3

摘要	科目	借方金额	贷方金额
收到代理进口预付款	银行存款——人民币户	900 000.00	
收到代理进口预付款	预收账款——华科公司		900 000.00
合计：玖拾万元整		900 000.00	900 000.00

主管：　　　　记账：　　　　审核：　　　　出纳：　　　　制单：陈楠

记账凭证

附单据数：

单位：富达外贸有限公司　　　　日期：2021-05-09　　　　凭证号：记-4

摘要	科目	借方金额	贷方金额
将欧元兑换为人民币	银行存款——人民币户	377 500.00	
将欧元兑换为人民币	财务费用——汇兑损益	2 500.00	
将欧元兑换为人民币（€50 000，汇率：7.6）	银行存款——欧元户		380 000.00
合计：叁拾捌万元整		380 000.00	380 000.00

主管：　　　　记账：　　　　审核：　　　　出纳：　　　　制单：陈楠

记账凭证

附单据数：

单位：富达外贸有限公司　　　　日期：2021-05-10　　　　凭证号：记-5

摘要	科目	借方金额	贷方金额
01 结转出口 003 号商品销售收入（$80 000，汇率：6.46）	应收账款——应收外汇账款——美国 KYS 公司	516 800.00	
01 结转出口 003 号商品销售收入	主营业务收入——自营出口销售收入——003 号商品		516 800.00
02 佣金冲减销售收入	主营业务收入——自营出口销售收入——003 号商品		-5 168.00
02 佣金冲减销售收入（$800，汇率：6.46）	应收账款——应收外汇账款——美国 KYS 公司		5 168.00
合计：伍拾壹万陆仟捌佰元整		516 800.00	516 800.00

主管：　　　　记账：　　　　审核：　　　　出纳：　　　　制单：陈楠

记账凭证

附单据数：

单位：富达外贸有限公司　　　　日期：2021-05-10　　　　凭证号：记-6

摘要	科目	借方金额	贷方金额
结转出口 003 号商品的销售成本	主营业务成本——自营出口销售成本——003 号商品	400 000.00	
结转出口 003 号商品的销售成本	库存商品——自营出口商品——003 号商品		400 000.00
合计：肆拾万元整		400 000.00	400 000.00

主管：　　　　记账：　　　　审核：　　　　出纳：　　　　制单：陈楠

记账凭证

单位：富达外贸有限公司 　　　　日期：2021-05-10

附单据数：

凭证号：记 -7

摘要	科目	借方金额	贷方金额
支付出口 003 号商品国内费用	销售费用——出口商品国内费用	8 000.00	
支付出口 003 号商品国内费用	银行存款——人民币户		8 000.00
合计：捌仟元整		8 000.00	8 000.00

主管：　　　　记账：　　　　审核：　　　　出纳：　　　　制单：陈楠

记账凭证

单位：富达外贸有限公司 　　　　日期：2021-05-11

附单据数：

凭证号：记 -8

摘要	科目	借方金额	贷方金额
支付出口 003 号商品海运费	主营业务收入——自营出口销售收入——003 号商品		-6 460.00
支付出口 003 号商品海运费（$1 000，汇率：6.46）	银行存款——美元户		6 460.00
合计：零元整		0	0

主管：　　　　记账：　　　　审核：　　　　出纳：　　　　制单：陈楠

记账凭证

单位：富达外贸有限公司 　　　　日期：2021-05-11

附单据数：

凭证号：记 -9

摘要	科目	借方金额	贷方金额
支付出口 003 号商品国外保险费	主营业务收入——自营出口销售收入——003 号商品		-1 292.00
支付出口 003 号商品国外保险费（$200，汇率：6.46）	银行存款——美元户		1 292.00
合计：零元整		0	0

主管：　　　　记账：　　　　审核：　　　　出纳：　　　　制单：陈楠

记账凭证

单位：富达外贸有限公司　　　　日期：2021-05-12

附单据数：

凭证号：记-10

摘要	科目	借方金额	贷方金额
01 申请信用证	其他货币资金——信用证保证金	640 000.00	
01 申请信用证	银行存款——人民币户		640 000.00
02 申请信用证手续费	财务费用——手续费	1 000.00	
02 申请信用证手续费	银行存款——人民币户		1 000.00
合计：陆拾肆万壹仟元整		641 000.00	641 000.00

主管：　　　　记账：　　　　审核：　　　　出纳：　　　　制单：陈楠

记账凭证

单位：富达外贸有限公司　　　　日期：2021-05-13

附单据数：

凭证号：记-11

摘要	科目	借方金额	贷方金额
农产品验收入库	库存商品——自营出口商品——农产品	250 000.00	
农产品验收入库	待处理财产损溢——待处理流动资产损溢	50 000.00	
农产品验收入库	商品采购——自营出口商品——农产品		300 000.00
合计：叁拾万元整		300 000.00	300 000.00

主管：　　　　记账：　　　　审核：　　　　出纳：　　　　制单：陈楠

记账凭证

单位：富达外贸有限公司　　　　日期：2021-05-13

附单据数：

凭证号：记-12

摘要	科目	借方金额	贷方金额
计提朝华公司赔偿款	其他应收款——朝华公司	50 000.00	
计提朝华公司赔偿款	待处理财产损溢——待处理流动资产损溢		50 000.00
合计：伍万元整		50 000.00	50 000.00

主管：　　　　记账：　　　　审核：　　　　出纳：　　　　制单：陈楠

记账凭证

单位：富达外贸有限公司　　　　日期：2021–05–14

附单据数：
凭证号：记 –13

摘要	科目	借方金额	贷方金额
自营出口 005 号商品验收入库	库存商品——自营出口商品——005 号商品	1 500 000.00	
自营出口 005 号商品验收入库	应交税费——应交增值税——进项税额——出口	195 000.00	
自营出口 005 号商品验收入库	预付账款——后福公司		1 695 000.00
合计：壹佰陆拾玖万伍仟元整		1 695 000.00	1 695 000.00

主管：　　　　记账：　　　　审核：　　　　出纳：　　　　制单：陈楠

记账凭证

单位：富达外贸有限公司　　　　日期：2021–05–14

附单据数：
凭证号：记 –14

摘要	科目	借方金额	贷方金额
004 号商品报关出口（$20 000，汇率：6.46）	应收账款——应收外汇账款——WMA 公司	129 200.00	
004 号商品报关出口	主营业务收入——自营出口销售收入——004 号商品		129 200.00
合计：壹拾贰万玖仟贰佰元整		129 200.00	129 200.00

主管：　　　　记账：　　　　审核：　　　　出纳：　　　　制单：陈楠

记账凭证

单位：富达外贸有限公司　　　　日期：2021–05–14

附单据数：
凭证号：记 –15

摘要	科目	借方金额	贷方金额
结转 004 号商品出口销售成本	主营业务成本——自营出口销售成本——004 号商品	100 000.00	
结转 004 号商品出口销售成本	库存商品——自营出口商品——004 号商品		100 000.00
合计：壹拾万元整		100 000.00	100 000.00

主管：　　　　记账：　　　　审核：　　　　出纳：　　　　制单：陈楠

记账凭证

单位：富达外贸有限公司　　日期：2021-05-14

附单据数：　凭证号：记-16

摘要	科目	借方金额	贷方金额
发放工资	应付职工薪酬——工资	180 030.00	
发放工资	银行存款——人民币户		138 623.10
代扣个人承担社保	其他应收款——社保费		14 402.40
代扣个人承担住房公积金	其他应收款——住房公积金		18 003.00
代扣个人所得税	应交税费——应交个人所得税		9 001.50
合计：壹拾捌万零叁拾元整		180 030.00	180 030.00

主管：　　记账：　　审核：　　出纳：　　制单：陈楠

记账凭证

单位：富达外贸有限公司　　日期：2021-05-14

附单据数：　凭证号：记-17

摘要	科目	借方金额	贷方金额
缴纳个人所得税	应交税费——应交个人所得税	9 001.50	
缴纳个人所得税	银行存款——人民币户		9 001.50
合计：玖仟零壹元伍角整		9 001.50	9 001.50

主管：　　记账：　　审核：　　出纳：　　制单：陈楠

记账凭证

单位：富达外贸有限公司　　日期：2021-05-14

附单据数：　凭证号：记-18

摘要	科目	借方金额	贷方金额
缴纳印花税	应交税费——应交印花税	1 635.00	
缴纳印花税	银行存款——人民币户		1 635.00
合计：壹仟陆佰叁拾伍元整		1 635.00	1 635.00

主管：　　记账：　　审核：　　出纳：　　制单：陈楠

记账凭证

单位：富达外贸有限公司　　　　日期：2021-05-14

附单据数：
凭证号：记 -19

摘要	科目	借方金额	贷方金额
缴纳社保费	其他应收款——社保费	14 402.40	
缴纳社保费	应付职工薪酬——社保费	54 009.00	
缴纳社保费	银行存款——人民币户		68 411.40
合计：陆万捌仟肆佰壹拾壹元肆角整		68 411.40	68 411.40

主管：　　　　记账：　　　　审核：　　　　出纳：　　　　制单：陈楠

记账凭证

单位：富达外贸有限公司　　　　日期：2021-05-14

附单据数：
凭证号：记 -20

摘要	科目	借方金额	贷方金额
缴纳住房公积金	应付职工薪酬——住房公积金	18 003.00	
缴纳住房公积金	其他应收款——住房公积金	18 003.00	
缴纳住房公积金	银行存款——人民币户		36 006.00
合计：叁万陆仟零陆元整		36 006.00	36 006.00

主管：　　　　记账：　　　　审核：　　　　出纳：　　　　制单：陈楠

记账凭证

单位：富达外贸有限公司　　　　日期：2021-05-17

附单据数：
凭证号：记 -21

摘要	科目	借方金额	贷方金额
01 出口免税农产品 （$50 000，汇率：6.46）	应收账款——应收外汇账款——日本三泰公司	323 000.00	
01 出口免税农产品	主营业务收入——自营出口销售收入——农产品		323 000.00
02 计提佣金	主营业务收入——自营出口销售收入——农产品		-3 230.00
02 计提佣金 （$500，汇率：6.46）	应付账款——应付外汇账款——佣金		3 230.00
合计：叁拾贰万叁仟元整		323 000.00	323 000.00

主管：　　　　记账：　　　　审核：　　　　出纳：　　　　制单：陈楠

记账凭证

单位：富达外贸有限公司　　　　日期：2021-05-17

附单据数：

凭证号：记-22

摘要	科目	借方金额	贷方金额
01 代理出口 008 号商品报关出口（$100 000，汇率：6.46）	应收账款——应收外汇账款——WKJ公司	646 000.00	
01 代理出口 008 号商品报关出口	应付账款——海达公司		646 000.00
02 代理出口 008 号商品结转成本	代销商品款——海达公司	500 000.00	
02 代理出口 008 号商品结转成本	受托代销商品——海达公司		500 000.00
合计：壹佰壹拾肆万陆仟元整		1 146 000.00	1 146 000.00

主管：　　　　记账：　　　　审核：　　　　出纳：　　　　制单：陈楠

记账凭证

单位：富达外贸有限公司　　　　日期：2021-05-17

附单据数：

凭证号：记-23

摘要	科目	借方金额	贷方金额
支付代理出口 008 号商品国内费用	应付账款——海达公司	2 220.00	
支付代理出口 008 号商品国内费用	银行存款——人民币户		2 220.00
合计：贰仟贰佰贰拾元整		2 220.00	2 220.00

主管：　　　　记账：　　　　审核：　　　　出纳：　　　　制单：陈楠

记账凭证

单位：富达外贸有限公司　　　　日期：2021-05-18

附单据数：

凭证号：记-24

摘要	科目	借方金额	贷方金额
结转农产品出口销售成本	主营业务成本——自营出口销售成本——农产品	250 000.00	
结转农产品出口销售成本	库存商品——自营出口商品——农产品		250 000.00
合计：贰拾伍万元整		250 000.00	250 000.00

主管：　　　　记账：　　　　审核：　　　　出纳：　　　　制单：陈楠

记账凭证

单位：富达外贸有限公司　　　　日期：2021-05-18

附单据数：

凭证号：记-25

摘要	科目	借方金额	贷方金额
支付代理出口 008 号商品国外运保费	应付账款——海达公司	6 510.00	
支付代理出口 008 号商品国外运保费	银行存款——人民币户		6 510.00
合计：陆仟伍佰壹拾元整		6 510.00	6 510.00

主管：　　　记账：　　　审核：　　　出纳：　　　制单：陈楠

记账凭证

单位：富达外贸有限公司　　　　日期：2021-05-19

附单据数：

凭证号：记-26

摘要	科目	借方金额	贷方金额
收到出口 001 号商品货款	银行存款——人民币户	966 210.00	
收到出口 001 号商品货款	财务费用——手续费	1 290.00	
收到出口 001 号商品货款	财务费用——汇兑损益	1 500.00	
收到出口 001 号商品货款（$150 000，汇率：6.46）	应收账款——应收外汇账款——YDC 公司		969 000.00
合计：玖拾陆万玖仟元整		969 000.00	969 000.00

主管：　　　记账：　　　审核：　　　出纳：　　　制单：陈楠

记账凭证

单位：富达外贸有限公司　　　　日期：2021-05-19

附单据数：

凭证号：记-27

摘要	科目	借方金额	贷方金额
01 出口 005 号商品（€300 000，汇率：7.60）	预收账款——预收外汇账款——德国 PJ 公司	2 280 000.00	
01 出口 005 号商品	主营业务收入——自营出口销售收入——005 号商品		2 280 000.00
02 计提暗佣	主营业务收入——自营出口销售收入——005 号商品		-22 800.00
02 计提暗佣（€3 000，汇率：7.60）	应付账款——应付外汇账款——佣金		22 800.00
合计：贰佰贰拾捌万元整		2 280 000.00	2 280 000.00

主管：　　　记账：　　　审核：　　　出纳：　　　制单：陈楠

记账凭证

单位：富达外贸有限公司　　　　　日期：2021-05-19

附单据数：
凭证号：记-28

摘要	科目	借方金额	贷方金额
01 退运 004 号商品冲减收入	主营业务收入——自营出口销售收入——004 号商品		-129 200.00
01 退运 004 号商品冲减收入（$20 000，汇率：6.46）	应收账款——应收外汇账款——WMA 公司		129 200.00
02 退运 004 号商品冲减成本	库存商品——自营出口商品——004 号商品	100 000.00	
02 退运 004 号商品冲减成本	主营业务成本——自营出口销售成本——004 号商品		100 000.00
合计：壹拾万元整		100 000.00	100 000.00

主管：　　　　记账：　　　　审核：　　　　出纳：　　　　制单：陈楠

记账凭证

单位：富达外贸有限公司　　　　　日期：2021-05-20

附单据数：
凭证号：记-29

摘要	科目	借方金额	贷方金额
支付出口农产品国内运费	销售费用——出口商品国内费用	3 270.00	
支付出口农产品国内运费	银行存款——人民币户		3 270.00
合计：叁仟贰佰柒拾元整		3 270.00	3 270.00

主管：　　　　记账：　　　　审核：　　　　出纳：　　　　制单：陈楠

记账凭证

单位：富达外贸有限公司　　　　　日期：2021-05-20

附单据数：
凭证号：记-30

摘要	科目	借方金额	贷方金额
结转 005 号商品出口销售成本	主营业务成本——自营出口销售成本——005 号商品	1 500 000.00	
结转 005 号商品出口销售成本	库存商品——自营出口商品——005 号商品		1 500 000.00
合计：壹佰伍拾万元整		1 500 000.00	1 500 000.00

主管：　　　　记账：　　　　审核：　　　　出纳：　　　　制单：陈楠

记账凭证

单位：富达外贸有限公司　　　　日期：2021-05-21

附单据数：
凭证号：记-31

摘要	科目	借方金额	贷方金额
004 号商品转内销商品	库存商品——内销商品——004 号商品	100 000.00	
004 号商品转内销商品	库存商品——自营出口商品——004 号商品		100 000.00
合计：壹拾万元整		100 000.00	100 000.00

主管：　　　记账：　　　审核：　　　出纳：　　　制单：陈楠

记账凭证

单位：富达外贸有限公司　　　　日期：2021-05-21

附单据数：
凭证号：记-32

摘要	科目	借方金额	贷方金额
办妥 004 号商品出口转内销证明	应交税费——应交增值税——进项税额——内销	13 000.00	
办妥 004 号商品出口转内销证明	应交税费——应交增值税——进项税额——出口		13 000.00
合计：壹万叁仟元整		13 000.00	13 000.00

主管：　　　记账：　　　审核：　　　出纳：　　　制单：陈楠

记账凭证

单位：富达外贸有限公司　　　　日期：2021-05-24

附单据数：
凭证号：记-33

摘要	科目	借方金额	贷方金额
支付出口 005 号商品国内运费	销售费用——出口商品国内费用	21 800.00	
支付出口 005 号商品国内运费	银行存款——人民币户		21 800.00
合计：贰万壹仟捌佰元整		21 800.00	21 800.00

主管：　　　记账：　　　审核：　　　出纳：　　　制单：陈楠

记账凭证

单位：富达外贸有限公司　　日期：2021-05-24　　附单据数：
凭证号：记-34

摘要	科目	借方金额	贷方金额
购汇支付代理进口 009 号商品海运费	预收账款——华科公司	12 800.00	
购汇支付代理进口 009 号商品海运费	银行存款——人民币户		12 800.00
合计：壹万贰仟捌佰元整		12 800.00	12 800.00

主管：　　记账：　　审核：　　出纳：　　制单：陈楠

记账凭证

单位：富达外贸有限公司　　日期：2021-05-24　　附单据数：
凭证号：记-35

摘要	科目	借方金额	贷方金额
购汇支付代理进口 009 号商品国外保险费	预收账款——华科公司	3 200.00	
购汇支付代理进口 009 号商品国外保险费	银行存款——人民币户		3 200.00
合计：叁仟贰佰元整		3 200.00	3 200.00

主管：　　记账：　　审核：　　出纳：　　制单：陈楠

记账凭证

单位：富达外贸有限公司　　日期：2021-05-25　　附单据数：
凭证号：记-36

摘要	科目	借方金额	贷方金额
01 申报 001 号商品出口退增值税	应收出口退税款——增值税	63 000.00	
01 申报 001 号商品出口退增值税	应交税费——应交增值税——出口退税		63 000.00
02 结转 001 号商品征退税差额	主营业务成本——自营出口销售成本——001 号商品	28 000.00	
02 结转 001 号商品征退税差额	应交税费——应交增值税——进项税额转出		28 000.00
03 申报 001 号商品出口退消费税	应收出口退税款——消费税	70 000.00	
03 申报 001 号商品出口退消费税	主营业务成本——自营出口销售成本——001 号商品		70 000.00
合计：壹拾陆万壹仟元整		161 000.00	161 000.00

主管：　　记账：　　审核：　　出纳：　　制单：陈楠

记账凭证

附单据数：

| 单位：富达外贸有限公司 | 日期：2021-05-25 | | 凭证号：记-37 |

摘要	科目	借方金额	贷方金额
004 号商品内销	银行存款——人民币户	90 400.00	
004 号商品内销	主营业务收入——内销收入		80 000.00
004 号商品内销	应交税费——应交增值税——销项税额		10 400.00
合计：玖万零肆佰元整		90 400.00	90 400.00

主管：　　　　记账：　　　　审核：　　　　出纳：　　　　制单：陈楠

记账凭证

附单据数：

| 单位：富达外贸有限公司 | 日期：2021-05-25 | | 凭证号：记-38 |

摘要	科目	借方金额	贷方金额
结转 004 号商品内销成本	主营业务成本——内销	100 000.00	
结转 004 号商品内销成本	库存商品——内销商品——004 号商品		100 000.00
合计：壹拾万元整		100 000.00	100 000.00

主管：　　　　记账：　　　　审核：　　　　出纳：　　　　制单：陈楠

记账凭证

附单据数：

| 单位：富达外贸有限公司 | 日期：2021-05-25 | | 凭证号：记-39 |

摘要	科目	借方金额	贷方金额
收到德国 PJ 公司尾款（€250 000，汇率：7.60）	银行存款——欧元户	1 900 000.00	
收到德国 PJ 公司尾款（€250 000，汇率：7.60）	预收账款——预收外汇账款——德国 PJ 公司		1 900 000.00
合计：壹佰玖拾万元整		1 900 000.00	1 900 000.00

主管：　　　　记账：　　　　审核：　　　　出纳：　　　　制单：陈楠

记账凭证

单位：富达外贸有限公司　　　　　日期：2021-05-26

附单据数：
凭证号：记-40

摘要	科目	借方金额	贷方金额
办理银行结汇	银行存款——人民币户	1 895 000.00	
办理银行结汇	财务费用——汇兑损益	5 000.00	
办理银行结汇（€250 000，汇率：7.60）	银行存款——欧元户		1 900 000.00
合计：壹佰玖拾万元整		1 900 000.00	1 900 000.00

主管：　　　　记账：　　　　审核：　　　　出纳：　　　　制单：陈楠

记账凭证

单位：富达外贸有限公司　　　　　日期：2021-05-27

附单据数：
凭证号：记-41

摘要	科目	借方金额	贷方金额
01 代理出口 008 号商品收结汇	银行存款——人民币户	645 000.00	
01 代理出口 008 号商品收结汇	财务费用——汇兑损益	1 000.00	
01 代理出口 008 号商品收结汇（$100 000，汇率：6.46）	应收账款——应收外汇账款——WKJ公司		646 000.00
02 结转代理出口 008 号商品手续费	应付账款——海达公司	13 674.00	
02 结转代理出口 008 号商品手续费	其他业务收入——代理出口手续费		12 900.00
02 结转代理出口 008 号商品手续费	应交税费——应交增值税——销项税额		774.00
03 差额汇付委托方	应付账款——海达公司	623 596.00	
03 差额汇付委托方	银行存款——人民币户		623 596.00
合计：壹佰贰拾捌万叁仟贰佰柒拾元整		1 283 270.00	1 283 270.00

主管：　　　　记账：　　　　审核：　　　　出纳：　　　　制单：陈楠

记账凭证

			附单据数：
单位：富达外贸有限公司	日期：2021-05-28		凭证号：记-42

摘要	科目	借方金额	贷方金额
议付信用证（出口003号商品）	银行存款——人民币户	502 285.00	
议付信用证（出口003号商品）	财务费用——手续费	6 460.00	
议付信用证（出口003号商品）	财务费用——汇兑损益	2 887.00	
议付信用证（出口003号商品）（$79 200，汇率：6.46）	应收账款——应收外汇账款——美国KYS公司		511 632.00
合计：伍拾壹万壹仟陆佰叁拾贰元整		511 632.00	511 632.00

主管：　　　记账：　　　审核：　　　出纳：　　　制单：陈楠

记账凭证

			附单据数：
单位：富达外贸有限公司	日期：2021-05-28		凭证号：记-43

摘要	科目	借方金额	贷方金额
购汇支付佣金（€3 000，汇率：7.60）	应付账款——应付外汇账款——佣金	22 800.00	
购汇支付佣金	财务费用——手续费	200.00	
购汇支付佣金	银行存款——人民币户		23 000.00
合计：贰万叁仟元整		23 000.00	23 000.00

主管：　　　记账：　　　审核：　　　出纳：　　　制单：陈楠

记账凭证

			附单据数：
单位：富达外贸有限公司	日期：2021-05-31		凭证号：记-44

摘要	科目	借方金额	贷方金额
计提固定资产折旧	销售费用——折旧费	11 650.00	
计提固定资产折旧	累计折旧		11 650.00
合计：壹万壹仟陆佰伍拾元整		11 650.00	11 650.00

主管：　　　记账：　　　审核：　　　出纳：　　　制单：陈楠

记账凭证

附单据数：

单位：富达外贸有限公司　　日期：2021-05-31　　凭证号：记-45

摘要	科目	借方金额	贷方金额
计提职工工资	管理费用——管理人员职工薪酬	68 350.00	
计提职工工资	销售费用——销售人员职工薪酬	123 600.00	
计提职工工资	应付职工薪酬——工资		191 950.00
合计：壹拾玖万壹仟玖佰伍拾元整		191 950.00	191 950.00

主管：　　记账：　　审核：　　出纳：　　制单：陈楠

记账凭证

附单据数：

单位：富达外贸有限公司　　日期：2021-05-31　　凭证号：记-46

摘要	科目	借方金额	贷方金额
计提单位负担社保费	管理费用——管理人员职工薪酬	20 505.00	
计提单位负担社保费	销售费用——销售人员职工薪酬	37 080.00	
计提单位负担社保费	应付职工薪酬——社保费		57 585.00
合计：伍万柒仟伍佰捌拾伍元整		57 585.00	57 585.00

主管：　　记账：　　审核：　　出纳：　　制单：陈楠

记账凭证

附单据数：

单位：富达外贸有限公司　　日期：2021-05-31　　凭证号：记-47

摘要	科目	借方金额	贷方金额
计提单位负担住房公积金	管理费用——管理人员职工薪酬	6 835.00	
计提单位负担住房公积金	销售费用——销售人员职工薪酬	12 360.00	
计提单位负担住房公积金	应付职工薪酬——住房公积金		19 195.00
合计：壹万玖仟壹佰玖拾伍元整		19 195.00	19 195.00

主管：　　记账：　　审核：　　出纳：　　制单：陈楠

记账凭证

单位：富达外贸有限公司　　　日期：2021-05-31

附单据数：

凭证号：记-48

摘要	科目	借方金额	贷方金额
计提当月合同印花税	税金及附加——印花税	1 876.00	
计提当月合同印花税	应交税费——应交印花税		1 876.00
合计：壹仟捌佰柒拾陆元整		1 876.00	1 876.00

主管：　　　　记账：　　　　审核：　　　　出纳：　　　　制单：陈楠

记账凭证

单位：富达外贸有限公司　　　日期：2021-05-31

附单据数：

凭证号：记-49

摘要	科目	借方金额	贷方金额
结转汇兑损益	财务费用——汇兑损益	4 380.00	
结转汇兑损益	银行存款——美元户		4 380.00
合计：肆仟叁佰捌拾元整		4 380.00	4 380.00

主管：　　　　记账：　　　　审核：　　　　出纳：　　　　制单：陈楠

记账凭证

单位：富达外贸有限公司　　　日期：2021-05-31

附单据数：

凭证号：记-50

摘要	科目	借方金额	贷方金额
转出未交增值税	应交税费——未交增值税	3 036.00	
转出未交增值税	应交税费——应交增值税——转出未交增值税		3 036.00
合计：叁仟零叁拾陆元整		3 036.00	3 036.00

主管：　　　　记账：　　　　审核：　　　　出纳：　　　　制单：陈楠

记账凭证

单位：富达外贸有限公司　　　　日期：2021-05-31　　　　附单据数：

凭证号：记 -51

摘要	科目	借方金额	贷方金额
5 月结转损益	主营业务收入——自营出口销售收入——农产品	319 770.00	
5 月结转损益	主营业务收入——自营出口销售收入——003 号商品	503 880.00	
5 月结转损益	主营业务收入——自营出口销售收入——005 号商品	2 257 200.00	
5 月结转损益	主营业务收入——内销收入	80 000.00	
5 月结转损益	其他业务收入——代理出口手续费	12 900.00	
5 月结转损益	本年利润		624 207.00
5 月结转损益	主营业务成本——自营出口销售成本——农产品		250 000.00
5 月结转损益	主营业务成本——自营出口销售成本——003 号商品		400 000.00
5 月结转损益	主营业务成本——自营出口销售成本——001 号商品		-42 000.00
5 月结转损益	主营业务成本——自营出口销售成本——005 号商品		1 500 000.00
5 月结转损益	主营业务成本——内销		100 000.00
5 月结转损益	税金及附加——印花税		1 876.00
5 月结转损益	销售费用——销售人员职工薪酬		173 040.00
5 月结转损益	销售费用——折旧费		11 650.00
5 月结转损益	销售费用——出口商品国内费用		33 070.00
5 月结转损益	管理费用——管理人员职工薪酬		95 690.00
5 月结转损益	财务费用——手续费		8 950.00
5 月结转损益	财务费用——汇兑损益		17 267.00
合计：叁佰壹拾柒万叁仟柒佰伍拾元整		3 173 750.00	3 173 750.00

主管：　　　　记账：　　　　审核：　　　　出纳：　　　　制单：陈楠

三、6 月记账凭证

记账凭证

单位：富达外贸有限公司　　　日期：2021-06-01　　附单据数：　凭证号：记-1

摘要	科目	借方金额	贷方金额
办理 003 号商品出口退税	主营业务成本——自营出口销售成本——003 号商品	12 000.00	
办理 003 号商品出口退税	应交税费——应交增值税——进项税额转出		12 000.00
办理 003 号商品出口退税	应收出口退税款——增值税	40 000.00	
办理 003 号商品出口退税	应交税费——应交增值税——出口退税		40 000.00
办理 003 号商品出口退税	应收出口退税款——消费税	60 000.00	
办理 003 号商品出口退税	主营业务成本——自营出口销售成本——003 号商品		60 000.00
合计：壹拾壹万贰仟元整		112 000.00	112 000.00

主管：　记账：　审核：　出纳：　制单：陈楠

记账凭证

单位：富达外贸有限公司　　　日期：2021-06-02　　附单据数：　凭证号：记-2

摘要	科目	借方金额	贷方金额
01 员工聚餐	应付职工薪酬——福利费	13 780.00	
01 员工聚餐	银行存款——人民币户		13 780.00
02 员工聚餐结转管理费用	管理费用——福利费	13 780.00	
02 员工聚餐结转管理费用	应付职工薪酬——福利费		13 780.00
合计：贰万柒仟伍佰陆拾元整		27 560.00	27 560.00

主管：　记账：　审核：　出纳：　制单：陈楠

记账凭证

单位：富达外贸有限公司　　　　日期：2021-06-03

附单据数：

凭证号：记-3

摘要	科目	借方金额	贷方金额
职工借支差旅费	其他应收款——宋立阳	8 000.00	
职工借支差旅费	银行存款——人民币户		8 000.00
合计：捌仟元整		8 000.00	8 000.00

主管：　　　　记账：　　　　审核：　　　　出纳：　　　　制单：陈楠

记账凭证

单位：富达外贸有限公司　　　　日期：2021-06-04

附单据数：

凭证号：记-4

摘要	科目	借方金额	贷方金额
支付参展费用	管理费用——展览费	25 000.00	
支付参展费用	应交税费——应交增值税——进项税额——办公	1 500.00	
支付参展费用	银行存款——人民币户		26 500.00
合计：贰万陆仟伍佰元整		26 500.00	26 500.00

主管：　　　　记账：　　　　审核：　　　　出纳：　　　　制单：陈楠

记账凭证

单位：富达外贸有限公司　　　　日期：2021-06-07

附单据数：

凭证号：记-5

摘要	科目	借方金额	贷方金额
01工会活动	应付职工薪酬——工会活动	8 000.00	
01工会活动	应交税费——应交增值税——进项税额——办公	480.00	
01工会活动	银行存款——人民币户		8 480.00
02工会活动进项税额转出	应付职工薪酬——工会活动	480.00	
02工会活动进项税额转出	应交税费——应交增值税——进项税额转出		480.00
03工会活动转管理费用	管理费用——工会经费	8 480.00	
03工会活动转管理费用	应付职工薪酬——工会活动		8 480.00
合计：壹万柒仟肆佰肆拾元整		17 440.00	17 440.00

主管：　　　　记账：　　　　审核：　　　　出纳：　　　　制单：陈楠

记账凭证

单位：富达外贸有限公司　　　　　日期：2021-06-08

附单据数：

凭证号：记-6

摘要	科目	借方金额	贷方金额
购汇支付 007 号商品海运费及国外保险费	商品采购——进口商品——007 号商品	6 400.00	
购汇支付 007 号商品海运费及国外保险费	银行存款——人民币户		6 400.00
合计：陆仟肆佰元整		6 400.00	6 400.00

主管：　　　　记账：　　　　审核：　　　　出纳：　　　　制单：陈楠

记账凭证

单位：富达外贸有限公司　　　　　日期：2021-06-09

附单据数：

凭证号：记-7

摘要	科目	借方金额	贷方金额
01 申报 005 号商品出口退税	应收出口退税款——增值税	135 000.00	
01 申报 005 号商品出口退税	应交税费——应交增值税——出口退税		135 000.00
02 结转征退税差额	主营业务成本——自营出口销售成本——005 号商品	60 000.00	
02 结转征退税差额	应交税费——应交增值税——进项税额转出		60 000.00
合计：壹拾玖万伍仟元整		195 000.00	195 000.00

主管：　　　　记账：　　　　审核：　　　　出纳：　　　　制单：陈楠

记账凭证

单位：富达外贸有限公司　　　　　日期：2021-06-09

附单据数：

凭证号：记-8

摘要	科目	借方金额	贷方金额
01 购汇赎单	商品采购——进口商品——007 号商品	633 600.00	
01 购汇赎单	其他货币资金——信用证保证金		633 600.00
02 支付银行手续费	财务费用——手续费	800.00	
02 支付银行手续费	银行存款——人民币户		800.00
合计：陆拾叁万肆仟肆佰元整		634 400.00	634 400.00

主管：　　　　记账：　　　　审核：　　　　出纳：　　　　制单：陈楠

记账凭证

单位：富达外贸有限公司　　　　日期：2021-06-09

附单据数：
凭证号：记-9

摘要	科目	借方金额	贷方金额
信用证多余资金转回	银行存款——人民币户	6 400.00	
信用证多余资金转回	其他货币资金——信用证保证金		6 400.00
合计：陆仟肆佰元整		6 400.00	6 400.00

主管：　　　　记账：　　　　审核：　　　　出纳：　　　　制单：陈楠

记账凭证

单位：富达外贸有限公司　　　　日期：2021-06-10

附单据数：
凭证号：记-10

摘要	科目	借方金额	贷方金额
议付自营出口农产品信用证	银行存款——人民币户	314 820.00	
议付自营出口农产品信用证（$500，汇率：6.46）	应付账款——应付外汇账款——佣金	3 230.00	
议付自营出口农产品信用证	财务费用——汇兑损益	4 950.00	
议付自营出口农产品信用证（$50 000，汇率：6.46）	应收账款——应收外汇账款——日本三泰		323 000.00
合计：叁拾贰万叁仟元整		323 000.00	323 000.00

主管：　　　　记账：　　　　审核：　　　　出纳：　　　　制单：陈楠

记账凭证

单位：富达外贸有限公司　　　　日期：2021-06-11

附单据数：
凭证号：记-11

摘要	科目	借方金额	贷方金额
01 财务人员培训费	应付职工薪酬——职工教育经费	3 600.00	
01 财务人员培训费	应交税费——应交增值税——进项税额——办公	216.00	
01 财务人员培训费	库存现金		3 816.00
02 结转管理费用	管理费用——职工教育经费	3 600.00	
02 结转管理费用	应付职工薪酬——职工教育经费		3 600.00
合计：柒仟肆佰壹拾陆元整		7 416.00	7 416.00

主管：　　　　记账：　　　　审核：　　　　出纳：　　　　制单：陈楠

记账凭证

单位：富达外贸有限公司　　　　日期：2021-06-11

附单据数：

凭证号：记-12

摘要	科目	借方金额	贷方金额
代理进口 009 号商品购汇付款	预收账款——华科公司	630 400.00	
代理进口 009 号商品购汇付款	银行存款——人民币户		630 400.00
合计：陆拾叁万零肆佰元整		630 400.00	630 400.00

主管：　　　　记账：　　　　审核：　　　　出纳：　　　　制单：陈楠

记账凭证

单位：富达外贸有限公司　　　　日期：2021-06-14

附单据数：

凭证号：记-13

摘要	科目	借方金额	贷方金额
开具代理 009 号商品进口手续费发票	预收账款——华科公司	21 200.00	
开具代理 009 号商品进口手续费发票	其他业务收入——代理进口手续费		20 000.00
开具代理 009 号商品进口手续费发票	应交税费——应交增值税——销项税额		1 200.00
合计：贰万壹仟贰佰元整		21 200.00	21 200.00

主管：　　　　记账：　　　　审核：　　　　出纳：　　　　制单：陈楠

记账凭证

单位：富达外贸有限公司　　　　日期：2021-06-15

附单据数：

凭证号：记-14

摘要	科目	借方金额	贷方金额
申报缴纳 009 号商品关税、增值税	预收账款——华科公司	157 075.20	
申报缴纳 009 号商品关税、增值税	应交税费——应交进口关税		64 640.00
申报缴纳 009 号商品关税、增值税	应交税费——应交增值税——进项税额——进口		92 435.20
合计：壹拾伍万柒仟零柒拾伍元贰角整		157 075.20	157 075.20

主管：　　　　记账：　　　　审核：　　　　出纳：　　　　制单：陈楠

记账凭证

附单据数：

单位：富达外贸有限公司　　　日期：2021-06-15　　　凭证号：记-15

摘要	科目	借方金额	贷方金额
发放工资	应付职工薪酬——工资	191 950.00	
发放工资	银行存款——人民币户		147 801.50
代扣个人承担社保	其他应收款——社保费		15 356.00
代扣个人承担住房公积金	其他应收款——住房公积金		19 195.00
代扣个人所得税	应交税费——应交个人所得税		9 597.50
合计：壹拾玖万壹仟玖佰伍拾元整		191 950.00	191 950.00

主管：　　　记账：　　　审核：　　　出纳：　　　制单：陈楠

记账凭证

附单据数：

单位：富达外贸有限公司　　　日期：2021-06-15　　　凭证号：记-16

摘要	科目	借方金额	贷方金额
缴纳个人所得税	应交税费——应交个人所得税	9 597.50	
缴纳个人所得税	银行存款——人民币户		9 597.50
合计：玖仟伍佰玖拾柒元伍角整		9 597.50	9 597.50

主管：　　　记账：　　　审核：　　　出纳：　　　制单：陈楠

记账凭证

附单据数：

单位：富达外贸有限公司　　　日期：2021-06-15　　　凭证号：记-17

摘要	科目	借方金额	贷方金额
缴纳印花税	应交税费——应交印花税	1 876.00	
缴纳印花税	银行存款——人民币户		1 876.00
合计：壹仟捌佰柒拾陆元整		1 876.00	1 876.00

主管：　　　记账：　　　审核：　　　出纳：　　　制单：陈楠

记账凭证

单位：富达外贸有限公司	日期：2021-06-15		附单据数：凭证号：记-18	

摘要	科目	借方金额	贷方金额
缴纳社保费	其他应收款——社保费	15 356.00	
缴纳社保费	应付职工薪酬——社保费	57 585.00	
缴纳社保费	银行存款——人民币户		72 941.00
合计：柒万贰仟玖佰肆拾壹元整		72 941.00	72 941.00

主管：　　　　记账：　　　　审核：　　　　出纳：　　　　制单：陈楠

记账凭证

单位：富达外贸有限公司	日期：2021-06-15		附单据数：凭证号：记-19	

摘要	科目	借方金额	贷方金额
缴纳住房公积金	应付职工薪酬——住房公积金	19 195.00	
缴纳住房公积金	其他应收款——住房公积金	19 195.00	
缴纳住房公积金	银行存款——人民币户		38 390.00
合计：叁万捌仟叁佰玖拾元整		38 390.00	38 390.00

主管：　　　　记账：　　　　审核：　　　　出纳：　　　　制单：陈楠

记账凭证

单位：富达外贸有限公司	日期：2021-06-16		附单据数：凭证号：记-20	

摘要	科目	借方金额	贷方金额
缴纳009号商品进口关税、增值税	应交税费——应交进口关税	64 640.00	
缴纳009号商品进口关税、增值税	应交税费——应交增值税——进项税额——出口	92 435.20	
缴纳009号商品进口关税、增值税	银行存款——人民币户		157 075.20
合计：壹拾伍万柒仟零柒拾伍元贰角整		157 075.20	157 075.20

主管：　　　　记账：　　　　审核：　　　　出纳：　　　　制单：陈楠

记账凭证

附单据数：

单位：富达外贸有限公司　　　日期：2021-06-17　　　凭证号：记-21

摘要	科目	借方金额	贷方金额
收到 001 号商品出口退税款	银行存款——人民币户	133 000.00	
收到 001 号商品出口退税款	应收出口退税款——增值税		63 000.00
收到 001 号商品出口退税款	应收出口退税款——消费税		70 000.00
合计：壹拾叁万叁仟元整		133 000.00	133 000.00

主管：　　　记账：　　　审核：　　　出纳：　　　制单：陈楠

记账凭证

附单据数：

单位：富达外贸有限公司　　　日期：2021-06-17　　　凭证号：记-22

摘要	科目	借方金额	贷方金额
01 申报进口 007 号商品关税	商品采购——进口商品——007 号商品	192 000.00	
01 申报进口 007 号商品关税	应交税费——应交进口关税		192 000.00
02 申报进口 007 号商品消费税	商品采购——进口商品——007 号商品	832 000.00	
02 申报进口 007 号商品消费税	应交税费——应交消费税		832 000.00
合计：壹佰零贰万肆仟元整		1 024 000.00	1 024 000.00

主管：　　　记账：　　　审核：　　　出纳：　　　制单：陈楠

记账凭证

附单据数：

单位：富达外贸有限公司　　　日期：2021-06-18　　　凭证号：记-23

摘要	科目	借方金额	贷方金额
缴纳 007 号商品进口关税、增值税、消费税	应交税费——应交增值税——进项税额——进口	216 320.00	
缴纳 007 号商品进口关税、增值税、消费税	应交税费——应交进口关税	192 000.00	
缴纳 007 号商品进口关税、增值税、消费税	应交税费——应交消费税	832 000.00	
缴纳 007 号商品进口关税、增值税、消费税	银行存款——人民币户		1 240 320.00
合计：壹佰贰拾肆万零叁佰贰拾元整		1 240 320.00	1 240 320.00

主管：　　　记账：　　　审核：　　　出纳：　　　制单：陈楠

记账凭证

单位：富达外贸有限公司　　　　　日期：2021-06-18

附单据数：
凭证号：记-24

摘要	科目	借方金额	贷方金额
参展费用	管理费用——差旅费	8 350.00	
参展费用	应交税费——应交增值税——进项税额——办公	300.00	
参展费用	库存现金		8 650.00
合计：捌仟陆佰伍拾元整		8 650.00	8 650.00

主管：　　　　记账：　　　　审核：　　　　出纳：　　　　制单：陈楠

记账凭证

单位：富达外贸有限公司　　　　　日期：2021-06-21

附单据数：
凭证号：记-25

摘要	科目	借方金额	贷方金额
支付进口 007 号商品国内运费	销售费用——运输费	3 000.00	
支付进口 007 号商品国内运费	应交税费——应交增值税——进项税额——进口	270.00	
支付进口 007 号商品国内运费	银行存款——人民币户		3 270.00
合计：叁仟贰佰柒拾元整		3 270.00	3 270.00

主管：　　　　记账：　　　　审核：　　　　出纳：　　　　制单：陈楠

记账凭证

单位：富达外贸有限公司　　　　　日期：2021-06-22

附单据数：
凭证号：记-26

摘要	科目	借方金额	贷方金额
进口 007 号商品验收入库	库存商品——自营进口商品——007 号商品	1 664 000.00	
进口 007 号商品验收入库	商品采购——进口商品——007 号商品		1 664 000.00
合计：壹佰陆拾陆万肆仟元整		1 664 000.00	1 664 000.00

主管：　　　　记账：　　　　审核：　　　　出纳：　　　　制单：陈楠

记账凭证

单位：富达外贸有限公司　　　　　日期：2021-06-22　　　　　附单据数：
　　　　　　　　　　　　　　　　　　　　　　　　　　　　　凭证号：记 -27

摘要	科目	借方金额	贷方金额
与华科公司结清款项	预收账款——华科公司	75 324.80	
与华科公司结清款项	银行存款——人民币户		75 324.80
合计：柒万伍仟叁佰贰拾肆元捌角整		75 324.80	75 324.80

主管：　　　　　记账：　　　　　审核：　　　　　出纳：　　　　　制单：陈楠

记账凭证

单位：富达外贸有限公司　　　　　日期：2021-06-23　　　　　附单据数：
　　　　　　　　　　　　　　　　　　　　　　　　　　　　　凭证号：记 -28

摘要	科目	借方金额	贷方金额
01 支付生活困难补助	应付职工薪酬——福利费	2 000.00	
01 支付生活困难补助	库存现金		2 000.00
02 结转管理费用	管理费用——福利费	2 000.00	
02 结转管理费用	应付职工薪酬——福利费		2 000.00
合计：肆仟元整		4 000.00	4 000.00

主管：　　　　　记账：　　　　　审核：　　　　　出纳：　　　　　制单：陈楠

记账凭证

单位：富达外贸有限公司　　　　　日期：2021-06-24　　　　　附单据数：
　　　　　　　　　　　　　　　　　　　　　　　　　　　　　凭证号：记 -29

摘要	科目	借方金额	贷方金额
01 发放福利用品	应付职工薪酬——福利费	18 000.00	
01 发放福利用品	应交税费——应交增值税——进项税额——办公	2 340.00	
01 发放福利用品	银行存款——人民币户		20 340.00
02 进项税额转出	应付职工薪酬——福利费	2 340.00	
02 进项税额转出	应交税费——应交增值税——进项税额转出		2 340.00
03 结转管理费用	管理费用——福利费	20 340.00	
03 结转管理费用	应付职工薪酬——福利费		20 340.00
合计：肆万叁仟零贰拾元整		43 020.00	43 020.00

主管：　　　　　记账：　　　　　审核：　　　　　出纳：　　　　　制单：陈楠

记账凭证

附单据数：

单位：富达外贸有限公司　　　　日期：2021-06-25　　　　凭证号：记-30

摘要	科目	借方金额	贷方金额
进口 007 号商品实现销售	应收账款——万怡公司	2 260 000.00	
进口 007 号商品实现销售	主营业务收入——自营进口销售收入		2 000 000.00
进口 007 号商品实现销售	应交税费——应交增值税——销项税额		260 000.00
合计：贰佰贰拾陆万元整		2 260 000.00	2 260 000.00

主管：　　　　记账：　　　　审核：　　　　出纳：　　　　制单：陈楠

记账凭证

附单据数：

单位：富达外贸有限公司　　　　日期：2021-06-25　　　　凭证号：记-31

摘要	科目	借方金额	贷方金额
结转自营进口 007 号商品销售成本	主营业务成本——自营进口销售成本——007 号商品	1 664 000.00	
结转自营进口 007 号商品销售成本	库存商品——自营进口商品——007 号商品		1 664 000.00
合计：壹佰陆拾陆万肆仟元整		1 664 000.00	1 664 000.00

主管：　　　　记账：　　　　审核：　　　　出纳：　　　　制单：陈楠

记账凭证

附单据数：

单位：富达外贸有限公司　　　　日期：2021-06-28　　　　凭证号：记-32

摘要	科目	借方金额	贷方金额
支付电话费	管理费用——办公费	5 100.00	
支付电话费	应交税费——应交增值税——进项税额——办公	459.00	
支付电话费	银行存款——人民币户		5 559.00
合计：伍仟伍佰伍拾玖元整		5 559.00	5 559.00

主管：　　　　记账：　　　　审核：　　　　出纳：　　　　制单：陈楠

记账凭证

附单据数：

单位：富达外贸有限公司　　　日期：2021-06-29　　　凭证号：记-33

摘要	科目	借方金额	贷方金额
收到万怡公司款项	银行存款——人民币户	2 260 000.00	
收到万怡公司款项	应收账款——万怡公司		2 260 000.00
合计：贰佰贰拾陆万元整		2 260 000.00	2 260 000.00

主管：　　记账：　　审核：　　出纳：　　制单：陈楠

记账凭证

附单据数：

单位：富达外贸有限公司　　　日期：2021-06-29　　　凭证号：记-34

摘要	科目	借方金额	贷方金额
支付保洁费	管理费用——办公费	3 000.00	
支付保洁费	应交税费——应交增值税——进项税额——办公	180.00	
支付保洁费	银行存款——人民币户		3 180.00
合计：叁仟壹佰捌拾元整		3 180.00	3 180.00

主管：　　记账：　　审核：　　出纳：　　制单：陈楠

记账凭证

附单据数：

单位：富达外贸有限公司　　　日期：2021-06-30　　　凭证号：记-35

摘要	科目	借方金额	贷方金额
销售部门报销通信费	销售费用——通信费	2 000.00	
销售部门报销通信费	应交税费——应交增值税——进项税额——办公	180.00	
销售部门报销通信费	库存现金		2 180.00
合计：贰仟壹佰捌拾元整		2 180.00	2 180.00

主管：　　记账：　　审核：　　出纳：　　制单：陈楠

记账凭证

单位：富达外贸有限公司　　　　日期：2021-06-30

附单据数：

凭证号：记-36

摘要	科目	借方金额	贷方金额
计提固定资产折旧	销售费用——折旧费	11 650.00	
计提固定资产折旧	累计折旧		11 650.00
合计：壹万壹仟陆佰伍拾元整		11 650.00	11 650.00

主管：　　　　记账：　　　　审核：　　　　出纳：　　　　制单：陈楠

记账凭证

单位：富达外贸有限公司　　　　日期：2021-06-30

附单据数：

凭证号：记-37

摘要	科目	借方金额	贷方金额
计提职工工资	管理费用——管理人员职工薪酬	68 350.00	
计提职工工资	销售费用——销售人员职工薪酬	123 600.00	
计提职工工资	应付职工薪酬——工资		191 950.00
合计：壹拾玖万壹仟玖佰伍拾元整		191 950.00	191 950.00

主管：　　　　记账：　　　　审核：　　　　出纳：　　　　制单：陈楠

记账凭证

单位：富达外贸有限公司　　　　日期：2021-06-30

附单据数：

凭证号：记-38

摘要	科目	借方金额	贷方金额
计提单位负担社保费	管理费用——管理人员职工薪酬	20 505.00	
计提单位负担社保费	销售费用——销售人员职工薪酬	37 080.00	
计提单位负担社保费	应付职工薪酬——社保费		57 585.00
合计：伍万柒仟伍佰捌拾伍元整		57 585.00	57 585.00

主管：　　　　记账：　　　　审核：　　　　出纳：　　　　制单：陈楠

记账凭证

单位：富达外贸有限公司　　　　日期：2021-06-30

附单据数：
凭证号：记-39

摘要	科目	借方金额	贷方金额
计提单位负担住房公积金	管理费用——管理人员职工薪酬	6 835.00	
计提单位负担住房公积金	销售费用——销售人员职工薪酬	12 360.00	
计提单位负担住房公积金	应付职工薪酬——住房公积金		19 195.00
合计：壹万玖仟壹佰玖拾伍元整		19 195.00	19 195.00

主管：　　　记账：　　　审核：　　　出纳：　　　制单：陈楠

记账凭证

单位：富达外贸有限公司　　　　日期：2021-06-30

附单据数：
凭证号：记-40

摘要	科目	借方金额	贷方金额
计提当月合同印花税	税金及附加——印花税	1 955.00	
计提当月合同印花税	应交税费——应交印花税		1 955.00
合计：壹仟玖佰伍拾伍元整		1 955.00	1 955.00

主管：　　　记账：　　　审核：　　　出纳：　　　制单：陈楠

记账凭证

单位：富达外贸有限公司　　　　日期：2021-06-30

附单据数：
凭证号：记-41

摘要	科目	借方金额	贷方金额
结转汇兑损益	银行存款——美元户	4 380.00	
结转汇兑损益	财务费用——汇兑损益		4 380.00
合计：肆仟叁佰捌拾元整		4 380.00	4 380.00

主管：　　　记账：　　　审核：　　　出纳：　　　制单：陈楠

记账凭证

单位：富达外贸有限公司　　　　　　日期：2021-06-30　　　　　　附单据数：　　　凭证号：记-42

摘要	科目	借方金额	贷方金额
转出未交增值税	应交税费——应交增值税——转出未交增值税	41 775.00	
转出未交增值税	应交税费——未交增值税		41 775.00
合计：肆万壹仟柒佰柒拾伍元整		41 775.00	41 775.00

主管：　　　　记账：　　　　审核：　　　　出纳：　　　　制单：陈楠

注：具体核算过程见应交增值税明细表。

应交增值税明细表

编制单位：富达外贸有限公司　　　科目：2221001 应交税费——应交增值税　　　2021 年 4 月至 2021 年 6 月　　　单位：元

日期	凭证字号	科目名称	摘要	借方	贷方	方向	余额
2021-04-01		应交税费——应交增值税	期初余额			平	
2021-04-13	记-9	应交税费——应交增值税——进项税额——办公	林恩达报销差旅费	270.00		借	270.00
2021-04-30	记-28	应交税费——应交增值税——进项税额——办公	01 行政部门报销汽车修理费	910.00		借	1 180.00
2021-04-30	记-29	应交税费——应交增值税——进项税额——办公	高速公路过路费	30.00		借	1 210.00
2021-04-30		应交税费——应交增值税	本期合计	1 210.00		借	1 210.00
2021-04-30		应交税费——应交增值税	本年累计	1 210.00		借	1 210.00
2021-05-21	记-32	应交税费——应交增值税——进项税额——内销	办妥 004 号商品出口转内销证明	13 000.00		借	14 210.00
2021-05-25	记-37	应交税费——应交增值税——销项税额	004 号商品内销		10 400.00	借	3 810.00
2021-05-27	记-41	应交税费——应交增值税——销项税额	02 结转代理出口 008 号商品手续费		774.00	借	3 036.00
2021-05-31		应交税费——应交增值税	本期合计	13 000.00	11 174.00	借	3 036.00
2021-05-31		应交税费——应交增值税	本年累计	14 210.00	11 174.00	借	3 036.00
2021-06-04	记-4	应交税费——应交增值税——进项税额——办公	支付参展费用	1 500.00		借	4 536.00
2021-06-11	记-11	应交税费——应交增值税——进项税额——办公	01 财务人员培训费	216.00		借	4 752.00
2021-06-14	记-13	应交税费——应交增值税——销项税额	开具代理 009 号商品进口手续费发票		1 200.00	借	3 552.00

（续表）

日期	凭证字号	科目名称	摘要	借方	贷方	方向	余额
2021-06-18	记-23	应交税费——应交增值税——进项税额——进口	缴纳007号商品进口关税、增值税、消费税	216 320.00		借	219 872.00
2021-06-18	记-24	应交税费——应交增值税——进项税额——办公	参展费用	300.00		借	220 172.00
2021-06-21	记-25	应交税费——应交增值税——进项税额——进口	支付进口007号商品国内运费	270.00		借	220 442.00
2021-06-25	记-30	应交税费——应交增值税——销项税额	进口007号商品实现销售		260 000.00	贷	39 558.00
2021-06-28	记-32	应交税费——应交增值税——进项税额——办公	支付电话费	459.00		贷	39 099.00
2021-06-29	记-34	应交税费——应交增值税——进项税额——办公	支付保洁费	180.00		贷	38 919.00
2021-06-30	记-35	应交税费——应交增值税——进项税额——办公	销售部门报销通信费	180.00		贷	38 739.00
2021-06-30		应交税费——应交增值税	本期合计	219 425.00	261 200.00	贷	38 739.00
2021-06-30		应交税费——应交增值税	本年累计	233 635.00	272 374.00	贷	38 739.00

记账凭证

单位：富达外贸有限公司　日期：2021-06-30　附单据数：　凭证号：记-43

摘要	科目	借方金额	贷方金额
计提附加税	税金及附加——城市维护建设税	2 711.73	
计提附加税	税金及附加——教育费附加	1 162.17	
计提附加税	税金及附加——地方教育费附加	774.78	
计提附加税	应交税费——应交城市维护建设税		2 711.73
计提附加税	应交税费——应交教育费附加		1 162.17
计提附加税	应交税费——应交地方教育费附加		774.78
合计：肆仟陆佰肆拾捌元陆角捌分		4 648.68	4 648.68

主管：　记账：　审核：　出纳：　制单：陈楠

记账凭证

单位：富达外贸有限公司　日期：2021-06-30　附单据数：　凭证号：记-44

摘要	科目	借方金额	贷方金额
计提第二季度企业所得税	所得税费用	132 452.58	
计提第二季度企业所得税	应交税费——应交所得税		132 452.58

（续表）

摘要	科目	借方金额	贷方金额
合计：壹拾叁万贰仟肆佰伍拾贰元伍角捌分		132 452.58	132 452.58

主管：　　　　记账：　　　　审核：　　　　出纳：　　　　制单：陈楠

记账凭证

附单据数：

单位：富达外贸有限公司　　　　日期：2021-06-30　　　　凭证号：记-45

摘要	科目	借方金额	贷方金额
6 月 结转损益	主营业务收入——自营进口销售收入	2 000 000.00	
6 月 结转损益	其他业务收入——代理进口手续费	20 000.00	
6 月 结转损益	本年利润	171 456.26	
6 月 结转损益	主营业务成本——自营出口销售成本——003 号商品		-48 000.00
6 月 结转损益	主营业务成本——自营出口销售成本——005 号商品		60 000.00
6 月 结转损益	主营业务成本——自营进口销售成本——007 号商品		1 664 000.00
6 月 结转损益	税金及附加——印花税		1 955.00
6 月 结转损益	税金及附加——城市维护建设税		2 711.73
6 月 结转损益	税金及附加——教育费附加		1 162.17
6 月 结转损益	税金及附加——地方教育费附加		774.78
6 月 结转损益	销售费用——销售人员职工薪酬		173 040.00
6 月 结转损益	销售费用——折旧费		11 650.00
6 月 结转损益	销售费用——运输费		3 000.00
6 月 结转损益	销售费用——通信费		2 000.00
6 月 结转损益	管理费用——管理人员职工薪酬		95 690.00
6 月 结转损益	管理费用——办公费		8 100.00
6 月 结转损益	管理费用——差旅费		8 350.00
6 月 结转损益	管理费用——福利费		36 120.00
6 月 结转损益	管理费用——工会经费		8 480.00
6 月 结转损益	管理费用——展览费		25 000.00
6 月 结转损益	管理费用——职工教育经费		3 600.00
6 月 结转损益	财务费用——手续费		800.00
6 月 结转损益	财务费用——汇兑损益		570.00
6 月 结转损益	所得税费用		132 452.58
合计：贰佰壹拾玖万壹仟肆佰伍拾陆元贰角陆分		2 191 456.26	2 191 456.26

主管：　　　　记账：　　　　审核：　　　　出纳：　　　　制单：陈楠

第三节　登记明细账与总账

一、登记明细账

库存现金

编制单位：富达外贸有限公司　　　科目：1001 库存现金　　　2021 年 4 月至 2021 年 6 月　　　单位：元

日期	凭证字号	科目编码	科目名称	摘要	借方	贷方	方向	余额
2021-04-01		1001	库存现金	期初余额			借	2 151
2021-04-12	记-8	1001	库存现金	提取备用金	30 000		借	32 151
2021-04-13	记-9	1001	库存现金	林恩达报销差旅费		836	借	31 315
2021-04-30	记-28	1001	库存现金	行政部门报销汽车修理费		7 910	借	23 405
2021-04-30	记-29	1001	库存现金	高速公路过路费		1 030	借	22 375
2021-04-30		1001	库存现金	本期合计	30 000	9 776	借	22 375
2021-04-30		1001	库存现金	本年累计	30 000	9 776	借	22 375
2021-06-11	记-11	1001	库存现金	01 财务人员培训费		3 816	借	18 559
2021-06-18	记-24	1001	库存现金	参展费用		8 650	借	9 909
2021-06-23	记-28	1001	库存现金	01 支付生活困难补助		2 000	借	7 909
2021-06-30	记-35	1001	库存现金	销售部门报销通信费		2 180	借	5 729
2021-06-30		1001	库存现金	本期合计		16 646	借	5 729
2021-06-30		1001	库存现金	本年累计	30 000	26 422	借	5 729

银行存款——美元户

编制单位：富达外贸有限公司　　　科目：1002001 银行存款——美元户　　　2021 年 4 月至 2021 年 6 月　　　单位：元

日期	凭证字号	科目编码	科目名称	摘要	借方	贷方	方向	余额
2021-04-01		1002001	银行存款——美元户	期初余额			借	459 200
2021-04-01	记-1	1002001	银行存款——美元户	美元兑换人民币		328 000	借	131 200
2021-04-06	记-3	1002001	银行存款——美元户	收到 HKC 公司货款	196 800		借	328 000
2021-04-09	记-6	1002001	银行存款——美元户	支付 MKO 公司累计佣金		6 560	借	321 440
2021-04-21	记-23	1002001	银行存款——美元户	支付出口 001 号商品海运费		13 120	借	308 320
2021-04-21	记-24	1002001	银行存款——美元户	支付出口 001 号商品国外保险费		6 560	借	301 760
2021-04-30	记-35	1002001	银行存款——美元户	结转汇兑损益		4 500	借	297 260
2021-04-30		1002001	银行存款——美元户	本期合计	196 800	358 740	借	297 260
2021-04-30		1002001	银行存款——美元户	本年累计	196 800	358 740	借	297 260
2021-05-11	记-8	1002001	银行存款——美元户	支付出口 003 号商品海运费		6 460	借	290 800
2021-05-11	记-9	1002001	银行存款——美元户	支付出口 003 号商品国外保险费		1 292	借	289 508

（续表）

日期	凭证字号	科目编码	科目名称	摘要	借方	贷方	方向	余额
2021-05-31	记-49	1002001	银行存款——美元户	结转汇兑损益		4 380	借	285 128
2021-05-31		1002001	银行存款——美元户	本期合计		12 132	借	285 128
2021-05-31		1002001	银行存款——美元户	本年累计	196 800	370 872	借	285 128
2021-06-30	记-41	1002001	银行存款——美元户	结转汇兑损益	4 380		借	289 508
2021-06-30		1002001	银行存款——美元户	本期合计	4 380		借	289 508
2021-06-30		1002001	银行存款——美元户	本年累计	201 180	370 872	借	289 508

银行存款——人民币户

编制单位：富达外贸有限公司　　科目：1002002 银行存款——人民币户　　2021年4月至2021年6月　　单位：元

日期	凭证字号	科目编码	科目名称	摘要	借方	贷方	方向	余额
2021-04-01		1002002	银行存款——人民币户	期初余额			借	6 145 700
2021-04-01	记-1	1002002	银行存款——人民币户	美元兑换人民币	327 500		借	6 473 200
2021-04-07	记-4	1002002	银行存款——人民币户	预付003号商品采购费用		100 000	借	6 373 200
2021-04-12	记-7	1002002	银行存款——人民币户	购进自营出口的004号商品		113 000	借	6 260 200
2021-04-12	记-8	1002002	银行存款——人民币户	提取备用金		30 000	借	6 230 200
2021-04-14	记-10	1002002	银行存款——人民币户	偿还和宅信息公司货款		565 000	借	5 665 200
2021-04-15	记-12	1002002	银行存款——人民币户	发放工资		138 623.10	借	5 526 576.90
2021-04-15	记-13	1002002	银行存款——人民币户	缴纳个人所得税		9 001.50	借	5 517 575.40
2021-04-15	记-14	1002002	银行存款——人民币户	缴纳印花税		2 136	借	5 515 439.40
2021-04-15	记-15	1002002	银行存款——人民币户	缴纳社保费		68 411.40	借	5 447 028
2021-04-15	记-16	1002002	银行存款——人民币户	缴纳住房公积金		36 006	借	5 411 022
2021-04-15	记-17	1002002	银行存款——人民币户	缴纳第一季度企业所得税		15 300	借	5 395 722
2021-04-20	记-19	1002002	银行存款——人民币户	购入自营出口免税农产品		300 000	借	5 095 722
2021-04-20	记-22	1002002	银行存款——人民币户	支付001号商品国内费用		10 900	借	5 084 822
2021-04-22	记-25	1002002	银行存款——人民币户	发生业务招待费		5 360	借	5 079 462
2021-04-23	记-26	1002002	银行存款——人民币户	偿还光迅科技公司货款		336 000	借	4 743 462
2021-04-29	记-27	1002002	银行存款——人民币户	预付后福公司货款		300 000	借	4 443 462
2021-04-30		1002002	银行存款——人民币户	本期合计	327 500	2 029 738	借	4 443 462
2021-04-30		1002002	银行存款——人民币户	本年累计	327 500	2 029 738	借	4 443 462

（续表）

日期	凭证字号	科目编码	科目名称	摘要	借方	贷方	方向	余额
2021-05-09	记-3	1002002	银行存款——人民币户	收到代理进口预付款	900 000		借	5 343 462
2021-05-09	记-4	1002002	银行存款——人民币户	将欧元兑换为人民币	377 500		借	5 720 962
2021-05-10	记-7	1002002	银行存款——人民币户	支付出口003号商品国内费用		8 000	借	5 712 962
2021-05-12	记-10	1002002	银行存款——人民币户	01 申请信用证		640 000	借	5 072 962
2021-05-12	记-10	1002002	银行存款——人民币户	02 申请信用证手续费		1 000	借	5 071 962
2021-05-14	记-16	1002002	银行存款——人民币户	发放工资		138 623.10	借	4 933 338.90
2021-05-14	记-17	1002002	银行存款——人民币户	缴纳个人所得税		9 001.50	借	4 924 337.40
2021-05-14	记-18	1002002	银行存款——人民币户	缴纳印花税		1 635	借	4 922 702.40
2021-05-14	记-19	1002002	银行存款——人民币户	缴纳社保费		68 411.40	借	4 854 291
2021-05-14	记-20	1002002	银行存款——人民币户	缴纳住房公积金		36 006	借	4 818 285
2021-05-17	记-23	1002002	银行存款——人民币户	支付代理出口008号商品国内费用		2 220	借	4 816 065
2021-05-18	记-25	1002002	银行存款——人民币户	支付代理出口008号商品国外运保费		6 510	借	4 809 555
2021-05-19	记-26	1002002	银行存款——人民币户	收到出口001号商品货款	966 210		借	5 775 765
2021-05-20	记-29	1002002	银行存款——人民币户	支付出口农产品国内运费		3 270	借	5 772 495
2021-05-24	记-33	1002002	银行存款——人民币户	支付出口005号商品国内运费		21 800	借	5 750 695
2021-05-24	记-34	1002002	银行存款——人民币户	购汇支付代理进口009号商品海运费		12 800	借	5 737 895
2021-05-24	记-35	1002002	银行存款——人民币户	购汇支付代理进口009号商品国外保险费		3 200	借	5 734 695
2021-05-25	记-37	1002002	银行存款——人民币户	004号商品内销	90 400		借	5 825 095
2021-05-26	记-40	1002002	银行存款——人民币户	办理银行结汇	1 895 000		借	7 720 095
2021-05-27	记-41	1002002	银行存款——人民币户	01 代理出口008号商品收结汇	645 000		借	8 365 095
2021-05-27	记-41	1002002	银行存款——人民币户	03 差额汇付委托方		623 596	借	7 741 499
2021-05-28	记-42	1002002	银行存款——人民币户	议付信用证（出口003号商品）	502 285		借	8 243 784
2021-05-28	记-43	1002002	银行存款——人民币户	购汇支付佣金		23 000	借	8 220 784

（续表）

日期	凭证字号	科目编码	科目名称	摘要	借方	贷方	方向	余额
2021-05-31		1002002	银行存款——人民币户	本期合计	5 376 395	1 599 073	借	8 220 784
2021-05-31		1002002	银行存款——人民币户	本年累计	5 703 895	3 628 811	借	8 220 784
2021-06-02	记-2	1002002	银行存款——人民币户	01 员工聚餐		13 780	借	8 207 004
2021-06-03	记-3	1002002	银行存款——人民币户	职工借支差旅费		8 000	借	8 199 004
2021-06-04	记-4	1002002	银行存款——人民币户	支付参展费用		26 500	借	8 172 504
2021-06-07	记-5	1002002	银行存款——人民币户	01 工会活动		8 480	借	8 164 024
2021-06-08	记-6	1002002	银行存款——人民币户	购汇支付 007 号商品海运费及国外保险费		6 400	借	8 157 624
2021-06-09	记-8	1002002	银行存款——人民币户	02 支付银行手续费		800	借	8 156 824
2021-06-09	记-9	1002002	银行存款——人民币户	信用证多余资金转回	6 400		借	8 163 224
2021-06-10	记-10	1002002	银行存款——人民币户	议付自营出口农产品信用证	314 820		借	8 478 044
2021-06-11	记-12	1002002	银行存款——人民币户	代理进口 009 号商品购汇付款		630 400	借	7 847 644
2021-06-15	记-15	1002002	银行存款——人民币户	发放工资		147 801.50	借	7 699 842.50
2021-06-15	记-16	1002002	银行存款——人民币户	缴纳个人所得税		9 597.50	借	7 690 245
2021-06-15	记-17	1002002	银行存款——人民币户	缴纳印花税		1 876	借	7 688 369
2021-06-15	记-18	1002002	银行存款——人民币户	缴纳社保费		72 941	借	7 615 428
2021-06-15	记-19	1002002	银行存款——人民币户	缴纳住房公积金		38 390	借	7 577 038
2021-06-16	记-20	1002002	银行存款——人民币户	缴纳 009 号商品进口关税、增值税		157 075.20	借	7 419 962.80
2021-06-17	记-21	1002002	银行存款——人民币户	收到 001 号商品出口退税款	133 000		借	7 552 962.80
2021-06-18	记-23	1002002	银行存款——人民币户	缴纳 007 号商品进口关税、增值税、消费税		1 240 320	借	6 312 642.80
2021-06-21	记-25	1002002	银行存款——人民币户	支付进口 007 号商品国内运费		3 270	借	6 309 372.80
2021-06-22	记-27	1002002	银行存款——人民币户	与华科公司结清款项		75 324.80	借	6 234 048
2021-06-24	记-29	1002002	银行存款——人民币户	01 发放福利用品		20 340	借	6 213 708
2021-06-28	记-32	1002002	银行存款——人民币户	支付电话费		5 559	借	6 208 149
2021-06-29	记-33	1002002	银行存款——人民币户	收到万怡公司款项	2 260 000		借	8 468 149

（续表）

日期	凭证字号	科目编码	科目名称	摘要	借方	贷方	方向	余额
2021-06-29	记-34	1002002	银行存款——人民币户	支付保洁费		3 180	借	8 464 969
2021-06-30		1002002	银行存款——人民币户	本期合计	2 714 220	2 470 035	借	8 464 969
2021-06-30		1002002	银行存款——人民币户	本年累计	8 418 115	6 098 846	借	8 464 969

银行存款——欧元户

编制单位：富达外贸有限公司　　科目：1002003 银行存款——欧元户　　2021 年 4 月至 2021 年 6 月　　单位：元

日期	凭证字号	科目编码	科目名称	摘要	借方	贷方	方向	余额
2021-04-01		1002003	银行存款——欧元户	期初余额			平	
2021-05-08	记-2	1002003	银行存款——欧元户	预收 PJ 公司出口货款	380 000		借	380 000
2021-05-09	记-4	1002003	银行存款——欧元户	将欧元兑换为人民币		380 000	平	
2021-05-25	记-39	1002003	银行存款——欧元户	收到德国 PJ 公司尾款	1 900 000		借	1 900 000
2021-05-26	记-40	1002003	银行存款——欧元户	办理银行结汇		1 900 000	平	
2021-05-31		1002003	银行存款——欧元户	本期合计	2 280 000	2 280 000	平	
2021-05-31		1002003	银行存款——欧元户	本年累计	2 280 000	2 280 000	平	

其他货币资金——信用证保证金

编制单位：富达外贸有限公司　　科目：1012001 其他货币资金——信用证保证金　　2021 年 4 月至 2021 年 6 月　　单位：元

日期	凭证字号	科目编码	科目名称	摘要	借方	贷方	方向	余额
2021-04-01		1012001	其他货币资金——信用证保证金	期初余额			平	
2021-05-12	记-10	1012001	其他货币资金——信用证保证金	01 申请信用证	640 000		借	640 000
2021-05-31		1012001	其他货币资金——信用证保证金	本期合计	640 000		借	640 000
2021-05-31		1012001	其他货币资金——信用证保证金	本年累计	640 000		借	640 000
2021-06-09	记-8	1012001	其他货币资金——信用证保证金	01 购汇赎单		633 600	借	6 400
2021-06-09	记-9	1012001	其他货币资金——信用证保证金	信用证多余资金转回		6 400	平	
2021-06-30		1012001	其他货币资金——信用证保证金	本期合计		640 000	平	
2021-06-30		1012001	其他货币资金——信用证保证金	本年累计	640 000	640 000	平	

应收账款——应收外汇账款——日本三泰公司

编制单位：富达外贸有限公司　　科目：112200101 应收账款——应收外汇账款——日本三泰公司　2021 年 4 月至 2021 年 6 月　单位：元

日期	凭证字号	科目编码	科目名称	摘要	借方	贷方	方向	余额
2021-04-01		112200101	应收账款——应收外汇账款——日本三泰公司	期初余额			平	
2021-05-17	记-21	112200101	应收账款——应收外汇账款——日本三泰公司	01 出口免税农产品	323 000		借	323 000
2021-05-31		112200101	应收账款——应收外汇账款——日本三泰公司	本期合计	323 000		借	323 000
2021-05-31		112200101	应收账款——应收外汇账款——日本三泰公司	本年累计	323 000		借	323 000
2021-06-10	记-10	112200101	应收账款——应收外汇账款——日本三泰公司	议付自营出口农产品信用证		323 000	平	
2021-06-30		112200101	应收账款——应收外汇账款——日本三泰公司	本期合计		323 000	平	
2021-06-30		112200101	应收账款——应收外汇账款——日本三泰公司	本年累计	323 000	323 000	平	

应收账款——应收外汇账款——美国 KYS 公司

编制单位：富达外贸有限公司　　科目：112200102 应收账款——应收外汇账款——美国 KYS 公司　2021 年 4 月至 2021 年 6 月　单位：元

日期	凭证字号	科目编码	科目名称	摘要	借方	贷方	方向	余额
2021-04-01		112200102	应收账款——应收外汇账款——美国 KYS 公司	期初余额			平	
2021-05-10	记-5	112200102	应收账款——应收外汇账款——美国 KYS 公司	01 结转出口 003 号商品销售收入	516 800		借	516 800
2021-05-10	记-5	112200102	应收账款——应收外汇账款——美国 KYS 公司	02 佣金冲减销售收入		5 168	借	511 632
2021-05-28	记-42	112200102	应收账款——应收外汇账款——美国 KYS 公司	议付信用证（出口 003 号商品）		511 632	平	
2021-05-31		112200102	应收账款——应收外汇账款——美国 KYS 公司	本期合计	516 800	516 800	平	
2021-05-31		112200102	应收账款——应收外汇账款——美国 KYS 公司	本年累计	516 800	516 800	平	

应收账款——应收外汇账款——WKJ 公司

编制单位：富达外贸有限公司　科目：112200103 应收账款——应收外汇账款——WKJ 公司　2021 年 4 月至 2021 年 6 月　单位：元

日期	凭证字号	科目编码	科目名称	摘要	借方	贷方	方向	余额
2021-04-01		112200103	应收账款——应收外汇账款——WKJ 公司	期初余额			平	
2021-05-17	记-22	112200103	应收账款——应收外汇账款——WKJ 公司	01 代理出口 008 号商品报关出口	646 000		借	646 000
2021-05-27	记-41	112200103	应收账款——应收外汇账款——WKJ 公司	01 代理出口 008 号商品收结汇		646 000	平	
2021-05-31		112200103	应收账款——应收外汇账款——WKJ 公司	本期合计	646 000	646 000	平	
2021-05-31		112200103	应收账款——应收外汇账款——WKJ 公司	本年累计	646 000	646 000	平	

应收账款——应收外汇账款——YDC 公司

编制单位：富达外贸有限公司　科目：112200104 应收账款——应收外汇账款——YDC 公司　2021 年 4 月至 2021 年 6 月　单位：元

日期	凭证字号	科目编码	科目名称	摘要	借方	贷方	方向	余额
2021-04-01		112200104	应收账款——应收外汇账款——YDC 公司	期初余额			平	
2021-04-20	记-20	112200104	应收账款——应收外汇账款——YDC 公司	01 报关出口 001 号商品	984 000		借	984 000
2021-04-30	记-35	112200104	应收账款——应收外汇账款——YDC 公司	结转汇兑损益		15 000	借	969 000
2021-04-30		112200104	应收账款——应收外汇账款——YDC 公司	本期合计	984 000	15 000	借	969 000
2021-04-30		112200104	应收账款——应收外汇账款——YDC 公司	本年累计	984 000	15 000	借	969 000
2021-05-19	记-26	112200104	应收账款——应收外汇账款——YDC 公司	收到出口 001 号商品货款		969 000	平	
2021-05-31		112200104	应收账款——应收外汇账款——YDC 公司	本期合计		969 000	平	
2021-05-31		112200104	应收账款——应收外汇账款——YDC 公司	本年累计	984 000	984 000	平	

应收账款——应收外汇账款——WMA 公司

编制单位：富达外贸有限公司　科目：112200107 应收账款——应收外汇账款——WMA 公司　2021 年 4 月至 2021 年 6 月　单位：元

日期	凭证字号	科目编码	科目名称	摘要	借方	贷方	方向	余额
2021-04-01		112200107	应收账款——应收外汇账款——WMA公司	期初余额			平	
2021-05-14	记-14	112200107	应收账款——应收外汇账款——WMA公司	004 号商品报关出口	129 200		借	129 200
2021-05-19	记-28	112200107	应收账款——应收外汇账款——WMA公司	01 退运 004 号商品冲减收入		129 200	平	
2021-05-31		112200107	应收账款——应收外汇账款——WMA公司	本期合计	129 200	129 200	平	
2021-05-31		112200107	应收账款——应收外汇账款——WMA公司	本年累计	129 200	129 200	平	

应收账款——应收外汇账款——HKC 公司

编制单位：富达外贸有限公司　科目：112200108 应收账款——应收外汇账款——HKC 公司　2021 年 4 月至 2021 年 6 月　单位：元

日期	凭证字号	科目编码	科目名称	摘要	借方	贷方	方向	余额
2021-04-01		112200108	应收账款——应收外汇账款——HKC公司	期初余额			借	196 800
2021-04-06	记-3	112200108	应收账款——应收外汇账款——HKC公司	收到 HKC 公司货款		196 800	平	
2021-04-30		112200108	应收账款——应收外汇账款——HKC公司	本期合计		196 800	平	
2021-04-30		112200108	应收账款——应收外汇账款——HKC公司	本年累计		196 800	平	

应收账款——万怡公司

编制单位：富达外贸有限公司　科目：1122002 应收账款——万怡公司　2021 年 4 月至 2021 年 6 月　单位：元

日期	凭证字号	科目编码	科目名称	摘要	借方	贷方	方向	余额
2021-04-01		1122002	应收账款——万怡公司	期初余额			平	
2021-06-25	记-30	1122002	应收账款——万怡公司	进口 007 号商品实现销售	2 260 000		借	2 260 000
2021-06-29	记-33	1122002	应收账款——万怡公司	收到万怡公司款项		2 260 000	平	
2021-06-30		1122002	应收账款——万怡公司	本期合计	2 260 000	2 260 000	平	
2021-06-30		1122002	应收账款——万怡公司	本年累计	2 260 000	2 260 000	平	

预付账款——阳华公司

编制单位：富达外贸有限公司　　科目：1123001 预付账款——阳华公司　　2021 年 4 月至 2021 年 6 月　　单位：元

日期	凭证字号	科目编码	科目名称	摘要	借方	贷方	方向	余额
2021–04–01		1123001	预付账款——阳华公司	期初余额			平	
2021–04–07	记–4	1123001	预付账款——阳华公司	预付 003 号商品采购费用	100 000		借	100 000
2021–04–15	记–11	1123001	预付账款——阳华公司	收到自营出口 003 号商品发票		452 000	借	-352 000
2021–04–30		1123001	预付账款——阳华公司	本期合计	100 000	452 000	借	-352 000
2021–04–30		1123001	预付账款——阳华公司	本年累计	100 000	452 000	借	-352 000

预付账款——后福公司

编制单位：富达外贸有限公司　　科目：1123002 预付账款——后福公司　　2021 年 4 月至 2021 年 6 月　　单位：元

日期	凭证字号	科目编码	科目名称	摘要	借方	贷方	方向	余额
2021–04–01		1123002	预付账款——后福公司	期初余额			平	
2021–04–29	记–27	1123002	预付账款——后福公司	预付后福公司货款	300 000		借	300 000
2021–04–30		1123002	预付账款——后福公司	本期合计	300 000		借	300 000
2021–04–30		1123002	预付账款——后福公司	本年累计	300 000		借	300 000
2021–05–14	记–13	1123002	预付账款——后福公司	自营出口 005 号商品验收入库		1 695 000	借	-1 395 000
2021–05–31		1123002	预付账款——后福公司	本期合计		1 695 000	借	-1 395 000
2021–05–31		1123002	预付账款——后福公司	本年累计	300 000	1 695 000	借	-1 395 000

其他应收款——朝华公司

编制单位：富达外贸有限公司　　科目：1221001 其他应收款——朝华公司　　2021 年 4 月至 2021 年 6 月　　单位：元

日期	凭证字号	科目编码	科目名称	摘要	借方	贷方	方向	余额
2021–04–01		1221001	其他应收款——朝华公司	期初余额			平	
2021–05–13	记–12	1221001	其他应收款——朝华公司	计提朝华公司赔偿款	50 000		借	50 000
2021–05–31		1221001	其他应收款——朝华公司	本期合计	50 000		借	50 000
2021–05–31		1221001	其他应收款——朝华公司	本年累计	50 000		借	50 000

其他应收款——林恩达

编制单位：富达外贸有限公司　　　科目：1221002 其他应收款——林恩达　　2021 年 4 月至 2021 年 6 月　　单位：元

日期	凭证字号	科目编码	科目名称	摘要	借方	贷方	方向	余额
2021-04-01		1221002	其他应收款——林恩达	期初余额			借	6 000
2021-04-13	记 -9	1221002	其他应收款——林恩达	林恩达报销差旅费		6 000	平	
2021-04-30		1221002	其他应收款——林恩达	本期合计		6 000	平	
2021-04-30		1221002	其他应收款——林恩达	本年累计		6 000	平	

其他应收款——社保费

编制单位：富达外贸有限公司　　　科目：1221003 其他应收款——社保费　　2021 年 4 月至 2021 年 6 月　　单位：元

日期	凭证字号	科目编码	科目名称	摘要	借方	贷方	方向	余额
2021-04-01		1221003	其他应收款——社保费	期初余额			平	
2021-04-15	记 -12	1221003	其他应收款——社保费	代扣个人承担社保		14 402.40	借	-14 402.40
2021-04-15	记 -15	1221003	其他应收款——社保费	缴纳社保费	14 402.40		平	
2021-04-30		1221003	其他应收款——社保费	本期合计	14 402.40	14 402.40	平	
2021-04-30		1221003	其他应收款——社保费	本年累计	14 402.40	14 402.40	平	
2021-05-14	记 -16	1221003	其他应收款——社保费	代扣个人承担社保		14 402.40	借	-14 402.40
2021-05-14	记 -19	1221003	其他应收款——社保费	缴纳社保费	14 402.40		平	
2021-05-31		1221003	其他应收款——社保费	本期合计	14 402.40	14 402.40	平	
2021-05-31		1221003	其他应收款——社保费	本年累计	28 804.80	28 804.80	平	
2021-06-15	记 -15	1221003	其他应收款——社保费	代扣个人承担社保		15 356.00	借	-15 356.00
2021-06-15	记 -18	1221003	其他应收款——社保费	缴纳社保费	15 356.00		平	
2021-06-30		1221003	其他应收款——社保费	本期合计	15 356.00	15 356.00	平	
2021-06-30		1221003	其他应收款——社保费	本年累计	44 160.80	44 160.80	平	

其他应收款——住房公积金

编制单位：富达外贸有限公司　　　科目：1221004 其他应收款——住房公积金　　2021 年 4 月至 2021 年 6 月　　单位：元

日期	凭证字号	科目编码	科目名称	摘要	借方	贷方	方向	余额
2021-04-01		1221004	其他应收款——住房公积金	期初余额			平	
2021-04-15	记 -12	1221004	其他应收款——住房公积金	代扣个人承担住房公积金		18 003	借	-18 003
2021-04-15	记 -16	1221004	其他应收款——住房公积金	缴纳住房公积金	18 003		平	
2021-04-30		1221004	其他应收款——住房公积金	本期合计	18 003	18 003	平	

（续表）

日期	凭证字号	科目编码	科目名称	摘要	借方	贷方	方向	余额
2021-04-30		1221004	其他应收款——住房公积金	本年累计	18 003	18 003	平	
2021-05-14	记-16	1221004	其他应收款——住房公积金	代扣个人承担住房公积金		18 003	借	-18 003
2021-05-14	记-20	1221004	其他应收款——住房公积金	缴纳住房公积金	18 003		平	
2021-05-31		1221004	其他应收款——住房公积金	本期合计	18 003	18 003	平	
2021-05-31		1221004	其他应收款——住房公积金	本年累计	36 006	36 006	平	
2021-06-15	记-15	1221004	其他应收款——住房公积金	代扣个人承担住房公积金		19 195	借	-19 195
2021-06-15	记-19	1221004	其他应收款——住房公积金	缴纳住房公积金	19 195		平	
2021-06-30		1221004	其他应收款——住房公积金	本期合计	19 195	19 195	平	
2021-06-30		1221004	其他应收款——住房公积金	本年累计	55 201	55 201	平	

其他应收款——宋立阳

编制单位：富达外贸有限公司　　科目：1221005 其他应收款——宋立阳　　2021 年 4 月至 2021 年 6 月　　单位：元

日期	凭证字号	科目编码	科目名称	摘要	借方	贷方	方向	余额
2021-04-01		1221005	其他应收款——宋立阳	期初余额			平	
2021-06-03	记-3	1221005	其他应收款——宋立阳	职工借支差旅费	8 000		借	8 000
2021-06-30		1221005	其他应收款——宋立阳	本期合计	8 000		借	8 000
2021-06-30		1221005	其他应收款——宋立阳	本年累计	8 000		借	8 000

库存商品——自营出口商品——农产品

编制单位：富达外贸有限公司　　科目：140500101 库存商品——自营出口商品——农产品　　2021 年 4 月至 2021 年 6 月　　单位：元

日期	凭证字号	科目编码	科目名称	摘要	借方	贷方	方向	余额
2021-04-01		140500101	库存商品——自营出口商品——农产品	期初余额			平	
2021-05-13	记-11	140500101	库存商品——自营出口商品——农产品	农产品验收入库	250 000		借	250 000
2021-05-18	记-24	140500101	库存商品——自营出口商品——农产品	结转农产品出口销售成本		250 000	平	
2021-05-31		140500101	库存商品——自营出口商品——农产品	本期合计	250 000	250 000	平	
2021-05-31		140500101	库存商品——自营出口商品——农产品	本年累计	250 000	250 000	平	

库存商品——自营出口商品——003 号商品

编制单位：富达外贸有限公司　　科目：140500102 库存商品——自营出口商品——003 号商品　　2021 年 4 月至 2021 年 6 月　　单位：元

日期	凭证字号	科目编码	科目名称	摘要	借方	贷方	方向	余额
2021-04-01		140500102	库存商品——自营出口商品——003 号商品	期初余额			平	
2021-04-19	记-18	140500102	库存商品——自营出口商品——003 号商品	003 号商品验收入库	400 000		借	400 000

（续表）

日期	凭证字号	科目编码	科目名称	摘要	借方	贷方	方向	余额
2021-04-30		140500102	库存商品——自营出口商品——003号商品	本期合计	400 000		借	400 000
2021-04-30		140500102	库存商品——自营出口商品——003号商品	本年累计	400 000		借	400 000
2021-05-10	记-6	140500102	库存商品——自营出口商品——003号商品	结转出口003号商品的销售成本		400 000	平	
2021-05-31		140500102	库存商品——自营出口商品——003号商品	本期合计		400 000	平	
2021-05-31		140500102	库存商品——自营出口商品——003号商品	本年累计	400 000	400 000	平	

库存商品——自营出口商品——001号商品

编制单位：富达外贸有限公司　科目：140500103库存商品——自营出口商品——001号商品　2021年4月至2021年6月　单位：元

日期	凭证字号	科目编码	科目名称	摘要	借方	贷方	方向	余额
2021-04-01		140500103	库存商品——自营出口商品——001号商品	期初余额			平	
2021-04-08	记-5	140500103	库存商品——自营出口商品——001号商品	自营出口001号商品验收入库	700 000		借	700 000
2021-04-20	记-21	140500103	库存商品——自营出口商品——001号商品	结转001号商品出口销售成本		700 000	平	
2021-04-30		140500103	库存商品——自营出口商品——001号商品	本期合计	700 000	700 000	平	
2021-04-30		140500103	库存商品——自营出口商品——001号商品	本年累计	700 000	700 000	平	

库存商品——自营出口商品——005号商品

编制单位：富达外贸有限公司　科目：140500104库存商品——自营出口商品——005号商品　2021年4月至2021年6月　单位：元

日期	凭证字号	科目编码	科目名称	摘要	借方	贷方	方向	余额
2021-04-01		140500104	库存商品——自营出口商品——005号商品	期初余额			平	
2021-05-14	记-13	140500104	库存商品——自营出口商品——005号商品	自营出口005号商品验收入库	1 500 000		借	1 500 000
2021-05-20	记-30	140500104	库存商品——自营出口商品——005号商品	结转005号商品出口销售成本		1 500 000	平	
2021-05-31		140500104	库存商品——自营出口商品——005号商品	本期合计	1 500 000	1 500 000	平	
2021-05-31		140500104	库存商品——自营出口商品——005号商品	本年累计	1 500 000	1 500 000	平	

库存商品——自营出口商品——004 号商品

编制单位：富达外贸有限公司　科目：140500105 库存商品——自营出口商品——004 号商品　2021 年 4 月至 2021 年 6 月　单位：元

日期	凭证字号	科目编码	科目名称	摘要	借方	贷方	方向	余额
2021-04-01		140500105	库存商品——自营出口商品——004 号商品	期初余额			平	
2021-04-12	记-7	140500105	库存商品——自营出口商品——004 号商品	购进自营出口的 004 号商品	100 000		借	100 000
2021-04-30		140500105	库存商品——自营出口商品——004 号商品	本期合计	100 000		借	100 000
2021-04-30		140500105	库存商品——自营出口商品——004 号商品	本年累计	100 000		借	100 000
2021-05-14	记-15	140500105	库存商品——自营出口商品——004 号商品	结转 004 号商品出口销售成本		100 000	平	
2021-05-19	记-28	140500105	库存商品——自营出口商品——004 号商品	02 退运 004 号商品冲减成本	100 000		借	100 000
2021-05-21	记-31	140500105	库存商品——自营出口商品——004 号商品	004 号商品转内销商品		100 000	平	
2021-05-31		140500105	库存商品——自营出口商品——004 号商品	本期合计	100 000	200 000	平	
2021-05-31		140500105	库存商品——自营出口商品——004 号商品	本年累计	200 000	200 000	平	

库存商品——自营进口商品——007 号商品

编制单位：富达外贸有限公司　科目：140500201 库存商品——自营进口商品——007 号商品　2021 年 4 月至 2021 年 6 月　单位：元

日期	凭证字号	科目编码	科目名称	摘要	借方	贷方	方向	余额
2021-04-01		140500201	库存商品——自营进口商品——007 号商品	期初余额			平	
2021-06-22	记-26	140500201	库存商品——自营进口商品——007 号商品	进口 007 号商品验收入库	1 664 000		借	1 664 000
2021-06-25	记-31	140500201	库存商品——自营进口商品——007 号商品	结转自营进口 007 号商品销售成本		1 664 000	平	
2021-06-30		140500201	库存商品——自营进口商品——007 号商品	本期合计	1 664 000	1 664 000	平	
2021-06-30		140500201	库存商品——自营进口商品——007 号商品	本年累计	1 664 000	1 664 000	平	

库存商品——内销商品——004 号商品

编制单位：富达外贸有限公司　科目：140500301 库存商品——内销商品——004 号商品　2021 年 4 月至 2021 年 6 月　单位：元

日期	凭证字号	科目编码	科目名称	摘要	借方	贷方	方向	余额
2021-04-01		140500301	库存商品——内销商品——004 号商品	期初余额			平	

（续表）

日期	凭证字号	科目编码	科目名称	摘要	借方	贷方	方向	余额
2021–05–21	记 –31	140500301	库存商品——内销商品——004 号商品	004 号商品转内销商品	100 000		借	100 000
2021–05–25	记 –38	140500301	库存商品——内销商品——004 号商品	结转 004 号商品内销成本		100 000	平	
2021–05–31		140500301	库存商品——内销商品——004 号商品	本期合计	100 000	100 000	平	
2021–05–31		140500301	库存商品——内销商品——004 号商品	本年累计	100 000	100 000	平	

周转材料

编制单位：富达外贸有限公司　　　　科目：1411 周转材料　　　　2021 年 4 月至 2021 年 6 月　　　　单位：元

日期	凭证字号	科目编码	科目名称	摘要	借方	贷方	方向	余额
2021–04–01		1411	周转材料	期初余额			借	33 560

固定资产

编制单位：富达外贸有限公司　　　　科目：1601 固定资产　　　　2021 年 4 月至 2021 年 6 月　　　　单位：元

日期	凭证字号	科目编码	科目名称	摘要	借方	贷方	方向	余额
2021–04–01		1601	固定资产	期初余额			借	1 056 031.60

累计折旧

编制单位：富达外贸有限公司　　　　科目：1602 累计折旧　　　　2021 年 4 月至 2021 年 6 月　　　　单位：元

日期	凭证字号	科目编码	科目名称	摘要	借方	贷方	方向	余额
2021–04–01		1602	累计折旧	期初余额			贷	156 320
2021–04–30	记 –30	1602	累计折旧	计提固定资产折旧		11 650	贷	167 970
2021–04–30		1602	累计折旧	本期合计		11 650	贷	167 970
2021–04–30		1602	累计折旧	本年累计		11 650	贷	167 970
2021–05–31	记 –44	1602	累计折旧	计提固定资产折旧		11 650	贷	179 620
2021–05–31		1602	累计折旧	本期合计		11 650	贷	179 620
2021–05–31		1602	累计折旧	本年累计		23 300	贷	179 620
2021–06–30	记 –36	1602	累计折旧	计提固定资产折旧		11 650	贷	191 270
2021–06–30		1602	累计折旧	本期合计		11 650	贷	191 270
2021–06–30		1602	累计折旧	本年累计		34 950	贷	191 270

待处理财产损溢——待处理流动资产损溢

编制单位：富达外贸有限公司　科目：1901001 待处理财产损溢——待处理流动资产损溢　2021 年 4 月至 2021 年 6 月　单位：元

日期	凭证字号	科目编码	科目名称	摘要	借方	贷方	方向	余额
2021–04–01		1901001	待处理财产损溢——待处理流动资产损溢	期初余额			平	
2021–05–13	记 –11	1901001	待处理财产损溢——待处理流动资产损溢	农产品验收入库	50 000		借	50 000

（续表）

日期	凭证字号	科目编码	科目名称	摘要	借方	贷方	方向	余额
2021-05-13	记-12	1901001	待处理财产损溢——待处理流动资产损溢	计提朝华公司赔偿款		50 000	平	
2021-05-31		1901001	待处理财产损溢——待处理流动资产损溢	本期合计	50 000	50 000	平	
2021-05-31		1901001	待处理财产损溢——待处理流动资产损溢	本年累计	50 000	50 000	平	

商品采购——自营出口商品——农产品

编制单位：富达外贸有限公司　科目：190400101 商品采购——自营出口商品——农产品　2021 年 4 月至 2021 年 6 月　单位：元

日期	凭证字号	科目编码	科目名称	摘要	借方	贷方	方向	余额
2021-04-01		190400101	商品采购——自营出口商品——农产品	期初余额			平	
2021-04-20	记-19	190400101	商品采购——自营出口商品——农产品	购入自营出口免税农产品	300 000		借	300 000
2021-04-30		190400101	商品采购——自营出口商品——农产品	本期合计	300 000		借	300 000
2021-04-30		190400101	商品采购——自营出口商品——农产品	本年累计	300 000		借	300 000
2021-05-13	记-11	190400101	商品采购——自营出口商品——农产品	农产品验收入库		300 000	平	
2021-05-31		190400101	商品采购——自营出口商品——农产品	本期合计		300 000	平	
2021-05-31		190400101	商品采购——自营出口商品——农产品	本年累计	300 000	300 000	平	

商品采购——自营出口商品——003 号商品

编制单位：富达外贸有限公司　科目：190400102 商品采购——自营出口商品——003 号商品　2021 年 4 月至 2021 年 6 月　单位：元

日期	凭证字号	科目编码	科目名称	摘要	借方	贷方	方向	余额
2021-04-01		190400102	商品采购——自营出口商品——003 号商品	期初余额			平	
2021-04-15	记-11	190400102	商品采购——自营出口商品——003 号商品	收到自营出口003 号商品发票	400 000		借	400 000
2021-04-19	记-18	190400102	商品采购——自营出口商品——003 号商品	003 号商品验收入库		400 000	平	
2021-04-30		190400102	商品采购——自营出口商品——003 号商品	本期合计	400 000	400 000	平	
2021-04-30		190400102	商品采购——自营出口商品——003 号商品	本年累计	400 000	400 000	平	

商品采购——进口商品——007 号商品

编制单位：富达外贸有限公司　科目：190400201 商品采购——进口商品——007 号商品　2021 年 4 月至 2021 年 6 月　单位：元

日期	凭证字号	科目编码	科目名称	摘要	借方	贷方	方向	余额
2021-04-01		190400201	商品采购——进口商品——007 号商品	期初余额			平	
2021-06-08	记-6	190400201	商品采购——进口商品——007 号商品	购汇支付 007 号商品海运费及国外保险费	6 400		借	6 400
2021-06-09	记-8	190400201	商品采购——进口商品——007 号商品	01 购汇赎单	633 600		借	640 000
2021-06-17	记-22	190400201	商品采购——进口商品——007 号商品	01 申报进口 007 号商品关税	192 000		借	832 000
2021-06-17	记-22	190400201	商品采购——进口商品——007 号商品	02 申报进口 007 号商品消费税	832 000		借	1 664 000
2021-06-22	记-26	190400201	商品采购——进口商品——007 号商品	进口 007 号商品验收入库		1 664 000	平	
2021-06-30		190400201	商品采购——进口商品——007 号商品	本期合计	1 664 000	1 664 000	平	
2021-06-30		190400201	商品采购——进口商品——007 号商品	本年累计	1 664 000	1 664 000	平	

应收出口退税款——增值税

编制单位：富达外贸有限公司　科目：1905001 应收出口退税款——增值税　2021 年 4 月至 2021 年 6 月　单位：元

日期	凭证字号	科目编码	科目名称	摘要	借方	贷方	方向	余额
2021-04-01		1905001	应收出口退税款——增值税	期初余额			平	
2021-05-25	记-36	1905001	应收出口退税款——增值税	01 申报 001 号商品出口退增值税	63 000		借	63 000
2021-05-31		1905001	应收出口退税款——增值税	本期合计	63 000		借	63 000
2021-05-31		1905001	应收出口退税款——增值税	本年累计	63 000		借	63 000
2021-06-01	记-1	1905001	应收出口退税款——增值税	办理 003 号商品出口退税	40 000		借	103 000
2021-06-09	记-7	1905001	应收出口退税款——增值税	01 申报 005 号商品出口退税	135 000		借	238 000
2021-06-17	记-21	1905001	应收出口退税款——增值税	收到 001 号商品出口退税款		63 000	借	175 000
2021-06-30		1905001	应收出口退税款——增值税	本期合计	175 000	63 000	借	175 000
2021-06-30		1905001	应收出口退税款——增值税	本年累计	238 000	63 000	借	175 000

应收出口退税款——消费税

编制单位：富达外贸有限公司　科目：1905002 应收出口退税款——消费税　2021 年 4 月至 2021 年 6 月　单位：元

日期	凭证字号	科目编码	科目名称	摘要	借方	贷方	方向	余额
2021-04-01		1905002	应收出口退税款——消费税	期初余额			平	

（续表）

日期	凭证字号	科目编码	科目名称	摘要	借方	贷方	方向	余额
2021-05-25	记-36	1905002	应收出口退税款——消费税	03 申报 001 号商品出口退消费税	70 000		借	70 000
2021-05-31		1905002	应收出口退税款——消费税	本期合计	70 000		借	70 000
2021-05-31		1905002	应收出口退税款——消费税	本年累计	70 000		借	70 000
2021-06-01	记-1	1905002	应收出口退税款——消费税	办理 003 号商品出口退税	60 000		借	130 000
2021-06-17	记-21	1905002	应收出口退税款——消费税	收到 001 号商品出口退税款		70 000	借	60 000
2021-06-30		1905002	应收出口退税款——消费税	本期合计	60 000	70 000	借	60 000
2021-06-30		1905002	应收出口退税款——消费税	本年累计	130 000	70 000	借	60 000

受托代销商品——海达公司

编制单位：富达外贸有限公司　　科目：1906001 受托代销商品——海达公司　　2021 年 4 月至 2021 年 6 月　　单位：元

日期	凭证字号	科目编码	科目名称	摘要	借方	贷方	方向	余额
2021-04-01		1906001	受托代销商品——海达公司	期初余额			平	
2021-05-08	记-1	1906001	受托代销商品——海达公司	代理出口 008 号商品入库	500 000		借	500 000
2021-05-17	记-22	1906001	受托代销商品——海达公司	02 代理出口 008 号商品结转成本		500 000	平	
2021-05-31		1906001	受托代销商品——海达公司	本期合计	500 000	500 000	平	
2021-05-31		1906001	受托代销商品——海达公司	本年累计	500 000	500 000	平	

代销商品款——海达公司

编制单位：富达外贸有限公司　　科目：1907001 代销商品款——海达公司　　2021 年 4 月至 2021 年 6 月　　单位：元

日期	凭证字号	科目编码	科目名称	摘要	借方	贷方	方向	余额
2021-04-01		1907001	代销商品款——海达公司	期初余额			平	
2021-05-08	记-1	1907001	代销商品款——海达公司	代理出口 008 号商品入库		500 000	借	-500 000
2021-05-17	记-22	1907001	代销商品款——海达公司	02 代理出口 008 号商品结转成本	500 000		平	
2021-05-31		1907001	代销商品款——海达公司	本期合计	500 000	500 000	平	
2021-05-31		1907001	代销商品款——海达公司	本年累计	500 000	500 000	平	

应付账款——应付外汇账款——MKO公司

编制单位：富达外贸有限公司 科目：220200101 应付账款——应付外汇账款——MKO公司 2021年4月至2021年6月 单位：元

日期	凭证字号	科目编码	科目名称	摘要	借方	贷方	方向	余额
2021-04-01		220200101	应付账款——应付外汇账款——MKO公司	期初余额			平	
2021-04-02	记-2	220200101	应付账款——应付外汇账款——MKO公司	计提MKO公司累计佣金		6 560	贷	6 560
2021-04-09	记-6	220200101	应付账款——应付外汇账款——MKO公司	支付MKO公司累计佣金	6 560		平	
2021-04-30		220200101	应付账款——应付外汇账款——MKO公司	本期合计	6 560	6 560	平	
2021-04-30		220200101	应付账款——应付外汇账款——MKO公司	本年累计	6 560	6 560	平	

应付账款——应付外汇账款——佣金

编制单位：富达外贸有限公司 科目：220200102 应付账款——应付外汇账款——佣金 2021年4月至2021年6月 单位：元

日期	凭证字号	科目编码	科目名称	摘要	借方	贷方	方向	余额
2021-04-01		220200102	应付账款——应付外汇账款——佣金	期初余额			平	
2021-05-17	记-21	220200102	应付账款——应付外汇账款——佣金	02计提佣金		3 230	贷	3 230
2021-05-19	记-27	220200102	应付账款——应付外汇账款——佣金	02计提暗佣		22 800	贷	26 030
2021-05-28	记-43	220200102	应付账款——应付外汇账款——佣金	购汇支付佣金	22 800		贷	3 230
2021-05-31		220200102	应付账款——应付外汇账款——佣金	本期合计	22 800	26 030	贷	3 230
2021-05-31		220200102	应付账款——应付外汇账款——佣金	本年累计	22 800	26 030	贷	3 230
2021-06-10	记-10	220200102	应付账款——应付外汇账款——佣金	议付自营出口农产品信用证	3 230		平	
2021-06-30		220200102	应付账款——应付外汇账款——佣金	本期合计	3 230		平	
2021-06-30		220200102	应付账款——应付外汇账款——佣金	本年累计	26 030	26 030	平	

应付账款——海达公司

编制单位：富达外贸有限公司 科目：2202002 应付账款——海达公司 2021年4月至2021年6月 单位：元

日期	凭证字号	科目编码	科目名称	摘要	借方	贷方	方向	余额
2021-04-01		2202002	应付账款——海达公司	期初余额			平	
2021-05-17	记-22	2202002	应付账款——海达公司	01代理出口008号商品报关出口		646 000	贷	646 000
2021-05-17	记-23	2202002	应付账款——海达公司	支付代理出口008号商品国内费用	2 220		贷	643 780
2021-05-18	记-25	2202002	应付账款——海达公司	支付代理出口008号商品国外运保费	6 510		贷	637 270

（续表）

日期	凭证字号	科目编码	科目名称	摘要	借方	贷方	方向	余额
2021-05-27	记-41	2202002	应付账款——海达公司	02 结转代理出口 008 号商品手续费	13 674		贷	623 596
2021-05-27	记-41	2202002	应付账款——海达公司	03 差额汇付委托方	623 596		平	
2021-05-31		2202002	应付账款——海达公司	本期合计	646 000	646 000	平	
2021-05-31		2202002	应付账款——海达公司	本年累计	646 000	646 000	平	

应付账款——唯朵公司

编制单位：富达外贸有限公司　　科目：2202003 应付账款——唯朵公司　　2021 年 4 月至 2021 年 6 月　　单位：元

日期	凭证字号	科目编码	科目名称	摘要	借方	贷方	方向	余额
2021-04-01		2202003	应付账款——唯朵公司	期初余额			平	
2021-04-08	记-5	2202003	应付账款——唯朵公司	自营出口 001 号商品验收入库		791 000	贷	791 000
2021-04-30		2202003	应付账款——唯朵公司	本期合计		791 000	贷	791 000
2021-04-30		2202003	应付账款——唯朵公司	本年累计		791 000	贷	791 000

应付账款——和宅信息公司

编制单位：富达外贸有限公司　　科目：2202004 应付账款——和宅信息公司　　2021 年 4 月至 2021 年 6 月　　单位：元

日期	凭证字号	科目编码	科目名称	摘要	借方	贷方	方向	余额
2021-04-01		2202004	应付账款——和宅信息公司	期初余额			贷	565 000
2021-04-14	记-10	2202004	应付账款——和宅信息公司	偿还和宅信息公司货款	565 000		平	
2021-04-30		2202004	应付账款——和宅信息公司	本期合计	565 000		平	
2021-04-30		2202004	应付账款——和宅信息公司	本年累计	565 000		平	

应付账款——光迅科技

编制单位：富达外贸有限公司　　科目：2202005 应付账款——光迅科技公司　　2021 年 4 月至 2021 年 6 月　　单位：元

日期	凭证字号	科目编码	科目名称	摘要	借方	贷方	方向	余额
2021-04-01		2202005	应付账款——光迅科技公司	期初余额			贷	339 000
2021-04-23	记-26	2202005	应付账款——光迅科技公司	偿还光迅科技公司货款	339 000		平	
2021-04-30		2202005	应付账款——光迅科技公司	本期合计	339 000		平	
2021-04-30		2202005	应付账款——光迅科技公司	本年累计	339 000		平	

预收账款——预收外汇账款——德国 PJ 公司

编制单位：富达外贸有限公司　科目：220300101 预收账款——预收外汇账款——德国 PJ 公司　2021 年 4 月至 2021 年 6 月　单位：元

日期	凭证字号	科目编码	科目名称	摘要	借方	贷方	方向	余额
2021-04-01		220300101	预收账款——预收外汇账款——德国 PJ 公司	期初余额			平	
2021-05-08	记-2	220300101	预收账款——预收外汇账款——德国 PJ 公司	预收 PJ 公司出口货款		380 000	贷	380 000
2021-05-19	记-27	220300101	预收账款——预收外汇账款——德国 PJ 公司	01 出口 005 号商品	2 280 000		贷	-1 900 000
2021-05-25	记-39	220300101	预收账款——预收外汇账款——德国 PJ 公司	收到德国 PJ 公司尾款		1 900 000	平	
2021-05-31		220300101	预收账款——预收外汇账款——德国 PJ 公司	本期合计	2 280 000	2 280 000	平	
2021-05-31		220300101	预收账款——预收外汇账款——德国 PJ 公司	本年累计	2 280 000	2 280 000	平	

预收账款——华科公司

编制单位：富达外贸有限公司　　科目：2203002 预收账款——华科公司　　2021 年 4 月至 2021 年 6 月　　单位：元

日期	凭证字号	科目编码	科目名称	摘要	借方	贷方	方向	余额
2021-04-01		2203002	预收账款——华科公司	期初余额			平	
2021-05-09	记-3	2203002	预收账款——华科公司	收到代理进口预付款		900 000.00	贷	900 000.00
2021-05-24	记-34	2203002	预收账款——华科公司	购汇支付代理进口 009 号商品海运费	12 800.00		贷	887 200.00
2021-05-24	记-35	2203002	预收账款——华科公司	购汇支付代理进口 009 号商品国外保险费	3 200.00		贷	884 000.00
2021-05-31		2203002	预收账款——华科公司	本期合计	16 000.00	900 000.00	贷	884 000.00
2021-05-31		2203002	预收账款——华科公司	本年累计	16 000.00	900 000.00	贷	884 000.00
2021-06-11	记-12	2203002	预收账款——华科公司	代理进口 009 号商品购汇付款	630 400.00		贷	253 600.00
2021-06-14	记-13	2203002	预收账款——华科公司	开具代理 009 号商品进口手续费发票	21 200.00		贷	232 400.00
2021-06-15	记-14	2203002	预收账款——华科公司	申报缴纳 009 号商品关税增值税	157 075.20		贷	75 324.80
2021-06-22	记-27	2203002	预收账款——华科公司	与华科公司结清款项	75 324.80		平	

（续表）

日期	凭证字号	科目编码	科目名称	摘要	借方	贷方	方向	余额
2021-06-30		2203002	预收账款——华科公司	本期合计	884 000.00		平	
2021-06-30		2203002	预收账款——华科公司	本年累计	900 000.00	900 000.00	平	

应付职工薪酬——工资

编制单位：富达外贸有限公司　　　　科目：2211001 应付职工薪酬——工资　　　2021 年 4 月至 2021 年 6 月　　　单位：元

日期	凭证字号	科目编码	科目名称	摘要	借方	贷方	方向	余额
2021-04-01		2211001	应付职工薪酬——工资	期初余额			贷	180 030
2021-04-15	记-12	2211001	应付职工薪酬——工资	发放工资	180 030		平	
2021-04-30	记-31	2211001	应付职工薪酬——工资	计提职工工资		180 030	贷	180 030
2021-04-30		2211001	应付职工薪酬——工资	本期合计	180 030	180 030	贷	180 030
2021-04-30		2211001	应付职工薪酬——工资	本年累计	180 030	180 030	贷	180 030
2021-05-14	记-16	2211001	应付职工薪酬——工资	发放工资	180 030		平	
2021-05-31	记-45	2211001	应付职工薪酬——工资	计提职工工资		191 950	贷	191 950
2021-05-31		2211001	应付职工薪酬——工资	本期合计	180 030	191 950	贷	191 950
2021-05-31		2211001	应付职工薪酬——工资	本年累计	360 060	371 980	贷	191 950
2021-06-15	记-15	2211001	应付职工薪酬——工资	发放工资	191 950		平	
2021-06-30	记-37	2211001	应付职工薪酬——工资	计提职工工资		191 950	贷	191 950
2021-06-30		2211001	应付职工薪酬——工资	本期合计	191 950	191 950	贷	191 950
2021-06-30		2211001	应付职工薪酬——工资	本年累计	552 010	563 930	贷	191 950

应付职工薪酬——社保费

编制单位：富达外贸有限公司　　　　科目：2211002 应付职工薪酬——社保费　　　2021 年 4 月至 2021 年 6 月　　　单位：元

日期	凭证字号	科目编码	科目名称	摘要	借方	贷方	方向	余额
2021-04-01		2211002	应付职工薪酬——社保费	期初余额			贷	54 009
2021-04-15	记-15	2211002	应付职工薪酬——社保费	缴纳社保费	54 009		平	
2021-04-30	记-32	2211002	应付职工薪酬——社保费	计提单位负担社保费		54 009	贷	54 009
2021-04-30		2211002	应付职工薪酬——社保费	本期合计	54 009	54 009	贷	54 009
2021-04-30		2211002	应付职工薪酬——社保费	本年累计	54 009	54 009	贷	54 009
2021-05-14	记-19	2211002	应付职工薪酬——社保费	缴纳社保费	54 009		平	
2021-05-31	记-46	2211002	应付职工薪酬——社保费	计提单位负担社保费		57 585	贷	57 585
2021-05-31		2211002	应付职工薪酬——社保费	本期合计	54 009	57 585	贷	57 585
2021-05-31		2211002	应付职工薪酬——社保费	本年累计	108 018	111 594	贷	57 585
2021-06-15	记-18	2211002	应付职工薪酬——社保费	缴纳社保费	57 585		平	
2021-06-30	记-38	2211002	应付职工薪酬——社保费	计提单位负担社保费		57 585	贷	57 585
2021-06-30		2211002	应付职工薪酬——社保费	本期合计	57 585	57 585	贷	57 585
2021-06-30		2211002	应付职工薪酬——社保费	本年累计	165 603	169 179	贷	57 585

应付职工薪酬——住房公积金

编制单位：富达外贸有限公司　　科目：2211003 应付职工薪酬——住房公积金　　2021 年 4 月至 2021 年 6 月　　单位：元

日期	凭证字号	科目编码	科目名称	摘要	借方	贷方	方向	余额
2021-04-01		2211003	应付职工薪酬——住房公积金	期初余额			贷	18 003
2021-04-15	记-16	2211003	应付职工薪酬——住房公积金	缴纳住房公积金	18 003		平	
2021-04-30	记-33	2211003	应付职工薪酬——住房公积金	计提单位负担住房公积金		18 003	贷	18 003
2021-04-30		2211003	应付职工薪酬——住房公积金	本期合计	18 003	18 003	贷	18 003
2021-04-30		2211003	应付职工薪酬——住房公积金	本年累计	18 003	18 003	贷	18 003
2021-05-14	记-20	2211003	应付职工薪酬——住房公积金	缴纳住房公积金	18 003		平	
2021-05-31	记-47	2211003	应付职工薪酬——住房公积金	计提单位负担住房公积金		19 195	贷	19 195
2021-05-31		2211003	应付职工薪酬——住房公积金	本期合计	18 003	19 195	贷	19 195
2021-05-31		2211003	应付职工薪酬——住房公积金	本年累计	36 006	37 198	贷	19 195
2021-06-15	记-19	2211003	应付职工薪酬——住房公积金	缴纳住房公积金	19 195		平	
2021-06-30	记-39	2211003	应付职工薪酬——住房公积金	计提单位负担住房公积金		19 195	贷	19 195
2021-06-30		2211003	应付职工薪酬——住房公积金	本期合计	19 195	19 195	贷	19 195
2021-06-30		2211003	应付职工薪酬——住房公积金	本年累计	55 201	56 393	贷	19 195

应付职工薪酬——福利费

编制单位：富达外贸有限公司　　科目：2211004 应付职工薪酬——福利费　　2021 年 4 月至 2021 年 6 月　　单位：元

日期	凭证字号	科目编码	科目名称	摘要	借方	贷方	方向	余额
2021-04-01		2211004	应付职工薪酬——福利费	期初余额			平	
2021-06-02	记-2	2211004	应付职工薪酬——福利费	01 员工聚餐	13 780		贷	-13 780
2021-06-02	记-2	2211004	应付职工薪酬——福利费	02 员工聚餐结转管理费用		13 780	平	
2021-06-23	记-28	2211004	应付职工薪酬——福利费	01 支付生活困难补助	2 000		贷	-2 000
2021-06-23	记-28	2211004	应付职工薪酬——福利费	02 结转管理费用		2 000	平	
2021-06-24	记-29	2211004	应付职工薪酬——福利费	01 发放福利用品	18 000		贷	-18 000
2021-06-24	记-29	2211004	应付职工薪酬——福利费	02 进项税额转出	2 340		贷	-20 340
2021-06-24	记-29	2211004	应付职工薪酬——福利费	03 结转管理费用		20 340	平	
2021-06-30		2211004	应付职工薪酬——福利费	本期合计	36 120	36 120	平	
2021-06-30		2211004	应付职工薪酬——福利费	本年累计	36 120	36 120	平	

应付职工薪酬——工会活动

编制单位：富达外贸有限公司　　科目：2211005 应付职工薪酬——工会活动　　2021 年 4 月至 2021 年 6 月　　单位：元

日期	凭证字号	科目编码	科目名称	摘要	借方	贷方	方向	余额
2021-04-01		2211005	应付职工薪酬——工会活动	期初余额			平	
2021-06-07	记-5	2211005	应付职工薪酬——工会活动	01 工会活动	8 000		贷	-8 000
2021-06-07	记-5	2211005	应付职工薪酬——工会活动	02 工会活动进项税额转出	480		贷	-8 480
2021-06-07	记-5	2211005	应付职工薪酬——工会活动	03 工会活动转管理费用		8 480	平	
2021-06-30		2211005	应付职工薪酬——工会活动	本期合计	8 480	8 480	平	
2021-06-30		2211005	应付职工薪酬——工会活动	本年累计	8 480	8 480	平	

应付职工薪酬——职工教育经费

编制单位：富达外贸有限公司　　科目：2211006 应付职工薪酬——职工教育经费　　2021 年 4 月至 2021 年 6 月　　单位：元

日期	凭证字号	科目编码	科目名称	摘要	借方	贷方	方向	余额
2021-04-01		2211006	应付职工薪酬——职工教育经费	期初余额			平	
2021-06-11	记-11	2211006	应付职工薪酬——职工教育经费	01 财务人员培训费	3 600		贷	-3 600
2021-06-11	记-11	2211006	应付职工薪酬——职工教育经费	02 结转管理费用		3 600	平	
2021-06-30		2211006	应付职工薪酬——职工教育经费	本期合计	3 600	3 600	平	
2021-06-30		2211006	应付职工薪酬——职工教育经费	本年累计	3 600	3 600	平	

应交税费——应交增值税——进项税额——出口

编制单位：富达外贸有限公司　　科目：22210010101 应交税费——应交增值税——进项税额——出口　　2021 年 4 月至 2021 年 6 月　　单位：元

日期	凭证字号	科目编码	科目名称	摘要	借方	贷方	方向	余额
2021-04-01		22210010101	应交税费——应交增值税——进项税额——出口	期初余额			平	
2021-04-08	记-5	22210010101	应交税费——应交增值税——进项税额——出口	自营出口 001 号商品验收入库	91 000.00		借	91 000.00
2021-04-12	记-7	22210010101	应交税费——应交增值税——进项税额——出口	购进自营出口的 004 号商品	13 000.00		借	104 000.00
2021-04-15	记-11	22210010101	应交税费——应交增值税——进项税额——出口	收到自营出口 003 号商品发票	52 000.00		借	156 000.00
2021-04-30		22210010101	应交税费——应交增值税——进项税额——出口	本期合计	156 000.00		借	156 000.00

（续表）

日期	凭证字号	科目编码	科目名称	摘要	借方	贷方	方向	余额
2021-04-30		22210010101	应交税费——应交增值税——进项税额——出口	本年累计	156 000.00		借	156 000.00
2021-05-14	记-13	22210010101	应交税费——应交增值税——进项税额——出口	自营出口005号商品验收入库	195 000.00		借	351 000.00
2021-05-21	记-32	22210010101	应交税费——应交增值税——进项税额——出口	办妥004号商品出口转内销证明		13 000.00	借	338 000.00
2021-05-31		22210010101	应交税费——应交增值税——进项税额——出口	本期合计	195 000.00	13 000.00	借	338 000.00
2021-05-31		22210010101	应交税费——应交增值税——进项税额——出口	本年累计	351 000.00	13 000.00	借	338 000.00
2021-06-16	记-20	22210010101	应交税费——应交增值税——进项税额——出口	缴纳009号商品进口关税、增值税	92 435.20		借	430 435.20
2021-06-30		22210010101	应交税费——应交增值税——进项税额——出口	本期合计	92 435.20		借	430 435.20
2021-06-30		22210010101	应交税费——应交增值税——进项税额——出口	本年累计	443 435.20	13 000.00	借	430 435.20

应交税费——应交增值税——进项税额——进口

编制单位：富达外贸有限公司　科目：22210010102 应交税费——应交增值税——进项税额——进口　2021 年 4 月至 2021 年 6 月　单位：元

日期	凭证字号	科目编码	科目名称	摘要	借方	贷方	方向	余额
2021-04-01		22210010102	应交税费——应交增值税——进项税额——进口	期初余额			平	
2021-06-15	记-14	22210010102	应交税费——应交增值税——进项税额——进口	申报缴纳009号商品关税、增值税		92 435.20	借	-92 435.20
2021-06-18	记-23	22210010102	应交税费——应交增值税——进项税额——进口	缴纳007号商品进口关税、增值税、消费税	216 320.00		借	123 884.80
2021-06-21	记-25	22210010102	应交税费——应交增值税——进项税额——进口	支付进口007号商品国内运费	270.00		借	124 154.80
2021-06-30		22210010102	应交税费——应交增值税——进项税额——进口	本期合计	216 590.00	92 435.20	借	124 154.80
2021-06-30		22210010102	应交税费——应交增值税——进项税额——进口	本年累计	216 590.00	92 435.20	借	124 154.80

应交税费——应交增值税——进项税额——内销

编制单位：富达外贸有限公司　科目：22210010103 应交税费——应交增值税——进项税额——内销　2021 年 4 月至 2021 年 6 月　单位：元

日期	凭证字号	科目编码	科目名称	摘要	借方	贷方	方向	余额
2021-04-01		22210010103	应交税费——应交增值税——进项税额——内销	期初余额			平	
2021-05-21	记-32	22210010103	应交税费——应交增值税——进项税额——内销	办妥 004 号商品出口转内销证明	13 000		借	13 000
2021-05-31		22210010103	应交税费——应交增值税——进项税额——内销	本期合计	13 000		借	13 000
2021-05-31		22210010103	应交税费——应交增值税——进项税额——内销	本年累计	13 000		借	13 000

应交税费——应交增值税——进项税额——办公

编制单位：富达外贸有限公司　科目：22210010104 应交税费——应交增值税——进项税额——办公　2021 年 4 月至 2021 年 6 月　单位：元

日期	凭证字号	科目编码	科目名称	摘要	借方	贷方	方向	余额
2021-04-01		22210010104	应交税费——应交增值税——进项税额——办公	期初余额			平	
2021-04-13	记-9	22210010104	应交税费——应交增值税——进项税额——办公	林恩达报销差旅费	270		借	270
2021-04-30	记-28	22210010104	应交税费——应交增值税——进项税额——办公	行政部门报销汽车修理费	910		借	1 180
2021-04-30	记-29	22210010104	应交税费——应交增值税——进项税额——办公	高速公路过路费	30		借	1 210
2021-04-30		22210010104	应交税费——应交增值税——进项税额——办公	本期合计	1 210		借	1 210
2021-04-30		22210010104	应交税费——应交增值税——进项税额——办公	本年累计	1 210		借	1 210
2021-06-04	记-4	22210010104	应交税费——应交增值税——进项税额——办公	支付参展费用	1 500		借	2 710
2021-06-07	记-5	22210010104	应交税费——应交增值税——进项税额——办公	01 工会活动	480		借	3 190
2021-06-11	记-11	22210010104	应交税费——应交增值税——进项税额——办公	01 财务人员培训费	216		借	3 406
2021-06-18	记-24	22210010104	应交税费——应交增值税——进项税额——办公	参展费用	300		借	3 706

（续表）

日期	凭证字号	科目编码	科目名称	摘要	借方	贷方	方向	余额
2021-06-24	记-29	222100010104	应交税费——应交增值税——进项税额——办公	01 发放福利用品	2 340		借	6 046
2021-06-28	记-32	222100010104	应交税费——应交增值税——进项税额——办公	支付电话费	459		借	6 505
2021-06-29	记-34	222100010104	应交税费——应交增值税——进项税额——办公	支付保洁费	180		借	6 685
2021-06-30	记-35	222100010104	应交税费——应交增值税——进项税额——办公	销售部门报销通信费	180		借	6 865
2021-06-30		222100010104	应交税费——应交增值税——进项税额——办公	本期合计	5 655		借	6 865
2021-06-30		222100010104	应交税费——应交增值税——进项税额——办公	本年累计	6 865		借	6 865

应交税费——应交增值税——转出未交增值税

编制单位：富达外贸有限公司　　科目：222100103 应交税费——应交增值税——转出未交增值税　　2021年4月至2021年6月　　单位：元

日期	凭证字号	科目编码	科目名称	摘要	借方	贷方	方向	余额
2021-04-01		222100103	应交税费——应交增值税——转出未交增值税	期初余额			平	
2021-05-31	记-50	222100103	应交税费——应交增值税——转出未交增值税	转出未交增值税		3 036	借	-3 036
2021-05-31		222100103	应交税费——应交增值税——转出未交增值税	本期合计		3 036	借	-3 036
2021-05-31		222100103	应交税费——应交增值税——转出未交增值税	本年累计		3 036	借	-3 036
2021-06-30	记-42	222100103	应交税费——应交增值税——转出未交增值税	转出未交增值税	41 775		借	38 739
2021-06-30		222100103	应交税费——应交增值税——转出未交增值税	本期合计	41 775		借	38 739
2021-06-30		222100103	应交税费——应交增值税——转出未交增值税	本年累计	41 775	3 036	借	38 739

应交税费——应交增值税——销项税额

编制单位：富达外贸有限公司   科目：222100105 应交税费——应交增值税——销项税额   2021 年 4 月至 2021 年 6 月 单位：元

日期	凭证字号	科目编码	科目名称	摘要	借方	贷方	方向	余额
2021-04-01		222100105	应交税费——应交增值税——销项税额	期初余额			平	
2021-05-25	记-37	222100105	应交税费——应交增值税——销项税额	004 号商品内销		10 400	贷	10 400
2021-05-27	记-41	222100105	应交税费——应交增值税——销项税额	02 结转代理出口 008 号商品手续费		774	贷	11 174
2021-05-31		222100105	应交税费——应交增值税——销项税额	本期合计		11 174	贷	11 174
2021-05-31		222100105	应交税费——应交增值税——销项税额	本年累计		11 174	贷	11 174
2021-06-14	记-13	222100105	应交税费——应交增值税——销项税额	开具代理 009 号商品进口手续费发票		1 200	贷	12 374
2021-06-25	记-30	222100105	应交税费——应交增值税——销项税额	进口 007 号商品实现销售		260 000	贷	272 374
2021-06-30		222100105	应交税费——应交增值税——销项税额	本期合计		261 200	贷	272 374
2021-06-30		222100105	应交税费——应交增值税——销项税额	本年累计		272 374	贷	272 374

应交税费——应交增值税——出口退税

编制单位：富达外贸有限公司   科目：222100106 应交税费——应交增值税——出口退税   2021 年 4 月至 2021 年 6 月 单位：元

日期	凭证字号	科目编码	科目名称	摘要	借方	贷方	方向	余额
2021-04-01		222100106	应交税费——应交增值税——出口退税	期初余额			平	
2021-05-25	记-36	222100106	应交税费——应交增值税——出口退税	01 申报 001 号商品出口退增值税		63 000	贷	63 000
2021-05-31		222100106	应交税费——应交增值税——出口退税	本期合计		63 000	贷	63 000
2021-05-31		222100106	应交税费——应交增值税——出口退税	本年累计		63 000	贷	63 000
2021-06-01	记-1	222100106	应交税费——应交增值税——出口退税	办理 003 号商品出口退税		40 000	贷	103 000
2021-06-09	记-7	222100106	应交税费——应交增值税——出口退税	01 申报 005 号商品出口退税		135 000	贷	238 000
2021-06-30		222100106	应交税费——应交增值税——出口退税	本期合计		175 000	贷	238 000
2021-06-30		222100106	应交税费——应交增值税——出口退税	本年累计		238 000	贷	238 000

应交税费——应交增值税——进项税额转出

编制单位：富达外贸有限公司   科目：222100107 应交税费——应交增值税——进项税额转出   2021 年 4 月至 2021 年 6 月 单位：元

日期	凭证字号	科目编码	科目名称	摘要	借方	贷方	方向	余额
2021-04-01		222100107	应交税费——应交增值税——进项税额转出	期初余额			平	

日期	凭证字号	科目编码	科目名称	摘要	借方	贷方	方向	余额
2021–05–25	记–36	222100107	应交税费——应交增值税——进项税额转出	02 结转 001 号商品征退税差额		28 000	贷	28 000
2021–05–31		222100107	应交税费——应交增值税——进项税额转出	本期合计		28 000	贷	28 000
2021–05–31		222100107	应交税费——应交增值税——进项税额转出	本年累计		28 000	贷	28 000
2021–06–01	记–1	222100107	应交税费——应交增值税——进项税额转出	办理 003 号商品出口退税		12 000	贷	40 000
2021–06–07	记–5	222100107	应交税费——应交增值税——进项税额转出	02 工会活动进项税额转出		480	贷	40 480
2021–06–09	记–7	222100107	应交税费——应交增值税——进项税额转出	02 结转征退税差额		60 000	贷	100 480
2021–06–24	记–29	222100107	应交税费——应交增值税——进项税额转出	02 进项税额转出		2 340	贷	102 820
2021–06–30		222100107	应交税费——应交增值税——进项税额转出	本期合计		74 820	贷	102 820
2021–06–30		222100107	应交税费——应交增值税——进项税额转出	本年累计		102 820	贷	102 820

应交税费——未交增值税

编制单位：富达外贸有限公司　　科目：2221002 应交税费——未交增值税　　2021 年 4 月至 2021 年 6 月　　单位：元

日期	凭证字号	科目编码	科目名称	摘要	借方	贷方	方向	余额
2021–04–01		2221002	应交税费——未交增值税	期初余额			平	
2021–05–31	记–50	2221002	应交税费——未交增值税	转出未交增值税	3 036		贷	-3 036
2021–05–31		2221002	应交税费——未交增值税	本期合计	3 036		贷	-3 036
2021–05–31		2221002	应交税费——未交增值税	本年累计	3 036		贷	-3 036
2021–06–30	记–42	2221002	应交税费——未交增值税	转出未交增值税		41 775	贷	38 739
2021–06–30		2221002	应交税费——未交增值税	本期合计		41 775	贷	38 739
2021–06–30		2221002	应交税费——未交增值税	本年累计	3 036	41 775	贷	38 739

应交税费——应交消费税

编制单位：富达外贸有限公司　　科目：2221003 应交税费——应交消费税　　2021 年 4 月至 2021 年 6 月　　单位：元

日期	凭证字号	科目编码	科目名称	摘要	借方	贷方	方向	余额
2021–04–01		2221003	应交税费——应交消费税	期初余额			平	
2021–06–17	记–22	2221003	应交税费——应交消费税	02 申报进口 007 号商品消费税		832 000	贷	832 000
2021–06–18	记–23	2221003	应交税费——应交消费税	缴纳 007 号商品进口关税、增值税、消费税	832 000		平	
2021–06–30		2221003	应交税费——应交消费税	本期合计	832 000	832 000	平	
2021–06–30		2221003	应交税费——应交消费税	本年累计	832 000	832 000	平	

应交税费——应交所得税

编制单位：富达外贸有限公司　科目：2221006 应交税费——应交所得税　2021 年 4 月至 2021 年 6 月　单位：元

日期	凭证字号	科目编码	科目名称	摘要	借方	贷方	方向	余额
2021-04-01		2221006	应交税费——应交所得税	期初余额			贷	15 300.00
2021-04-15	记-17	2221006	应交税费——应交所得税	缴纳第一季度企业所得税	15 300.00		平	
2021-04-30		2221006	应交税费——应交所得税	本期合计	15 300.00		平	
2021-04-30		2221006	应交税费——应交所得税	本年累计	15 300.00		平	
2021-06-30	记-44	2221006	应交税费——应交所得税	计提第二季度企业所得税		132 452.58	贷	132 452.58
2021-06-30		2221006	应交税费——应交所得税	本期合计		132 452.58	贷	132 452.58
2021-06-30		2221006	应交税费——应交所得税	本年累计	15 300.00	132 452.58	贷	132 452.58

应交税费——应交城市维护建设税

编制单位：富达外贸有限公司　科目：2221008 应交税费——应交城市维护建设税　2021 年 4 月至 2021 年 6 月　单位：元

日期	凭证字号	科目编码	科目名称	摘要	借方	贷方	方向	余额
2021-04-01		2221008	应交税费——应交城市维护建设税	期初余额			平	
2021-06-30	记-43	2221008	应交税费——应交城市维护建设税	计提附加税		2 711.73	贷	2 711.73
2021-06-30		2221008	应交税费——应交城市维护建设税	本期合计		2 711.73	贷	2 711.73
2021-06-30		2221008	应交税费——应交城市维护建设税	本年累计		2 711.73	贷	2 711.73

应交税费——应交个人所得税

编制单位：富达外贸有限公司　科目：2221012 应交税费——应交个人所得税　2021 年 4 月至 2021 年 6 月　单位：元

日期	凭证字号	科目编码	科目名称	摘要	借方	贷方	方向	余额
2021-04-01		2221012	应交税费——应交个人所得税	期初余额			平	
2021-04-15	记-12	2221012	应交税费——应交个人所得税	代扣个人所得税		9 001.50	贷	9 001.50
2021-04-15	记-13	2221012	应交税费——应交个人所得税	缴纳个人所得税	9 001.50		平	
2021-04-30		2221012	应交税费——应交个人所得税	本期合计	9 001.50	9 001.50	平	
2021-04-30		2221012	应交税费——应交个人所得税	本年累计	9 001.50	9 001.50	平	
2021-05-14	记-16	2221012	应交税费——应交个人所得税	代扣个人所得税		9 001.50	贷	9 001.50
2021-05-14	记-17	2221012	应交税费——应交个人所得税	缴纳个人所得税	9 001.50		平	

（续表）

日期	凭证字号	科目编码	科目名称	摘要	借方	贷方	方向	余额
2021-05-31		2221012	应交税费——应交个人所得税	本期合计	9 001.50	9 001.50	平	
2021-05-31		2221012	应交税费——应交个人所得税	本年累计	18 003.00	18 003.00	平	
2021-06-15	记-15	2221012	应交税费——应交个人所得税	代扣个人所得税		9 597.50	贷	9 597.50
2021-06-15	记-16	2221012	应交税费——应交个人所得税	缴纳个人所得税	9 597.50		平	
2021-06-30		2221012	应交税费——应交个人所得税	本期合计	9 597.50	9 597.50	平	
2021-06-30		2221012	应交税费——应交个人所得税	本年累计	27 600.50	27 600.50	平	

应交税费——应交进口关税

编制单位：富达外贸有限公司　　科目：2221026 应交税费——应交进口关税　　2021 年 4 月至 2021 年 6 月　　单位：元

日期	凭证字号	科目编码	科目名称	摘要	借方	贷方	方向	余额
2021-04-01		2221026	应交税费——应交进口关税	期初余额			平	
2021-06-15	记-14	2221026	应交税费——应交进口关税	申报缴纳 009 号商品关税、增值税		64 640	贷	64 640
2021-06-16	记-20	2221026	应交税费——应交进口关税	缴纳 009 号商品进口关税、增值税	64 640		平	
2021-06-17	记-22	2221026	应交税费——应交进口关税	01 申报进口 007 号商品关税		192 000	贷	192 000
2021-06-18	记-23	2221026	应交税费——应交进口关税	缴纳 007 号商品进口关税、增值税、消费税	192 000		平	
2021-06-30		2221026	应交税费——应交进口关税	本期合计	256 640	256 640	平	
2021-06-30		2221026	应交税费——应交进口关税	本年累计	256 640	256 640	平	

应交税费——应交印花税

编制单位：富达外贸有限公司　　科目：2221027 应交税费——应交印花税　　2021 年 4 月至 2021 年 6 月　　单位：元

日期	凭证字号	科目编码	科目名称	摘要	借方	贷方	方向	余额
2021-04-01		2221027	应交税费——应交印花税	期初余额			贷	2 136
2021-04-15	记-14	2221027	应交税费——应交印花税	缴纳印花税	2 136		平	
2021-04-30	记-34	2221027	应交税费——应交印花税	计提当月合同印花税		1 635	贷	1 635
2021-04-30		2221027	应交税费——应交印花税	本期合计	2 136	1 635	贷	1 635
2021-04-30		2221027	应交税费——应交印花税	本年累计	2 136	1 635	贷	1 635
2021-05-14	记-18	2221027	应交税费——应交印花税	缴纳印花税	1 635		平	
2021-05-31	记-48	2221027	应交税费——应交印花税	计提当月合同印花税		1 876	贷	1 876
2021-05-31		2221027	应交税费——应交印花税	本期合计	1 635	1 876	贷	1 876

（续表）

日期	凭证字号	科目编码	科目名称	摘要	借方	贷方	方向	余额
2021–05–31		2221027	应交税费——应交印花税	本年累计	3 771	3 511	贷	1 876
2021–06–15	记–17	2221027	应交税费——应交印花税	缴纳印花税	1 876		平	
2021–06–30	记–40	2221027	应交税费——应交印花税	计提当月合同印花税		1 955	贷	1 955
2021–06–30		2221027	应交税费——应交印花税	本期合计	1 876	1 955	贷	1 955
2021–06–30		2221027	应交税费——应交印花税	本年累计	5 647	5 466	贷	1 955

应交税费——应交教育费附加

编制单位：富达外贸有限公司　　科目：2221028 应交税费——应交教育费附加　　2021 年 4 月至 2021 年 6 月　　单位：元

日期	凭证字号	科目编码	科目名称	摘要	借方	贷方	方向	余额
2021–04–01		2221028	应交税费——应交教育费附加	期初余额			平	
2021–06–30	记–43	2221028	应交税费——应交教育费附加	计提附加税		1 162.17	贷	1 162.17
2021–06–30		2221028	应交税费——应交教育费附加	本期合计		1 162.17	贷	1 162.17
2021–06–30		2221028	应交税费——应交教育费附加	本年累计		1 162.17	贷	1 162.17

应交税费——应交地方教育费附加

编制单位：富达外贸有限公司　　科目：2221029 应交税费——应交地方教育费附加　　2021 年 4 月至 2021 年 6 月　　单位：元

日期	凭证字号	科目编码	科目名称	摘要	借方	贷方	方向	余额
2021–04–01		2221029	应交税费——应交地方教育费附加	期初余额			平	
2021–06–30	记–43	2221029	应交税费——应交地方教育费附加	计提附加税		774.78	贷	774.78
2021–06–30		2221029	应交税费——应交地方教育费附加	本期合计		774.78	贷	774.78
2021–06–30		2221029	应交税费——应交地方教育费附加	本年累计		774.78	贷	774.78

实收资本——林长德

编制单位：富达外贸有限公司　　科目：4001002 实收资本——林长德　　2021 年 4 月至 2021 年 6 月　　单位：元

日期	凭证字号	科目编码	科目名称	摘要	借方	贷方	方向	余额
2021–04–01		4001002	实收资本——林长德	期初余额			贷	2 500 000

实收资本——张华山

编制单位：富达外贸有限公司　　科目：4001003 实收资本——张华山　　2021 年 4 月至 2021 年 6 月　　单位：元

日期	凭证字号	科目编码	科目名称	摘要	借方	贷方	方向	余额
2021–04–01		4001003	实收资本——张华山	期初余额			贷	2 500 000

盈余公积——法定盈余公积

编制单位：富达外贸有限公司　　　科目：4101001 盈余公积——法定盈余公积　　　2021 年 4 月至 2021 年 6 月　　　单位：元

日期	凭证字号	科目编码	科目名称	摘要	借方	贷方	方向	余额
2021-04-01		4101001	盈余公积——法定盈余公积	期初余额			贷	158 444.60

本年利润

编制单位：富达外贸有限公司　　　科目：4103 本年利润　　　2021 年 4 月至 2021 年 6 月　　　单位：元

日期	凭证字号	科目编码	科目名称	摘要	借方	贷方	方向	余额
2021-04-01		4103	本年利润	期初余额			贷	45 900.00
2021-04-30	记-36	4103	本年利润	4 月结转损益	55 393.00		贷	-9 493.00
2021-04-30		4103	本年利润	本期合计	55 393.00		贷	-9 493.00
2021-04-30		4103	本年利润	本年累计	55 393.00		贷	-9 493.00
2021-05-31	记-51	4103	本年利润	5 月结转损益		624 207.00	贷	614 714.00
2021-05-31		4103	本年利润	本期合计		624 207.00	贷	614 714.00
2021-05-31		4103	本年利润	本年累计	55 393.00	624 207.00	贷	614 714.00
2021-06-30	记-45	4103	本年利润	6 月结转损益	171 456.26		贷	443 257.74
2021-06-30		4103	本年利润	本期合计	171 456.26		贷	443 257.74
2021-06-30		4103	本年利润	本年累计	226 849.26	624 207.00	贷	443 257.74

利润分配——未分配利润

编制单位：富达外贸有限公司　　　科目：4104006 利润分配——未分配利润　　　2021 年 4 月至 2021 年 6 月　　　单位：元

日期	凭证字号	科目编码	科目名称	摘要	借方	贷方	方向	余额
2021-04-01		4104006	利润分配——未分配利润	期初余额			贷	1 365 300

主营业务收入——自营出口销售收入——农产品

编制单位：富达外贸有限公司　　　科目：600100101 主营业务收入——自营出口销售收入——农产品　　　2021 年 4 月至 2021 年 6 月　　　单位：元

日期	凭证字号	科目编码	科目名称	摘要	借方	贷方	方向	余额
2021-04-01		600100101	主营业务收入——自营出口销售收入——农产品	期初余额			平	
2021-05-17	记-21	600100101	主营业务收入——自营出口销售收入——农产品	01 出口免税农产品		323 000	贷	323 000
2021-05-17	记-21	600100101	主营业务收入——自营出口销售收入——农产品	02 计提佣金		-3 230	贷	319 770
2021-05-31	记-51	600100101	主营业务收入——自营出口销售收入——农产品	5 月结转损益	319 770		平	
2021-05-31		600100101	主营业务收入——自营出口销售收入——农产品	本期合计	319 770	319 770	平	
2021-05-31		600100101	主营业务收入——自营出口销售收入——农产品	本年累计	319 770	319 770	平	

主营业务收入——自营出口销售收入——003 号商品

编制单位：富达外贸有限公司　科目：600100102 主营业务收入——自营出口销售收入——003 号商品　2021 年 4 月至 2021 年 6 月　单位：元

日期	凭证字号	科目编码	科目名称	摘要	借方	贷方	方向	余额
2021-04-01		600100102	主营业务收入——自营出口销售收入——003 号商品	期初余额			平	
2021-05-10	记-5	600100102	主营业务收入——自营出口销售收入——003 号商品	01 结转出口 003 号商品销售收入		516 800	贷	516 800
2021-05-10	记-5	600100102	主营业务收入——自营出口销售收入——003 号商品	02 佣金冲减销售收入		-5 168	贷	511 632
2021-05-11	记-8	600100102	主营业务收入——自营出口销售收入——003 号商品	支付出口 003 号商品海运费		-6 460	贷	505 172
2021-05-11	记-9	600100102	主营业务收入——自营出口销售收入——003 号商品	支付出口 003 号商品国外保险费		-1 292	贷	503 880
2021-05-31	记-51	600100102	主营业务收入——自营出口销售收入——003 号商品	5 月结转损益	503 880		平	
2021-05-31		600100102	主营业务收入——自营出口销售收入——003 号商品	本期合计	503 880	503 880	平	
2021-05-31		600100102	主营业务收入——自营出口销售收入——003 号商品	本年累计	503 880	503 880	平	

主营业务收入——自营出口销售收入——001 号商品

编制单位：富达外贸有限公司　科目：600100103 主营业务收入——自营出口销售收入——001 号商品　2021 年 4 月至 2021 年 6 月　单位：元

日期	凭证字号	科目编码	科目名称	摘要	借方	贷方	方向	余额
2021-04-01		600100103	主营业务收入——自营出口销售收入——001 号商品	期初余额			平	
2021-04-20	记-20	600100103	主营业务收入——自营出口销售收入——001 号商品	01 报关出口 001 号商品		984 000	贷	984 000
2021-04-21	记-23	600100103	主营业务收入——自营出口销售收入——001 号商品	支付出口 001 号商品海运费		-13 120	贷	970 880
2021-04-21	记-24	600100103	主营业务收入——自营出口销售收入——001 号商品	支付出口 001 号商品国外保险费		-6 560	贷	964 320
2021-04-30	记-36	600100103	主营业务收入——自营出口销售收入——001 号商品	4 月结转损益	964 320		平	
2021-04-30		600100103	主营业务收入——自营出口销售收入——001 号商品	本期合计	964 320	964 320	平	
2021-04-30		600100103	主营业务收入——自营出口销售收入——001 号商品	本年累计	964 320	964 320	平	

主营业务收入——自营出口销售收入——005 号商品

编制单位：富达外贸有限公司　科目：600100104 主营业务收入——自营出口销售收入——005 号商品　2021 年 4 月至 2021 年 6 月　单位：元

日期	凭证字号	科目编码	科目名称	摘要	借方	贷方	方向	余额
2021-04-01		600100104	主营业务收入——自营出口销售收入——005 号商品	期初余额			平	

（续表）

日期	凭证字号	科目编码	科目名称	摘要	借方	贷方	方向	余额
2021-05-19	记-27	600100104	主营业务收入——自营出口销售收入——005号商品	01出口005号商品		2 280 000	贷	2 280 000
2021-05-19	记-27	600100104	主营业务收入——自营出口销售收入——005号商品	02计提暗佣		-22 800	贷	2 257 200
2021-05-31	记-51	600100104	主营业务收入——自营出口销售收入——005号商品	5月结转损益	2 257 200		平	
2021-05-31		600100104	主营业务收入——自营出口销售收入——005号商品	本期合计	2 257 200	2 257 200	平	
2021-05-31		600100104	主营业务收入——自营出口销售收入——005号商品	本年累计	2 257 200	2 257 200	平	

主营业务收入——自营出口销售收入——004号商品

编制单位：富达外贸有限公司　科目：600100105 主营业务收入——自营出口销售收入——004号商品　2021年4月至2021年6月　单位：元

日期	凭证字号	科目编码	科目名称	摘要	借方	贷方	方向	余额
2021-04-01		600100105	主营业务收入——自营出口销售收入——004号商品	期初余额			平	
2021-05-14	记-14	600100105	主营业务收入——自营出口销售收入——004号商品	004号商品报关出口		129 200	贷	129 200
2021-05-19	记-28	600100105	主营业务收入——自营出口销售收入——004号商品	01退运004号商品冲减收入		-129 200	平	
2021-05-31		600100105	主营业务收入——自营出口销售收入——004号商品	本期合计			平	
2021-05-31		600100105	主营业务收入——自营出口销售收入——004号商品	本年累计			平	

主营业务收入——自营进口销售收入

编制单位：富达外贸有限公司　科目：6001004 主营业务收入——自营进口销售收入　2021年4月至2021年6月　单位：元

日期	凭证字号	科目编码	科目名称	摘要	借方	贷方	方向	余额
2021-04-01		6001004	主营业务收入——自营进口销售收入	期初余额			平	
2021-06-25	记-30	6001004	主营业务收入——自营进口销售收入	进口007号商品实现销售		2 000 000	贷	2 000 000
2021-06-30	记-45	6001004	主营业务收入——自营进口销售收入	6月结转损益	2 000 000		平	
2021-06-30		6001004	主营业务收入——自营进口销售收入	本期合计	2 000 000	2 000 000	平	
2021-06-30		6001004	主营业务收入——自营进口销售收入	本年累计	2 000 000	2 000 000	平	

主营业务收入——内销收入

编制单位：富达外贸有限公司　科目：6001005 主营业务收入——内销收入　2021 年 4 月至 2021 年 6 月　单位：元

日期	凭证字号	科目编码	科目名称	摘要	借方	贷方	方向	余额
2021-04-01		6001005	主营业务收入——内销收入	期初余额			平	
2021-05-25	记-37	6001005	主营业务收入——内销收入	004 号商品内销		80 000	贷	80 000
2021-05-31	记-51	6001005	主营业务收入——内销收入	5 月结转损益	80 000		平	
2021-05-31		6001005	主营业务收入——内销收入	本期合计	80 000	80 000	平	
2021-05-31		6001005	主营业务收入——内销收入	本年累计	80 000	80 000	平	

其他业务收入——代理出口手续费

编制单位：富达外贸有限公司　科目：6051001 其他业务收入——代理出口手续费　2021 年 4 月至 2021 年 6 月　单位：元

日期	凭证字号	科目编码	科目名称	摘要	借方	贷方	方向	余额
2021-04-01		6051001	其他业务收入——代理出口手续费	期初余额			平	
2021-05-27	记-41	6051001	其他业务收入——代理出口手续费	02 结转代理出口 008 号商品手续费		12 900	贷	12 900
2021-05-31	记-51	6051001	其他业务收入——代理出口手续费	5 月结转损益	12 900		平	
2021-05-31		6051001	其他业务收入——代理出口手续费	本期合计	12 900	12 900	平	
2021-05-31		6051001	其他业务收入——代理出口手续费	本年累计	12 900	12 900	平	

其他业务收入——代理进口手续费

编制单位：富达外贸有限公司　科目：6051002 其他业务收入——代理进口手续费　2021 年 4 月至 2021 年 6 月　单位：元

日期	凭证字号	科目编码	科目名称	摘要	借方	贷方	方向	余额
2021-04-01		6051002	其他业务收入——代理进口手续费	期初余额			平	
2021-06-14	记-13	6051002	其他业务收入——代理进口手续费	开具代理 009 号商品进口手续费发票		20 000	贷	20 000
2021-06-30	记-45	6051002	其他业务收入——代理进口手续费	6 月结转损益	20 000		平	
2021-06-30		6051002	其他业务收入——代理进口手续费	本期合计	20 000	20 000	平	
2021-06-30		6051002	其他业务收入——代理进口手续费	本年累计	20 000	20 000	平	

主营业务成本——自营出口销售成本——农产品

编制单位：富达外贸有限公司　科目：640100101 主营业务成本——自营出口销售成本——农产品　2021 年 4 月至 2021 年 6 月　单位：元

日期	凭证字号	科目编码	科目名称	摘要	借方	贷方	方向	余额
2021-04-01		640100101	主营业务成本——自营出口销售成本——农产品	期初余额			平	
2021-05-18	记-24	640100101	主营业务成本——自营出口销售成本——农产品	结转农产品出口销售成本	250 000		借	250 000
2021-05-31	记-51	640100101	主营业务成本——自营出口销售成本——农产品	5 月结转损益		250 000	平	
2021-05-31		640100101	主营业务成本——自营出口销售成本——农产品	本期合计	250 000	250 000	平	
2021-05-31		640100101	主营业务成本——自营出口销售成本——农产品	本年累计	250 000	250 000	平	

主营业务成本——自营出口销售成本——003 号商品

编制单位：富达外贸有限公司　科目：640100102 主营业务成本——自营出口销售成本——003 号商品　2021 年 4 月至 2021 年 6 月　单位：元

日期	凭证字号	科目编码	科目名称	摘要	借方	贷方	方向	余额
2021-04-01		640100102	主营业务成本——自营出口销售成本——003 号商品	期初余额			平	
2021-05-10	记-6	640100102	主营业务成本——自营出口销售成本——003 号商品	结转出口 003 号商品的销售成本	400 000		借	400 000
2021-05-31	记-51	640100102	主营业务成本——自营出口销售成本——003 号商品	5 月结转损益		400 000	平	
2021-05-31		640100102	主营业务成本——自营出口销售成本——003 号商品	本期合计	400 000	400 000	平	
2021-05-31		640100102	主营业务成本——自营出口销售成本——003 号商品	本年累计	400 000	400 000	平	
2021-06-01	记-1	640100102	主营业务成本——自营出口销售成本——003 号商品	办理 003 号商品出口退税	12 000		借	12 000
2021-06-01	记-1	640100102	主营业务成本——自营出口销售成本——003 号商品	办理 003 号商品出口退税		60 000	借	-48 000
2021-06-30	记-45	640100102	主营业务成本——自营出口销售成本——003 号商品	6 月结转损益		-48 000	平	
2021-06-30		640100102	主营业务成本——自营出口销售成本——003 号商品	本期合计	12 000	12 000	平	
2021-06-30		640100102	主营业务成本——自营出口销售成本——003 号商品	本年累计	412 000	412 000	平	

主营业务成本——自营出口销售成本——001 号商品

编制单位：富达外贸有限公司　科目：640100103 主营业务成本——自营出口销售成本——001 号商品　2021 年 4 月至 2021 年 6 月　单位：元

日期	凭证字号	科目编码	科目名称	摘要	借方	贷方	方向	余额
2021-04-01		640100103	主营业务成本——自营出口销售成本——001 号商品	期初余额			平	
2021-04-20	记-21	640100103	主营业务成本——自营出口销售成本——001 号商品	结转 001 号商品出口销售成本	700 000		借	700 000
2021-04-30	记-36	640100103	主营业务成本——自营出口销售成本——001 号商品	4 月结转损益		700 000	平	
2021-04-30		640100103	主营业务成本——自营出口销售成本——001 号商品	本期合计	700 000	700 000	平	
2021-04-30		640100103	主营业务成本——自营出口销售成本——001 号商品	本年累计	700 000	700 000	平	
2021-05-25	记-36	640100103	主营业务成本——自营出口销售成本——001 号商品	02 结转 001 号商品征退税差额	28 000		借	28 000
2021-05-25	记-36	640100103	主营业务成本——自营出口销售成本——001 号商品	03 申报 001 号商品出口退消费税		70 000	借	-42 000
2021-05-31	记-51	640100103	主营业务成本——自营出口销售成本——001 号商品	5 月结转损益		-42 000	平	
2021-05-31		640100103	主营业务成本——自营出口销售成本——001 号商品	本期合计	28 000	28 000	平	
2021-05-31		640100103	主营业务成本——自营出口销售成本——001 号商品	本年累计	728 000	728 000	平	

主营业务成本——自营出口销售成本——005 号商品

编制单位：富达外贸有限公司　科目：640100104 主营业务成本——自营出口销售成本——005 号商品　2021 年 4 月至 2021 年 6 月　单位：元

日期	凭证字号	科目编码	科目名称	摘要	借方	贷方	方向	余额
2021-04-01		640100104	主营业务成本——自营出口销售成本——005 号商品	期初余额			平	
2021-05-20	记-30	640100104	主营业务成本——自营出口销售成本——005 号商品	结转 005 号商品出口销售成本	1 500 000		借	1 500 000
2021-05-31	记-51	640100104	主营业务成本——自营出口销售成本——005 号商品	5 月结转损益		1 500 000	平	
2021-05-31		640100104	主营业务成本——自营出口销售成本——005 号商品	本期合计	1 500 000	1 500 000	平	

（续表）

日期	凭证字号	科目编码	科目名称	摘要	借方	贷方	方向	余额
2021-05-31		640100104	主营业务成本——自营出口销售成本——005号商品	本年累计	1 500 000	1 500 000	平	
2021-06-09	记-7	640100104	主营业务成本——自营出口销售成本——005号商品	02结转征退税差额	60 000		借	60 000
2021-06-30	记-45	640100104	主营业务成本——自营出口销售成本——005号商品	6月结转损益		60 000	平	
2021-06-30		640100104	主营业务成本——自营出口销售成本——005号商品	本期合计	60 000	60 000	平	
2021-06-30		640100104	主营业务成本——自营出口销售成本——005号商品	本年累计	1 560 000	1 560 000	平	

主营业务成本——自营出口销售成本——004号商品

编制单位：富达外贸有限公司　科目：640100105 主营业务成本——自营出口销售成本——004号商品　2021年4月至2021年6月　单位：元

日期	凭证字号	科目编码	科目名称	摘要	借方	贷方	方向	余额
2021-04-01		640100105	主营业务成本——自营出口销售成本——004号商品	期初余额			平	
2021-05-14	记-15	640100105	主营业务成本——自营出口销售成本——004号商品	结转004号商品出口销售成本	100 000		借	100 000
2021-05-19	记-28	640100105	主营业务成本——自营出口销售成本——004号商品	02退运004号商品冲减成本		100 000	平	
2021-05-31		640100105	主营业务成本——自营出口销售成本——004号商品	本期合计	100 000	100 000	平	
2021-05-31		640100105	主营业务成本——自营出口销售成本——004号商品	本年累计	100 000	100 000	平	

主营业务成本——自营进口销售成本——007号商品

编制单位：富达外贸有限公司　科目：640100201 主营业务成本——自营进口销售成本——007号商品　2021年4月至2021年6月　单位：元

日期	凭证字号	科目编码	科目名称	摘要	借方	贷方	方向	余额
2021-04-01		640100201	主营业务成本——自营进口销售成本——007号商品	期初余额			平	
2021-06-25	记-31	640100201	主营业务成本——自营进口销售成本——007号商品	结转自营进口007号商品销售成本	1 664 000		借	1 664 000
2021-06-30	记-45	640100201	主营业务成本——自营进口销售成本——007号商品	6月结转损益		1 664 000	平	

（续表）

日期	凭证字号	科目编码	科目名称	摘要	借方	贷方	方向	余额
2021-06-30		640100201	主营业务成本——自营进口销售成本——007号商品	本期合计	1 664 000	1 664 000	平	
2021-06-30		640100201	主营业务成本——自营进口销售成本——007号商品	本年累计	1 664 000	1 664 000	平	

主营业务成本——内销

编制单位：富达外贸有限公司　　　科目：6401003 主营业务成本——内销　　　2021年4月至2021年6月　　　单位：元

日期	凭证字号	科目编码	科目名称	摘要	借方	贷方	方向	余额
2021-04-01		6401003	主营业务成本——内销	期初余额			平	
2021-05-25	记-38	6401003	主营业务成本——内销	结转004号商品内销成本	100 000		借	100 000
2021-05-31	记-51	6401003	主营业务成本——内销	5月结转损益		100 000	平	
2021-05-31		6401003	主营业务成本——内销	本期合计	100 000	100 000	平	
2021-05-31		6401003	主营业务成本——内销	本年累计	100 000	100 000	平	

税金及附加——印花税

编制单位：富达外贸有限公司　　　科目：6403001 税金及附加——印花税　　　2021年4月至2021年6月　　　单位：元

日期	凭证字号	科目编码	科目名称	摘要	借方	贷方	方向	余额
2021-04-01		6403001	税金及附加——印花税	期初余额			平	
2021-04-30	记-34	6403001	税金及附加——印花税	计提当月合同印花税	1 635		借	1 635
2021-04-30	记-36	6403001	税金及附加——印花税	4月结转损益		1 635	平	
2021-04-30		6403001	税金及附加——印花税	本期合计	1 635	1 635	平	
2021-04-30		6403001	税金及附加——印花税	本年累计	1 635	1 635	平	
2021-05-31	记-48	6403001	税金及附加——印花税	计提当月合同印花税	1 876		借	1 876
2021-05-31	记-51	6403001	税金及附加——印花税	5月结转损益		1 876	平	
2021-05-31		6403001	税金及附加——印花税	本期合计	1 876	1 876	平	
2021-05-31		6403001	税金及附加——印花税	本年累计	3 511	3 511	平	
2021-06-30	记-40	6403001	税金及附加——印花税	计提当月合同印花税	1 955		借	1 955
2021-06-30	记-45	6403001	税金及附加——印花税	6月结转损益		1 955	平	
2021-06-30		6403001	税金及附加——印花税	本期合计	1 955	1 955	平	
2021-06-30		6403001	税金及附加——印花税	本年累计	5 466	5 466	平	

税金及附加——城市维护建设税

编制单位：富达外贸有限公司　　　科目：6403002 税金及附加——城市维护建设税　　　2021年4月至2021年6月　　　单位：元

日期	凭证字号	科目编码	科目名称	摘要	借方	贷方	方向	余额
2021-04-01		6403002	税金及附加——城市维护建设税	期初余额			平	

（续表）

日期	凭证字号	科目编码	科目名称	摘要	借方	贷方	方向	余额
2021-06-30	记-43	6403002	税金及附加——城市维护建设税	计提附加税	2 711.73		借	2 711.73
2021-06-30	记-45	6403002	税金及附加——城市维护建设税	6月结转损益		2 711.73	平	
2021-06-30		6403002	税金及附加——城市维护建设税	本期合计	2 711.73	2 711.73	平	
2021-06-30		6403002	税金及附加——城市维护建设税	本年累计	2 711.73	2 711.73	平	

税金及附加——教育费附加

编制单位：富达外贸有限公司　科目：6403003 税金及附加——教育费附加　2021 年 4 月至 2021 年 6 月　单位：元

日期	凭证字号	科目编码	科目名称	摘要	借方	贷方	方向	余额
2021-04-01		6403003	税金及附加——教育费附加	期初余额			平	
2021-06-30	记-43	6403003	税金及附加——教育费附加	计提附加税	1 162.17		借	1 162.17
2021-06-30	记-45	6403003	税金及附加——教育费附加	6月结转损益		1 162.17	平	
2021-06-30		6403003	税金及附加——教育费附加	本期合计	1 162.17	1 162.17	平	
2021-06-30		6403003	税金及附加——教育费附加	本年累计	1 162.17	1 162.17	平	

税金及附加——地方教育费附加

编制单位：富达外贸有限公司　科目：6403004 税金及附加——地方教育费附加　2021 年 4 月至 2021 年 6 月　单位：元

日期	凭证字号	科目编码	科目名称	摘要	借方	贷方	方向	余额
2021-04-01		6403004	税金及附加——地方教育费附加	期初余额			平	
2021-06-30	记-43	6403004	税金及附加——地方教育费附加	计提附加税	774.78		借	774.78
2021-06-30	记-45	6403004	税金及附加——地方教育费附加	6月结转损益		774.78	平	
2021-06-30		6403004	税金及附加——地方教育费附加	本期合计	774.78	774.78	平	
2021-06-30		6403004	税金及附加——地方教育费附加	本年累计	774.78	774.78	平	

销售费用——销售人员职工薪酬

编制单位：富达外贸有限公司　科目：6601001 销售费用——销售人员职工薪酬　2021 年 4 月至 2021 年 6 月　单位：元

日期	凭证字号	科目编码	科目名称	摘要	借方	贷方	方向	余额
2021-04-01		6601001	销售费用——销售人员职工薪酬	期初余额			平	

（续表）

日期	凭证字号	科目编码	科目名称	摘要	借方	贷方	方向	余额
2021-04-30	记-31	6601001	销售费用——销售人员职工薪酬	计提职工工资	111 680		借	111 680
2021-04-30	记-32	6601001	销售费用——销售人员职工薪酬	计提单位负担社保费	33 504		借	145 184
2021-04-30	记-33	6601001	销售费用——销售人员职工薪酬	计提单位负担住房公积金	11 168		借	156 352
2021-04-30	记-36	6601001	销售费用——销售人员职工薪酬	4月结转损益		156 352	平	
2021-04-30		6601001	销售费用——销售人员职工薪酬	本期合计	156 352	156 352	平	
2021-04-30		6601001	销售费用——销售人员职工薪酬	本年累计	156 352	156 352	平	
2021-05-31	记-45	6601001	销售费用——销售人员职工薪酬	计提职工工资	123 600		借	123 600
2021-05-31	记-46	6601001	销售费用——销售人员职工薪酬	计提单位负担社保费	37 080		借	160 680
2021-05-31	记-47	6601001	销售费用——销售人员职工薪酬	计提单位负担住房公积金	12 360		借	173 040
2021-05-31	记-51	6601001	销售费用——销售人员职工薪酬	5月结转损益		173 040	平	
2021-05-31		6601001	销售费用——销售人员职工薪酬	本期合计	173 040	173 040	平	
2021-05-31		6601001	销售费用——销售人员职工薪酬	本年累计	329 392	329 392	平	
2021-06-30	记-37	6601001	销售费用——销售人员职工薪酬	计提职工工资	123 600		借	123 600
2021-06-30	记-38	6601001	销售费用——销售人员职工薪酬	计提单位负担社保费	37 080		借	160 680
2021-06-30	记-39	6601001	销售费用——销售人员职工薪酬	计提单位负担住房公积金	12 360		借	173 040
2021-06-30	记-45	6601001	销售费用——销售人员职工薪酬	6月结转损益		173 040	平	
2021-06-30		6601001	销售费用——销售人员职工薪酬	本期合计	173 040	173 040	平	
2021-06-30		6601001	销售费用——销售人员职工薪酬	本年累计	502 432	502 432	平	

销售费用——折旧费

编制单位：富达外贸有限公司　　　科目：6601007 销售费用——折旧费　　　2021年4月至2021年6月　　　单位：元

日期	凭证字号	科目编码	科目名称	摘要	借方	贷方	方向	余额
2021-04-01		6601007	销售费用——折旧费	期初余额			平	
2021-04-30	记-30	6601007	销售费用——折旧费	计提固定资产折旧	11 650		借	11 650
2021-04-30	记-36	6601007	销售费用——折旧费	4月结转损益		11 650	平	
2021-04-30		6601007	销售费用——折旧费	本期合计	11 650	11 650	平	
2021-04-30		6601007	销售费用——折旧费	本年累计	11 650	11 650	平	
2021-05-31	记-44	6601007	销售费用——折旧费	计提固定资产折旧	11 650		借	11 650
2021-05-31	记-51	6601007	销售费用——折旧费	5月结转损益		11 650	平	

（续表）

日期	凭证字号	科目编码	科目名称	摘要	借方	贷方	方向	余额
2021-05-31		6601007	销售费用——折旧费	本期合计	11 650	11 650	平	
2021-05-31		6601007	销售费用——折旧费	本年累计	23 300	23 300	平	
2021-06-30	记-36	6601007	销售费用——折旧费	计提固定资产折旧	11 650		借	11 650
2021-06-30	记-45	6601007	销售费用——折旧费	6月结转损益		11 650	平	
2021-06-30		6601007	销售费用——折旧费	本期合计	11 650	11 650	平	
2021-06-30		6601007	销售费用——折旧费	本年累计	34 950	34 950	平	

销售费用——运输费

编制单位：富达外贸有限公司　　科目：6601011 销售费用——运输费　　2021年4月至2021年6月　　单位：元

日期	凭证字号	科目编码	科目名称	摘要	借方	贷方	方向	余额
2021-04-01		6601011	销售费用——运输费	期初余额			平	
2021-06-21	记-25	6601011	销售费用——运输费	支付进口007号商品国内运费	3 000		借	3 000
2021-06-30	记-45	6601011	销售费用——运输费	6月结转损益		3 000	平	
2021-06-30		6601011	销售费用——运输费	本期合计	3 000	3 000	平	
2021-06-30		6601011	销售费用——运输费	本年累计	3 000	3 000	平	

销售费用——佣金

编制单位：富达外贸有限公司　　科目：6601017 销售费用——佣金　　2021年4月至2021年6月　　单位：元

日期	凭证字号	科目编码	科目名称	摘要	借方	贷方	方向	余额
2021-04-01		6601017	销售费用——佣金	期初余额			平	
2021-04-02	记-2	6601017	销售费用——佣金	计提MKO公司累计佣金	6 560		借	6 560
2021-04-30	记-36	6601017	销售费用——佣金	4月结转损益		6 560	平	
2021-04-30		6601017	销售费用——佣金	本期合计	6 560	6 560	平	
2021-04-30		6601017	销售费用——佣金	本年累计	6 560	6 560	平	

销售费用——出口商品国内费用

编制单位：富达外贸有限公司　　科目：6601018 销售费用——出口商品国内费用　　2021年4月至2021年6月　　单位：元

日期	凭证字号	科目编码	科目名称	摘要	借方	贷方	方向	余额
2021-04-01		6601018	销售费用——出口商品国内费用	期初余额			平	
2021-04-20	记-22	6601018	销售费用——出口商品国内费用	支付001号商品国内费用	10 900		借	10 900
2021-04-30	记-36	6601018	销售费用——出口商品国内费用	4月结转损益		10 900	平	
2021-04-30		6601018	销售费用——出口商品国内费用	本期合计	10 900	10 900	平	
2021-04-30		6601018	销售费用——出口商品国内费用	本年累计	10 900	10 900	平	
2021-05-10	记-7	6601018	销售费用——出口商品国内费用	支付出口003号商品国内费用	8 000		借	8 000

（续表）

日期	凭证字号	科目编码	科目名称	摘要	借方	贷方	方向	余额
2021-05-20	记-29	6601018	销售费用——出口商品国内费用	支付出口农产品国内运费	3 270		借	11 270
2021-05-24	记-33	6601018	销售费用——出口商品国内费用	支付出口005号商品国内运费	21 800		借	33 070
2021-05-31	记-51	6601018	销售费用——出口商品国内费用	5月结转损益		33 070	平	
2021-05-31		6601018	销售费用——出口商品国内费用	本期合计	33 070	33 070	平	
2021-05-31		6601018	销售费用——出口商品国内费用	本年累计	43 970	43 970	平	

销售费用——通信费

编制单位：富达外贸有限公司　　　　科目：6601019 销售费用——通信费　　　　2021年4月至2021年6月　　　　单位：元

日期	凭证字号	科目编码	科目名称	摘要	借方	贷方	方向	余额
2021-04-01		6601019	销售费用——通信费	期初余额			平	
2021-06-30	记-35	6601019	销售费用——通信费	销售部门报销通信费	2 000		借	2 000
2021-06-30	记-45	6601019	销售费用——通信费	6月结转损益		2 000	平	
2021-06-30		6601019	销售费用——通信费	本期合计	2 000	2 000	平	
2021-06-30		6601019	销售费用——通信费	本年累计	2 000	2 000	平	

管理费用——管理人员职工薪酬

编制单位：富达外贸有限公司　　科目：6602001 管理费用——管理人员职工薪酬　　2021年4月至2021年6月　　单位：元

日期	凭证字号	科目编码	科目名称	摘要	借方	贷方	方向	余额
2021-04-01		6602001	管理费用——管理人员职工薪酬	期初余额			平	
2021-04-30	记-31	6602001	管理费用——管理人员职工薪酬	计提职工工资	68 350		借	68 350
2021-04-30	记-32	6602001	管理费用——管理人员职工薪酬	计提单位负担社保费	20 505		借	88 855
2021-04-30	记-33	6602001	管理费用——管理人员职工薪酬	计提单位负担住房公积金	6 835		借	95 690
2021-04-30	记-36	6602001	管理费用——管理人员职工薪酬	4月结转损益		95 690	平	
2021-04-30		6602001	管理费用——管理人员职工薪酬	本期合计	95 690	95 690	平	
2021-04-30		6602001	管理费用——管理人员职工薪酬	本年累计	95 690	95 690	平	
2021-05-31	记-45	6602001	管理费用——管理人员职工薪酬	计提职工工资	68 350		借	68 350
2021-05-31	记-46	6602001	管理费用——管理人员职工薪酬	计提单位负担社保费	20 505		借	88 855
2021-05-31	记-47	6602001	管理费用——管理人员职工薪酬	计提单位负担住房公积金	6 835		借	95 690
2021-05-31	记-51	6602001	管理费用——管理人员职工薪酬	5月结转损益		95 690	平	

（续表）

日期	凭证字号	科目编码	科目名称	摘要	借方	贷方	方向	余额
2021-05-31		6602001	管理费用——管理人员职工薪酬	本期合计	95 690	95 690	平	
2021-05-31		6602001	管理费用——管理人员职工薪酬	本年累计	191 380	191 380	平	
2021-06-30	记-37	6602001	管理费用——管理人员职工薪酬	计提职工工资	68 350		借	68 350
2021-06-30	记-38	6602001	管理费用——管理人员职工薪酬	计提单位负担社保费	20 505		借	88 855
2021-06-30	记-39	6602001	管理费用——管理人员职工薪酬	计提单位负担住房公积金	6 835		借	95 690
2021-06-30	记-45	6602001	管理费用——管理人员职工薪酬	6月结转损益		95 690	平	
2021-06-30		6602001	管理费用——管理人员职工薪酬	本期合计	95 690	95 690	平	
2021-06-30		6602001	管理费用——管理人员职工薪酬	本年累计	287 070	287 070	平	

管理费用——业务招待费

编制单位：富达外贸有限公司　　科目：6602002 管理费用——业务招待费　　2021年4月至2021年6月　　单位：元

日期	凭证字号	科目编码	科目名称	摘要	借方	贷方	方向	余额
2021-04-01		6602002	管理费用——业务招待费	期初余额			平	
2021-04-22	记-25	6602002	管理费用——业务招待费	发生业务招待费	5 360		借	5 360
2021-04-30	记-36	6602002	管理费用——业务招待费	4月结转损益		5 360	平	
2021-04-30		6602002	管理费用——业务招待费	本期合计	5 360	5 360	平	
2021-04-30		6602002	管理费用——业务招待费	本年累计	5 360	5 360	平	

管理费用——办公费

编制单位：富达外贸有限公司　　科目：6602004 管理费用——办公费　　2021年4月至2021年6月　　单位：元

日期	凭证字号	科目编码	科目名称	摘要	借方	贷方	方向	余额
2021-04-01		6602004	管理费用——办公费	期初余额			平	
2021-06-28	记-32	6602004	管理费用——办公费	支付电话费	5 100		借	5 100
2021-06-29	记-34	6602004	管理费用——办公费	支付保洁费	3 000		借	8 100
2021-06-30	记-45	6602004	管理费用——办公费	6月结转损益		8 100	平	
2021-06-30		6602004	管理费用——办公费	本期合计	8 100	8 100	平	
2021-06-30		6602004	管理费用——办公费	本年累计	8 100	8 100	平	

管理费用——差旅费

编制单位：富达外贸有限公司　　科目：6602006 管理费用——差旅费　　2021年4月至2021年6月　　单位：元

日期	凭证字号	科目编码	科目名称	摘要	借方	贷方	方向	余额
2021-04-01		6602006	管理费用——差旅费	期初余额			平	
2021-04-13	记-9	6602006	管理费用——差旅费	林恩达报销差旅费	6 566		借	6 566
2021-04-30	记-36	6602006	管理费用——差旅费	4月结转损益		6 566	平	

（续表）

日期	凭证字号	科目编码	科目名称	摘要	借方	贷方	方向	余额
2021-04-30		6602006	管理费用——差旅费	本期合计	6 566	6 566	平	
2021-04-30		6602006	管理费用——差旅费	本年累计	6 566	6 566	平	
2021-06-18	记-24	6602006	管理费用——差旅费	参展费用	8 350		借	8 350
2021-06-30	记-45	6602006	管理费用——差旅费	6月结转损益		8 350	平	
2021-06-30		6602006	管理费用——差旅费	本期合计	8 350	8 350	平	
2021-06-30		6602006	管理费用——差旅费	本年累计	14 916	14 916	平	

管理费用——福利费

编制单位：富达外贸有限公司　　　科目：6602013 管理费用——福利费　　　2021年4月至2021年6月　　　单位：元

日期	凭证字号	科目编码	科目名称	摘要	借方	贷方	方向	余额
2021-04-01		6602013	管理费用——福利费	期初余额			平	
2021-06-02	记-2	6602013	管理费用——福利费	02员工聚餐结转管理费用	13 780		借	13 780
2021-06-23	记-28	6602013	管理费用——福利费	02结转管理费用	2 000		借	15 780
2021-06-24	记-29	6602013	管理费用——福利费	03结转管理费用	20 340		借	36 120
2021-06-30	记-45	6602013	管理费用——福利费	6月结转损益		36 120	平	
2021-06-30		6602013	管理费用——福利费	本期合计	36 120	36 120	平	
2021-06-30		6602013	管理费用——福利费	本年累计	36 120	36 120	平	

管理费用——工会经费

编制单位：富达外贸有限公司　　　科目：6602014 管理费用——工会经费　　　2021年4月至2021年6月　　　单位：元

日期	凭证字号	科目编码	科目名称	摘要	借方	贷方	方向	余额
2021-04-01		6602014	管理费用——工会经费	期初余额			平	
2021-06-07	记-5	6602014	管理费用——工会经费	03工会活动转管理费用	8 480		借	8 480
2021-06-30	记-45	6602014	管理费用——工会经费	6月结转损益		8 480	平	
2021-06-30		6602014	管理费用——工会经费	本期合计	8 480	8 480	平	
2021-06-30		6602014	管理费用——工会经费	本年累计	8 480	8 480	平	

管理费用——展览费

编制单位：富达外贸有限公司　　　科目：6602015 管理费用——展览费　　　2021年4月至2021年6月　　　单位：元

日期	凭证字号	科目编码	科目名称	摘要	借方	贷方	方向	余额
2021-04-01		6602015	管理费用——展览费	期初余额			平	
2021-06-04	记-4	6602015	管理费用——展览费	支付参展费用	25 000		借	25 000
2021-06-30	记-45	6602015	管理费用——展览费	6月结转损益		25 000	平	
2021-06-30		6602015	管理费用——展览费	本期合计	25 000	25 000	平	
2021-06-30		6602015	管理费用——展览费	本年累计	25 000	25 000	平	

管理费用——职工教育经费

编制单位：富达外贸有限公司　　科目：6602016 管理费用——职工教育经费　　2021 年 4 月至 2021 年 6 月　　单位：元

日期	凭证字号	科目编码	科目名称	摘要	借方	贷方	方向	余额
2021-04-01		6602016	管理费用——职工教育经费	期初余额			平	
2021-06-11	记-11	6602016	管理费用——职工教育经费	02 结转管理费用	3 600		借	3 600
2021-06-30	记-45	6602016	管理费用——职工教育经费	6 月结转损益		3 600	平	
2021-06-30		6602016	管理费用——职工教育经费	本期合计	3 600	3 600	平	
2021-06-30		6602016	管理费用——职工教育经费	本年累计	3 600	3 600	平	

管理费用——车辆费用

编制单位：富达外贸有限公司　　科目：6602017 管理费用——车辆费用　　2021 年 4 月至 2021 年 6 月　　单位：元

日期	凭证字号	科目编码	科目名称	摘要	借方	贷方	方向	余额
2021-04-01		6602017	管理费用——车辆费用	期初余额			平	
2021-04-30	记-28	6602017	管理费用——车辆费用	行政部门报销汽车修理费	7 000		借	7 000
2021-04-30	记-29	6602017	管理费用——车辆费用	高速公路过路费	1 000		借	8 000
2021-04-30	记-36	6602017	管理费用——车辆费用	4 月结转损益		8 000	平	
2021-04-30		6602017	管理费用——车辆费用	本期合计	8 000	8 000	平	
2021-04-30		6602017	管理费用——车辆费用	本年累计	8 000	8 000	平	

财务费用——手续费

编制单位：富达外贸有限公司　　科目：6603002 财务费用——手续费　　2021 年 4 月至 2021 年 6 月　　单位：元

日期	凭证字号	科目编码	科目名称	摘要	借方	贷方	方向	余额
2021-04-01		6603002	财务费用——手续费	期初余额			平	
2021-05-12	记-10	6603002	财务费用——手续费	01 申请信用证手续费	1 000		借	1 000
2021-05-19	记-26	6603002	财务费用——手续费	收到出口 001 号商品货款	1 290		借	2 290
2021-05-28	记-42	6603002	财务费用——手续费	议付信用证（出口 003 号商品）	6 460		借	8 750
2021-05-28	记-43	6603002	财务费用——手续费	购汇支付佣金	200		借	8 950
2021-05-31	记-51	6603002	财务费用——手续费	5 月结转损益		8 950	平	
2021-05-31		6603002	财务费用——手续费	本期合计	8 950	8 950	平	
2021-05-31		6603002	财务费用——手续费	本年累计	8 950	8 950	平	
2021-06-09	记-8	6603002	财务费用——手续费	02 支付银行手续费	800		借	800
2021-06-30	记-45	6603002	财务费用——手续费	6 月结转损益		800	平	
2021-06-30		6603002	财务费用——手续费	本期合计	800	800	平	
2021-06-30		6603002	财务费用——手续费	本年累计	9 750	9 750	平	

财务费用——汇兑损益

编制单位：富达外贸有限公司　　科目：6603003 财务费用——汇兑损益　　2021 年 4 月至 2021 年 6 月　　单位：元

日期	凭证字号	科目编码	科目名称	摘要	借方	贷方	方向	余额
2021-04-01		6603003	财务费用——汇兑损益	期初余额			平	
2021-04-01	记-1	6603003	财务费用——汇兑损益	美元兑换人民币	500		借	500

（续表）

日期	凭证字号	科目编码	科目名称	摘要	借方	贷方	方向	余额
2021-04-30	记-35	6603003	财务费用——汇兑损益	结转汇兑损益	19 500		借	20 000
2021-04-30	记-36	6603003	财务费用——汇兑损益	4月结转损益		20 000	平	
2021-04-30		6603003	财务费用——汇兑损益	本期合计	20 000	20 000	平	
2021-04-30		6603003	财务费用——汇兑损益	本年累计	20 000	20 000	平	
2021-05-09	记-4	6603003	财务费用——汇兑损益	将欧元兑换为人民币	2 500		借	2 500
2021-05-19	记-26	6603003	财务费用——汇兑损益	收到出口001号商品货款	1 500		借	4 000
2021-05-26	记-40	6603003	财务费用——汇兑损益	办理银行结汇	5 000		借	9 000
2021-05-27	记-41	6603003	财务费用——汇兑损益	01代理出口008号商品收结汇	1 000		借	10 000
2021-05-28	记-42	6603003	财务费用——汇兑损益	议付信用证（出口003号商品）	2 887		借	12 887
2021-05-31	记-49	6603003	财务费用——汇兑损益	结转汇兑损益	4 380		借	17 267
2021-05-31	记-51	6603003	财务费用——汇兑损益	5月结转损益		17 267	平	
2021-05-31		6603003	财务费用——汇兑损益	本期合计	17 267	17 267	平	
2021-05-31		6603003	财务费用——汇兑损益	本年累计	37 267	37 267	平	
2021-06-10	记-10	6603003	财务费用——汇兑损益	议付自营出口农产品信用证	4 950		借	4 950
2021-06-30	记-41	6603003	财务费用——汇兑损益	结转汇兑损益		4 380	借	570
2021-06-30	记-45	6603003	财务费用——汇兑损益	6月结转损益		570	平	
2021-06-30		6603003	财务费用——汇兑损益	本期合计	4 950	4 950	平	
2021-06-30		6603003	财务费用——汇兑损益	本年累计	42 217	42 217	平	

财务费用——现金折扣

编制单位：富达外贸有限公司　　　科目：6603004 财务费用——现金折扣　　2021年4月至2021年6月　　单位：元

日期	凭证字号	科目编码	科目名称	摘要	借方	贷方	方向	余额
2021-04-01		6603004	财务费用——现金折扣	期初余额			平	
2021-04-23	记-26	6603004	财务费用——现金折扣	偿还光迅科技公司货款		3 000	借	-3 000
2021-04-30	记-36	6603004	财务费用——现金折扣	4月结转损益		-3 000	平	
2021-04-30		6603004	财务费用——现金折扣	本期合计			平	
2021-04-30		6603004	财务费用——现金折扣	本年累计			平	

所得税费用

编制单位：富达外贸有限公司　　　科目：6801 所得税费用　　2021年4月至2021年6月　　单位：元

日期	凭证字号	科目编码	科目名称	摘要	借方	贷方	方向	余额
2021-04-01		6801	所得税费用	期初余额			平	
2021-06-30	记-44	6801	所得税费用	计提第二季度企业所得税	132 452.58		借	132 452.58
2021-06-30	记-45	6801	所得税费用	6月结转损益		132 452.58	平	
2021-06-30		6801	所得税费用	本期合计	132 452.58	132 452.58	平	
2021-06-30		6801	所得税费用	本年累计	132 452.58	132 452.58	平	

二、登记总账

库存现金 总账

科目：1001 库存现金　　　　2021 年 4 月至 2021 年 6 月　　　　单位：元

科目编码	科目名称	期间	摘要	借方金额	贷方金额	方向	余额
1001	库存现金	2021 年 4 月	期初余额			借	2 151.00
1001	库存现金	2021 年 4 月	本期合计	30 000.00	9 776.00	借	22 375.00
1001	库存现金	2021 年 4 月	本年累计	30 000.00	9 776.00	借	22 375.00
1001	库存现金	2021 年 6 月	本期合计		16 646.00	借	5 729.00
1001	库存现金	2021 年 6 月	本年累计	30 000.00	26 422.00	借	5 729.00

编制单位：富达外贸有限公司

银行存款 总账

科目：1002 银行存款　　　　2021 年 4 月至 2021 年 6 月　　　　单位：元

科目编码	科目名称	期间	摘要	借方金额	贷方金额	方向	余额
1002	银行存款	2021 年 4 月	期初余额			借	6 604 900.00
1002	银行存款	2021 年 4 月	本期合计	524 300.00	2 388 478.00	借	4 740 722.00
1002	银行存款	2021 年 4 月	本年累计	524 300.00	2 388 478.00	借	4 740 722.00
1002	银行存款	2021 年 5 月	本期合计	7 656 395.00	3 891 205.00	借	8 505 912.00
1002	银行存款	2021 年 5 月	本年累计	8 180 695.00	6 279 683.00	借	8 505 912.00
1002	银行存款	2021 年 6 月	本期合计	2 718 600.00	2 470 035.00	借	8 754 477.00
1002	银行存款	2021 年 6 月	本年累计	10 899 295.00	8 749 718.00	借	8 754 477.00

编制单位：富达外贸有限公司

其他货币资金 总账

科目：1012 其他货币资金　　　　2021 年 4 月至 2021 年 6 月　　　　单位：元

科目编码	科目名称	期间	摘要	借方金额	贷方金额	方向	余额
1012	其他货币资金	2021 年 4 月	期初余额			平	
1012	其他货币资金	2021 年 5 月	本期合计	640 000.00		借	640 000.00
1012	其他货币资金	2021 年 5 月	本年累计	640 000.00		借	640 000.00
1012	其他货币资金	2021 年 6 月	本期合计		640 000.00	平	
1012	其他货币资金	2021 年 6 月	本年累计	640 000.00	640 000.00	平	

编制单位：富达外贸有限公司

应收账款 总账

科目：1122 应收账款　　　　2021 年 4 月至 2021 年 6 月　　　　单位：元

科目编码	科目名称	期间	摘要	借方金额	贷方金额	方向	余额
1122	应收账款	2021 年 4 月	期初余额			借	196 800.00
1122	应收账款	2021 年 4 月	本期合计	984 000.00	211 800.00	借	969 000.00
1122	应收账款	2021 年 4 月	本年累计	984 000.00	211 800.00	借	969 000.00
1122	应收账款	2021 年 5 月	本期合计	1 615 000.00	2 261 000.00	借	323 000.00
1122	应收账款	2021 年 5 月	本年累计	2 599 000.00	2 472 800.00	借	323 000.00

（续表）

科目编码	科目名称	期间	摘要	借方金额	贷方金额	方向	余额
1122	应收账款	2021 年 6 月	本期合计	2 260 000.00	2 583 000.00	平	
1122	应收账款	2021 年 6 月	本年累计	4 859 000.00	5 055 800.00	平	

编制单位：富达外贸有限公司

预付账款 总账

科目：1123 预付账款　　　　　　2021 年 4 月至 2021 年 6 月　　　　　　单位：元

科目编码	科目名称	期间	摘要	借方金额	贷方金额	方向	余额
1123	预付账款	2021 年 4 月	期初余额			平	
1123	预付账款	2021 年 4 月	本期合计	400 000.00	452 000.00	借	−52 000.00
1123	预付账款	2021 年 4 月	本年累计	400 000.00	452 000.00	借	−52 000.00
1123	预付账款	2021 年 5 月	本期合计		1 695 000.00	借	−1 747 000.00
1123	预付账款	2021 年 5 月	本年累计	400 000.00	2 147 000.00	借	−1 747 000.00

编制单位：富达外贸有限公司

其他应收款 总账

科目：1221 其他应收款　　　　　　2021 年 4 月至 2021 年 6 月　　　　　　单位：元

科目编码	科目名称	期间	摘要	借方金额	贷方金额	方向	余额
1221	其他应收款	2021 年 4 月	期初余额			借	6 000.00
1221	其他应收款	2021 年 4 月	本期合计	32 405.40	38 405.40	平	
1221	其他应收款	2021 年 4 月	本年累计	32 405.40	38 405.40	平	
1221	其他应收款	2021 年 5 月	本期合计	82 405.40	32 405.40	借	50 000.00
1221	其他应收款	2021 年 5 月	本年累计	114 810.80	70 810.80	借	50 000.00
1221	其他应收款	2021 年 6 月	本期合计	42 551.00	34 551.00	借	58 000.00
1221	其他应收款	2021 年 6 月	本年累计	157 361.80	105 361.80	借	58 000.00

编制单位：富达外贸有限公司

库存商品 总账

科目：1405 库存商品　　　　　　2021 年 4 月至 2021 年 6 月　　　　　　单位：元

科目编码	科目名称	期间	摘要	借方金额	贷方金额	方向	余额
1405	库存商品	2021 年 4 月	期初余额			平	
1405	库存商品	2021 年 4 月	本期合计	1 200 000.00	700 000.00	借	500 000.00
1405	库存商品	2021 年 4 月	本年累计	1 200 000.00	700 000.00	借	500 000.00
1405	库存商品	2021 年 5 月	本期合计	1 950 000.00	2 450 000.00	平	
1405	库存商品	2021 年 5 月	本年累计	3 150 000.00	3 150 000.00	平	
1405	库存商品	2021 年 6 月	本期合计	1 664 000.00	1 664 000.00	平	
1405	库存商品	2021 年 6 月	本年累计	4 814 000.00	4 814 000.00	平	

编制单位：富达外贸有限公司

周转材料 总账

科目：1411 周转材料　　　　　2021 年 4 月至 2021 年 6 月　　　　　单位：元

科目编码	科目名称	期间	摘要	借方金额	贷方金额	方向	余额
1411	周转材料	2021 年 4 月	期初余额			借	33 560.00

编制单位：富达外贸有限公司

固定资产 总账

科目：1601 固定资产　　　　　2021 年 4 月至 2021 年 6 月　　　　　单位：元

科目编码	科目名称	期间	摘要	借方金额	贷方金额	方向	余额
1601	固定资产	2021 年 4 月	期初余额			借	1 056 031.60

编制单位：富达外贸有限公司

累计折旧 总账

科目：1602 累计折旧　　　　　2021 年 4 月至 2021 年 6 月　　　　　单位：元

科目编码	科目名称	期间	摘要	借方金额	贷方金额	方向	余额
1602	累计折旧	2021 年 4 月	期初余额			贷	156 320.00
1602	累计折旧	2021 年 4 月	本期合计		11 650.00	贷	167 970.00
1602	累计折旧	2021 年 4 月	本年累计		11 650.00	贷	167 970.00
1602	累计折旧	2021 年 5 月	本期合计		11 650.00	贷	179 620.00
1602	累计折旧	2021 年 5 月	本年累计		23 300.00	贷	179 620.00
1602	累计折旧	2021 年 6 月	本期合计		11 650.00	贷	191 270.00
1602	累计折旧	2021 年 6 月	本年累计		34 950.00	贷	191 270.00

编制单位：富达外贸有限公司

待处理财产损溢 总账

科目：1901 待处理财产损溢　　　　　2021 年 4 月至 2021 年 6 月　　　　　单位：元

科目编码	科目名称	期间	摘要	借方金额	贷方金额	方向	余额
1901	待处理财产损溢	2021 年 4 月	期初余额			平	
1901	待处理财产损溢	2021 年 5 月	本期合计	50 000.00	50 000.00	平	
1901	待处理财产损溢	2021 年 5 月	本年累计	50 000.00	50 000.00	平	

编制单位：富达外贸有限公司

商品采购 总账

科目：1904 商品采购　　　　　2021 年 4 月至 2021 年 6 月　　　　　单位：元

科目编码	科目名称	期间	摘要	借方金额	贷方金额	方向	余额
1904	商品采购	2021 年 4 月	期初余额			平	
1904	商品采购	2021 年 4 月	本期合计	700 000.00	400 000.00	借	300 000.00
1904	商品采购	2021 年 4 月	本年累计	700 000.00	400 000.00	借	300 000.00
1904	商品采购	2021 年 5 月	本期合计		300 000.00	平	
1904	商品采购	2021 年 5 月	本年累计	700 000.00	700 000.00	平	
1904	商品采购	2021 年 6 月	本期合计	1 664 000.00	1 664 000.00	平	
1904	商品采购	2021 年 6 月	本年累计	2 364 000.00	2 364 000.00	平	

编制单位：富达外贸有限公司

应收出口退税款 总账

科目：1905 应收出口退税款　　　　2021 年 4 月至 2021 年 6 月　　　　单位：元

科目编码	科目名称	期间	摘要	借方金额	贷方金额	方向	余额
1905	应收出口退税款	2021 年 4 月	期初余额			平	
1905	应收出口退税款	2021 年 5 月	本期合计	133 000.00		借	133 000.00
1905	应收出口退税款	2021 年 5 月	本年累计	133 000.00		借	133 000.00
1905	应收出口退税款	2021 年 6 月	本期合计	235 000.00	133 000.00	借	235 000.00
1905	应收出口退税款	2021 年 6 月	本年累计	368 000.00	133 000.00	借	235 000.00

编制单位：富达外贸有限公司

受托代销商品 总账

科目：1906 受托代销商品　　　　2021 年 4 月至 2021 年 6 月　　　　单位：元

科目编码	科目名称	期间	摘要	借方金额	贷方金额	方向	余额
1906	受托代销商品	2021 年 4 月	期初余额			平	
1906	受托代销商品	2021 年 5 月	本期合计	500 000.00	500 000.00	平	
1906	受托代销商品	2021 年 5 月	本年累计	500 000.00	500 000.00	平	

编制单位：富达外贸有限公司

代销商品款 总账

科目：1907 代销商品款　　　　2021 年 4 月至 2021 年 6 月　　　　单位：元

科目编码	科目名称	期间	摘要	借方金额	贷方金额	方向	余额
1907	代销商品款	2021 年 4 月	期初余额			平	
1907	代销商品款	2021 年 5 月	本期合计	500 000.00	500 000.00	平	
1907	代销商品款	2021 年 5 月	本年累计	500 000.00	500 000.00	平	

编制单位：富达外贸有限公司

应付账款 总账

科目：2202 应付账款　　　　2021 年 4 月至 2021 年 6 月　　　　单位：元

科目编码	科目名称	期间	摘要	借方金额	贷方金额	方向	余额
2202	应付账款	2021 年 4 月	期初余额			贷	904 000.00
2202	应付账款	2021 年 4 月	本期合计	910 560.00	797 560.00	贷	791 000.00
2202	应付账款	2021 年 4 月	本年累计	910 560.00	797 560.00	贷	791 000.00
2202	应付账款	2021 年 5 月	本期合计	668 800.00	672 030.00	贷	794 230.00
2202	应付账款	2021 年 5 月	本年累计	1 579 360.00	1 469 590.00	贷	794 230.00
2202	应付账款	2021 年 6 月	本期合计	3 230.00		贷	791 000.00
2202	应付账款	2021 年 6 月	本年累计	1 582 590.00	1 469 590.00	贷	791 000.00

编制单位：富达外贸有限公司

预收账款 总账

科目：2203 预收账款　　　　　2021 年 4 月至 2021 年 6 月　　　　　单位：元

科目编码	科目名称	期间	摘要	借方金额	贷方金额	方向	余额
2203	预收账款	2021 年 4 月	期初余额			平	
2203	预收账款	2021 年 5 月	本期合计	2 296 000.00	3 180 000.00	贷	884 000.00
2203	预收账款	2021 年 5 月	本年累计	2 296 000.00	3 180 000.00	贷	884 000.00
2203	预收账款	2021 年 6 月	本期合计	884 000.00		平	
2203	预收账款	2021 年 6 月	本年累计	3 180 000.00	3 180 000.00	平	

编制单位：富达外贸有限公司

应付职工薪酬 总账

科目：2211 应付职工薪酬　　　　　2021 年 4 月至 2021 年 6 月　　　　　单位：元

科目编码	科目名称	期间	摘要	借方金额	贷方金额	方向	余额
2211	应付职工薪酬	2021 年 4 月	期初余额			贷	252 042.00
2211	应付职工薪酬	2021 年 4 月	本期合计	252 042.00	252 042.00	贷	252 042.00
2211	应付职工薪酬	2021 年 4 月	本年累计	252 042.00	252 042.00	贷	252 042.00
2211	应付职工薪酬	2021 年 5 月	本期合计	252 042.00	268 730.00	贷	268 730.00
2211	应付职工薪酬	2021 年 5 月	本年累计	504 084.00	520 772.00	贷	268 730.00
2211	应付职工薪酬	2021 年 6 月	本期合计	316 930.00	316 930.00	贷	268 730.00
2211	应付职工薪酬	2021 年 6 月	本年累计	821 014.00	837 702.00	贷	268 730.00

编制单位：富达外贸有限公司

应交税费 总账

科目：2221 应交税费　　　　　2021 年 4 月至 2021 年 6 月　　　　　单位：元

科目编码	科目名称	期间	摘要	借方金额	贷方金额	方向	余额
2221	应交税费	2021 年 4 月	期初余额			贷	17 436.00
2221	应交税费	2021 年 4 月	本期合计	183 647.50	10 636.50	贷	−155 575.00
2221	应交税费	2021 年 4 月	本年累计	183 647.50	10 636.50	贷	−155 575.00
2221	应交税费	2021 年 5 月	本期合计	221 672.50	129 087.50	贷	−248 160.00
2221	应交税费	2021 年 5 月	本年累计	405 320.00	139 724.00	贷	−248 160.00
2221	应交税费	2021 年 6 月	本期合计	1 456 568.70	1 882 523.96	贷	177 795.26
2221	应交税费	2021 年 6 月	本年累计	1 861 888.70	2 022 247.96	贷	177 795.26

编制单位：富达外贸有限公司

实收资本 总账

科目：4001 实收资本　　　　　2021 年 4 月至 2021 年 6 月　　　　　单位：元

科目编码	科目名称	期间	摘要	借方金额	贷方金额	方向	余额
4001	实收资本	2021 年 4 月	期初余额			贷	5 000 000.00

编制单位：富达外贸有限公司

盈余公积 总账

科目：4101 盈余公积　　　　　2021 年 4 月至 2021 年 6 月　　　　　单位：元

科目编码	科目名称	期间	摘要	借方金额	贷方金额	方向	余额
4101	盈余公积	2021 年 4 月	期初余额			贷	158 444.60

编制单位：富达外贸有限公司

本年利润 总账

科目：4103 本年利润　　　　　　　　2021 年 4 月至 2021 年 6 月　　　　　　　　单位：元

科目编码	科目名称	期间	摘要	借方金额	贷方金额	方向	余额
4103	本年利润	2021 年 4 月	期初余额			贷	45 900.00
4103	本年利润	2021 年 4 月	本期合计	55 393.00		贷	−9 493.00
4103	本年利润	2021 年 4 月	本年累计	55 393.00		贷	−9 493.00
4103	本年利润	2021 年 5 月	本期合计		624 207.00	贷	614 714.00
4103	本年利润	2021 年 5 月	本年累计	55 393.00	624 207.00	贷	614 714.00
4103	本年利润	2021 年 6 月	本期合计	171 456.26		贷	443 257.74
4103	本年利润	2021 年 6 月	本年累计	226 849.26	624 207.00	贷	443 257.74

编制单位：富达外贸有限公司

利润分配 总账

科目：4104 利润分配　　　　　　　　2021 年 4 月至 2021 年 6 月　　　　　　　　单位：元

科目编码	科目名称	期间	摘要	借方金额	贷方金额	方向	余额
4104	利润分配	2021 年 4 月	期初余额			贷	1 365 300.00

编制单位：富达外贸有限公司

主营业务收入 总账

科目：6001 主营业务收入　　　　　　　　2021 年 4 月至 2021 年 6 月　　　　　　　　单位：元

科目编码	科目名称	期间	摘要	借方金额	贷方金额	方向	余额
6001	主营业务收入	2021 年 4 月	期初余额			平	
6001	主营业务收入	2021 年 4 月	本期合计	964 320.00	964 320.00	平	
6001	主营业务收入	2021 年 4 月	本年累计	964 320.00	964 320.00	平	
6001	主营业务收入	2021 年 5 月	本期合计	3 160 850.00	3 160 850.00	平	
6001	主营业务收入	2021 年 5 月	本年累计	4 125 170.00	4 125 170.00	平	
6001	主营业务收入	2021 年 6 月	本期合计	2 000 000.00	2 000 000.00	平	
6001	主营业务收入	2021 年 6 月	本年累计	6 125 170.00	6 125 170.00	平	

编制单位：富达外贸有限公司

其他业务收入 总账

科目：6051 其他业务收入　　　　　　　　2021 年 4 月至 2021 年 6 月　　　　　　　　单位：元

科目编码	科目名称	期间	摘要	借方金额	贷方金额	方向	余额
6051	其他业务收入	2021 年 4 月	期初余额			平	
6051	其他业务收入	2021 年 5 月	本期合计	12 900.00	12 900.00	平	
6051	其他业务收入	2021 年 5 月	本年累计	12 900.00	12 900.00	平	
6051	其他业务收入	2021 年 6 月	本期合计	20 000.00	20 000.00	平	
6051	其他业务收入	2021 年 6 月	本年累计	32 900.00	32 900.00	平	

编制单位：富达外贸有限公司

主营业务成本 总账

科目：6401 主营业务成本　　　2021 年 4 月至 2021 年 6 月　　　单位：元

科目编码	科目名称	期间	摘要	借方金额	贷方金额	方向	余额
6401	主营业务成本	2021 年 4 月	期初余额			平	
6401	主营业务成本	2021 年 4 月	本期合计	700 000.00	700 000.00	平	
6401	主营业务成本	2021 年 4 月	本年累计	700 000.00	700 000.00	平	
6401	主营业务成本	2021 年 5 月	本期合计	2 378 000.00	2 378 000.00	平	
6401	主营业务成本	2021 年 5 月	本年累计	3 078 000.00	3 078 000.00	平	
6401	主营业务成本	2021 年 6 月	本期合计	1 736 000.00	1 736 000.00	平	
6401	主营业务成本	2021 年 6 月	本年累计	4 814 000.00	4 814 000.00	平	

编制单位：富达外贸有限公司

税金及附加 总账

科目：6403 税金及附加　　　2021 年 4 月至 2021 年 6 月　　　单位：元

科目编码	科目名称	期间	摘要	借方金额	贷方金额	方向	余额
6403	税金及附加	2021 年 4 月	期初余额			平	
6403	税金及附加	2021 年 4 月	本期合计	1 635.00	1 635.00	平	
6403	税金及附加	2021 年 4 月	本年累计	1 635.00	1 635.00	平	
6403	税金及附加	2021 年 5 月	本期合计	1 876.00	1 876.00	平	
6403	税金及附加	2021 年 5 月	本年累计	3 511.00	3 511.00	平	
6403	税金及附加	2021 年 6 月	本期合计	6 603.68	6 603.68	平	
6403	税金及附加	2021 年 6 月	本年累计	10 114.68	10 114.68	平	

编制单位：富达外贸有限公司

销售费用 总账

科目：6601 销售费用　　　2021 年 4 月至 2021 年 6 月　　　单位：元

科目编码	科目名称	期间	摘要	借方金额	贷方金额	方向	余额
6601	销售费用	2021 年 4 月	期初余额			平	
6601	销售费用	2021 年 4 月	本期合计	185 462.00	185 462.00	平	
6601	销售费用	2021 年 4 月	本年累计	185 462.00	185 462.00	平	
6601	销售费用	2021 年 5 月	本期合计	217 760.00	217 760.00	平	
6601	销售费用	2021 年 5 月	本年累计	403 222.00	403 222.00	平	
6601	销售费用	2021 年 6 月	本期合计	189 690.00	189 690.00	平	
6601	销售费用	2021 年 6 月	本年累计	592 912.00	592 912.00	平	

编制单位：富达外贸有限公司

管理费用 总账

科目：6602 管理费用　　　2021 年 4 月至 2021 年 6 月　　　单位：元

科目编码	科目名称	期间	摘要	借方金额	贷方金额	方向	余额
6602	管理费用	2021 年 4 月	期初余额			平	
6602	管理费用	2021 年 4 月	本期合计	115 616.00	115 616.00	平	
6602	管理费用	2021 年 4 月	本年累计	115 616.00	115 616.00	平	
6602	管理费用	2021 年 5 月	本期合计	95 690.00	95 690.00	平	
6602	管理费用	2021 年 5 月	本年累计	211 306.00	211 306.00	平	

（续表）

科目编码	科目名称	期间	摘要	借方金额	贷方金额	方向	余额
6602	管理费用	2021年6月	本期合计	185 340.00	185 340.00	平	
6602	管理费用	2021年6月	本年累计	396 646.00	396 646.00	平	

编制单位：富达外贸有限公司

财务费用 总账

科目：6603 财务费用　　　　2021年4月至2021年6月　　　　单位：元

科目编码	科目名称	期间	摘要	借方金额	贷方金额	方向	余额
6603	财务费用	2021年4月	期初余额			平	
6603	财务费用	2021年4月	本期合计	20 000.00	20 000.00	平	
6603	财务费用	2021年4月	本年累计	20 000.00	20 000.00	平	
6603	财务费用	2021年5月	本期合计	26 217.00	26 217.00	平	
6603	财务费用	2021年5月	本年累计	46 217.00	46 217.00	平	
6603	财务费用	2021年6月	本期合计	5 750.00	5 750.00	平	
6603	财务费用	2021年6月	本年累计	51 967.00	51 967.00	平	

编制单位：富达外贸有限公司

所得税费用 总账

科目：6801 所得税费用　　　　2021年4月至2021年6月　　　　单位：元

科目编码	科目名称	期间	摘要	借方金额	贷方金额	方向	余额
6801	所得税费用	2021年4月	期初余额			平	
6801	所得税费用	2021年6月	本期合计	132 452.58	132 452.58	平	
6801	所得税费用	2021年6月	本年累计	132 452.58	132 452.58	平	

编制单位：富达外贸有限公司

第四节　编制会计报表

富达外贸有限公司4月、5月、6月的会计报表如下所示。

一、4月资产负债表、利润表与现金流量表

资产负债表

编制单位：富达外贸有限公司　　　　2021-04-30　　　　会企01表 单位：元

资产	行次	期末余额	年初余额	负债和所有者权益	行次	期末余额	年初余额
流动资产：				流动负债			
货币资金	1	4 763 097.00	6 607 051.00	短期借款	35		
交易性金融资产	2			交易性金融负债	36		
衍生金融资产	3			衍生金融负债	37		

219

（续表）

资产	行次	期末余额	年初余额	负债和所有者权益	行次	期末余额	年初余额
应收票据	4			应付票据	38		
应收账款	5	969 000.00	196 800.00	应付账款	39	1 143 000.00	904 000.00
应收账款融资	6			预收款项	40		
预付账款	7	300 000.00		合同负债	41		
其他应收款	8		6 000.00	应付职工薪酬	42	252 042.00	252 042.00
存货	9	833 560.00	33 560.00	应交税费	43	−155 575.00	17 436.00
合同资产	10			其他应付款	44		
持有待售资产	11			持有待售负债	45		
一年内到期的非流动资产	12			一年内到期的非流动负债	46		
其他流动资产	13			其他流动负债	47		
流动资产合计	14	6 865 657.00	6 843 411.00	流动负债合计	48	1 239 467.00	1 173 478.00
非流动资产：				非流动负债：			
债权投资	15			长期借款	49		
其他债权投资	16			应付债券	50		
长期应收款	17			其中：优先股	51		
长期股权投资	18			永续债	52		
其他权益工具投资	19			租赁负债	53		
其他非流动金融资产	20			长期应付款	54		
投资性房地产	21			预计负债	55		
固定资产	22	888 061.60	899 711.60	递延收益	56		
在建工程	23			递延所得税负债	57		
生产性生物资产	24			其他非流动负债	58		
油气资产	25			非流动负债合计	59		
使用权资产	26			负债合计	60	1 239 467.00	1 173 478.00
无形资产	27			所有者权益（或股东权益）：			
开发支出	28			实收资本（或股本）	61	5 000 000.00	5 000 000.00
商誉	29			其他权益工具	62		
长期待摊费用	30			其中：优先股	63		
递延所得税资产	31			永续债	64		
其他非流动资产	32			资本公积	65		
非流动资产合计	33	888 061.60	899 711.60	减：库存股	66		
				其他综合收益	67		
				专项储备	68		
				盈余公积	69	158 444.60	158 444.60
				未分配利润	70	1 355 807.00	1 411 200.00
				所有者权益（或股东权益）合计	71	6 514 251.60	6 569 644.60
资产总计	34	7 753 718.60	7 743 122.60	负债和所有者权益（或股东权益）总计	72	7 753 718.60	7 743 122.60

利润表

会企 02 表
单位：元

编制单位：富达外贸有限公司　　　　　　2021 年 4 月

项目	行次	本年累计金额	本期金额
一、营业收入	1	964 320.00	964 320.00
减：营业成本	2	700 000.00	700 000.00
税金及附加	3	1 635.00	1 635.00
销售费用	4	185 462.00	185 462.00
管理费用	5	115 616.00	115 616.00
研发费用	6		
财务费用	7	17 000.00	17 000.00
其中：利息费用	8		
利息收入	9		
加：其他收益	10		
投资收益（损失以"-"号填列）	11		
其中：对联营企业和合营企业的投资收益	12		
以摊余成本计量的金融资产终止确认收益（损失以"-"号填列）	13		
净敞口套期收益（损失以"-"号填列）	14		
公允价值变动收益（损失以"-"号填列）	15		
信用减值损失（损失以"-"号填列）	16		
资产减值损失（损失以"-"号填列）	17		
资产处置收益（损失以"-"号填列）	18		
二、营业利润（亏损以"-"号填列）	19	-55 393.00	-55 393.00
加：营业外收入	20		
减：营业外支出	21		
三、利润总额（亏损总额以"-"号填列）	22	-55 393.00	-55 393.00
减：所得税费用	23		
四、净利润（净亏损以"-"号填列）	24	-55 393.00	-55 393.00
（一）持续经营净利润（净亏损以"-"号填列）	25		
（二）终止经营净利润（净亏损以"-"号填列）	26		
五、其他综合收益的税后净额	27		
（一）不能重分类进损益的其他综合收益	28		
1. 重新计量设定受益计划变动额	29		
2. 权益法下不能转损益的其他综合收益	30		
3. 其他权益工具投资公允价值变动	31		
4. 企业自身信用风险公允价值变动	32		
（二）将重分类进损益的其他综合收益	33		
1. 权益法下可转损益的其他综合收益	34		
2. 其他债权投资公允价值变动	35		
3. 金融资产重分类计入其他综合收益的金额	36		
4. 其他债权投资信用减值准备	37		
5. 现金流量套期储备	38		
6. 外币财务报表折算差额	39		
六、综合收益总额	40	-55 393.00	-55 393.00
七、每股收益：	41		
（一）基本每股收益	42		
（二）稀释每股收益	43		

注：2021 年 1 月至 3 月数据略。

现金流量表

会企 03 表

编制单位：富达外贸有限公司　　　　　　2021 年 4 月　　　　　　　　　　单位：元

项目	行次	本年累计金额	本期金额
一、经营活动产生的现金流量：			
销售商品、提供劳务收到的现金	1	192 120.00	192 120.00
收到的税费返还	2		
收到其他与经营活动有关的现金	3	6 000.00	6 000.00
经营活动现金流入小计	4	198 120.00	198 120.00
购买商品、接受劳务支付的现金	5	1 418 210.00	1 418 210.00
支付给职工以及为职工支付的现金	6	252 042.00	252 042.00
支付的各项税费	7	24 301.50	24 301.50
支付其他与经营活动有关的现金	8	347 520.50	347 520.50
经营活动现金流出小计	9	2 042 074.00	2 042 074.00
经营活动产生的现金流量净额	10	−1 843 954.00	−1 843 954.00
二、投资活动产生的现金流量：			
收回投资收到的现金	11		
取得投资收益收到的现金	12		
处置固定资产、无形资产和其他长期资产收回的现金净额	13		
处置子公司及其他营业单位收到的现金净额	14		
收到其他与投资活动有关的现金	15		
投资活动现金流入小计	16		
购建固定资产、无形资产和其他长期资产支付的现金	17		
投资支付的现金	18		
取得子公司及其他营业单位支付的现金净额	19		
支付其他与投资活动有关的现金	20		
投资活动现金流出小计	21		
投资活动产生的现金流量净额	22		
三、筹资活动产生的现金流量：			
吸收投资收到的现金	23		
取得借款收到的现金	24		
收到其他与筹资活动有关的现金	25		
筹资活动现金流入小计	26		
偿还债务支付的现金	27		
分配股利、利润或偿付利息支付的现金	28		
支付其他与筹资活动有关的现金	29		
筹资活动现金流出小计	30		
筹资活动产生的现金流量净额	31		
四、汇率变动对现金及现金等价物的影响	32		
五、现金及现金等价物净增加额	33	−1 843 954.00	−1 843 954.00
加：期初现金及现金等价物的余额	34	6 607 051.00	6 607 051.00
六、期末现金及现金等价物余额	35	4 763 097.00	4 763 097.00

二、5 月资产负债表、利润表与现金流量表

资产负债表

编制单位：富达外贸有限公司　　　　2021-05-31

会企 01 表
单位：元

资产	行次	期末余额	年初余额	负债和所有者权益	行次	期末余额	年初余额
流动资产：				流动负债：			
货币资金	1	9 168 287.00	6 607 051.00	短期借款	35		
交易性金融资产	2			交易性金融负债	36		
衍生金融资产	3			衍生金融负债	37		
应收票据	4			应付票据	38		
应收账款	5	456 000.00	196 800.00	应付账款	39	2 541 230.00	904 000.00
应收账款融资	6			预收款项	40	884 000.00	
预付账款	7			合同负债	41		
其他应收款	8	50 000.00	6 000.00	应付职工薪酬	42	268 730.00	252 042.00
存货	9	33 560.00	33 560.00	应交税费	43	−248 160.00	17 436.00
合同资产	10			其他应付款	44		
持有待售资产	11			持有待售负债	45		
一年内到期的非流动资产	12			一年内到期的非流动负债	46		
其他流动资产	13			其他流动负债	47		
流动资产合计	14	9 707 847.00	6 843 411.00	流动负债合计	48	3 445 800.00	1 173 478.00
非流动资产：				非流动负债：			
债权投资	15			长期借款	49		
其他债权投资	16			应付债券	50		
长期应收款	17			其中：优先股	51		
长期股权投资	18			永续债	52		
其他权益工具投资	19			租赁负债	53		
其他非流动金融资产	20			长期应付款	54		
投资性房地产	21			预计负债	55		
固定资产	22	876 411.60	899 711.60	递延收益	56		
在建工程	23			递延所得税负债	57		
生产性生物资产	24			其他非流动负债	58		
油气资产	25			非流动负债合计	59		
使用权资产	26			负债合计	60	3 445 800.00	1 173 478.00
无形资产	27			所有者权益（或股东权益）：			
开发支出	28			实收资本（或股本）	61	5 000 000.00	5 000 000.00
商誉	29			其他权益工具	62		
长期待摊费用	30			其中：优先股	63		
递延所得税资产	31			永续债	64		

（续表）

资产	行次	期末余额	年初余额	负债和所有者权益	行次	期末余额	年初余额
其他非流动资产	32			资本公积	65		
非流动资产合计	33	876 411.60	899 711.60	减：库存股	66		
				其他综合收益	67		
				专项储备	68		
				盈余公积	69	158 444.60	158 444.60
				未分配利润	70	1 980 014.00	1 411 200.00
				所有者权益（或股东权益）合计	71	7 138 458.60	6 569 644.60
资产总计	34	10 584 258.60	7 743 122.60	负债和所有者权益（或股东权益）总计	72	10 584 258.60	7 743 122.60

注：应收出口退税款记入资产负债表的应收账款项目。

利润表

编制单位：富达外贸有限公司　　　　　　2021 年 5 月

会企 02 表
单位：元

项目	行次	本年累计金额	本期金额
一、营业收入	1	4 138 070.00	3 173 750.00
减：营业成本	2	2 908 000.00	2 208 000.00
税金及附加	3	3 511.00	1 876.00
销售费用	4	403 222.00	217 760.00
管理费用	5	211 306.00	95 690.00
研发费用	6		
财务费用	7	43 217.00	26 217.00
其中：利息费用	8		
利息收入	9		
加：其他收益	10		
投资收益（损失以"-"号填列）	11		
其中：对联营企业和合营企业的投资收益	12		
以摊余成本计量的金融资产终止确认收益（损失以"-"号填列）	13		
净敞口套期收益（损失以"-"号填列）	14		
公允价值变动收益（损失以"-"号填列）	15		
信用减值损失（损失以"-"号填列）	16		
资产减值损失（损失以"-"号填列）	17		
资产处置收益（损失以"-"号填列）	18		
二、营业利润（亏损以"-"号填列）	19	568 814.00	624 207.00
加：营业外收入	20		
减：营业外支出	21		
三、利润总额（亏损总额以"-"号填列）	22	568 814.00	624 207.00
减：所得税费用	23		
四、净利润（净亏损以"-"号填列）	24	568 814.00	624 207.00
（一）持续经营净利润（净亏损以"-"号填列）	25		
（二）终止经营净利润（净亏损以"-"号填列）	26		

（续表）

项目	行次	本年累计金额	本期金额
五、其他综合收益的税后净额	27		
（一）不能重分类进损益的其他综合收益	28		
1.重新计量设定受益计划变动额	29		
2.权益法下不能转损益的其他综合收益	30		
3.其他权益工具投资公允价值变动	31		
4.企业自身信用风险公允价值变动	32		
（二）将重分类进损益的其他综合收益	33		
1.权益法下可转损益的其他综合收益	34		
2.其他债权投资公允价值变动	35		
3.金融资产重分类计入其他综合收益的金额	36		
4.其他债权投资信用减值准备	37		
5.现金流量套期储备	38		
6.外币财务报表折算差额	39		
六、综合收益总额	40	568 814.00	624 207.00
七、每股收益：	41		
（一）基本每股收益	42		
（二）稀释每股收益	43		

注：2021年1月至3月数据略。

现金流量表

编制单位：富达外贸有限公司　　　2021年5月

会企03表
单位：元

项目	行次	本年累计金额	本期金额
一、经营活动产生的现金流量：			
销售商品、提供劳务收到的现金	1	4 907 044.00	4 714 924.00
收到的税费返还	2		
收到其他与经营活动有关的现金	3	178 115.50	172 115.50
经营活动现金流入小计	4	5 085 159.50	4 887 039.50
购买商品、接受劳务支付的现金	5	1 635 980.00	217 770.00
支付给职工以及为职工支付的现金	6	504 084.00	252 042.00
支付的各项税费	7	36 339.00	12 037.50
支付其他与经营活动有关的现金	8	347 520.50	
经营活动现金流出小计	9	2 523 923.50	481 849.50
经营活动产生的现金流量净额	10	2 561 236.00	4 405 190.00
二、投资活动产生的现金流量：			
收回投资收到的现金	11		
取得投资收益收到的现金	12		
处置固定资产、无形资产和其他长期资产收回的现金净额	13		
处置子公司及其他营业单位收到的现金净额	14		
收到其他与投资活动有关的现金	15		
投资活动现金流入小计	16		
购建固定资产、无形资产和其他长期资产支付的现金	17		
投资支付的现金	18		
取得子公司及其他营业单位支付的现金净额	19		
支付其他与投资活动有关的现金	20		

（续表）

项目	行次	本年累计金额	本期金额
投资活动现金流出小计	21		
投资活动产生的现金流量净额	22		
三、筹资活动产生的现金流量：			
吸收投资收到的现金	23		
取得借款收到的现金	24		
收到其他与筹资活动有关的现金	25		
筹资活动现金流入小计	26		
偿还债务支付的现金	27		
分配股利、利润或偿付利息支付的现金	28		
支付其他与筹资活动有关的现金	29		
筹资活动现金流出小计	30		
筹资活动产生的现金流量净额	31		
四、汇率变动对现金及现金等价物的影响	32		
五、现金及现金等价物净增加额	33	2 561 236.00	4 405 190.00
加：期初现金及现金等价物的余额	34	6 607 051.00	4 763 097.00
六、期末现金及现金等价物余额	35	9 168 287.00	9 168 287.00

三、6月资产负债表、利润表与现金流量表

资产负债表

会企01表
单位：元

编制单位：富达外贸有限公司　　　2021-06-30

资产	行次	期末余额	年初余额	负债和所有者权益	行次	期末余额	年初余额
流动资产：				流动负债：			
货币资金	1	8 760 206.00	6 607 051.00	短期借款	35		
交易性金融资产	2			交易性金融负债	36		
衍生金融资产	3			衍生金融负债	37		
应收票据	4			应付票据	38		
应收账款	5	235 000.00	196 800.00	应付账款	39	2 538 000.00	904 000.00
应收账款融资	6			预收款项	40		
预付账款	7			合同负债	41		
其他应收款	8	58 000.00	6 000.00	应付职工薪酬	42	268 730.00	252 042.00
存货	9	33 560.00	33 560.00	应交税费	43	177 795.26	17 436.00
合同资产	10			其他应付款	44		
持有待售资产	11			持有待售负债	45		
一年内到期的非流动资产	12			一年内到期的非流动负债	46		
其他流动资产	13			其他流动负债	47		
流动资产合计	14	9 086 766.00	6 843 411.00	流动负债合计	48	2 984 525.26	1 173 478.00
非流动资产：				非流动负债：			
债权投资	15			长期借款	49		
其他债权投资	16			应付债券	50		

（续表）

资产	行次	期末余额	年初余额	负债和所有者权益	行次	期末余额	年初余额
长期应收款	17			其中：优先股	51		
长期股权投资	18			永续债	52		
其他权益工具投资	19			租赁负债	53		
其他非流动金融资产	20			长期应付款	54		
投资性房地产	21			预计负债	55		
固定资产	22	864 761.60	899 711.60	递延收益	56		
在建工程	23			递延所得税负债	57		
生产性生物资产	24			其他非流动负债	58		
油气资产	25			非流动负债合计	59		
使用权资产	26			负债合计	60	2 984 525.26	1 173 478.00
无形资产	27			所有者权益（或股东权益）：			
开发支出	28			实收资本（或股本）	61	5 000 000.00	5 000 000.00
商誉	29			其他权益工具	62		
长期待摊费用	30			其中：优先股	63		
递延所得税资产	31			永续债	64		
其他非流动资产	32			资本公积	65		
非流动资产合计	33	864 761.60	899 711.60	减：库存股	66		
				其他综合收益	67		
				专项储备	68		
				盈余公积	69	158 444.60	158 444.60
				未分配利润	70	1 808 557.74	1 411 200.00
				所有者权益（或股东权益）合计	71	6 967 002.34	6 569 644.60
资产总计	34	9 951 527.60	7 743 122.60	负债和所有者权益（或股东权益）总计	72	9 951 527.60	7 743 122.60

注：应收出口退税款记入资产负债表的应收账款项目。

利润表

会企 02 表

编制单位：富达外贸有限公司　　　　　2021 年 6 月　　　　　单位：元

项目	行次	本年累计金额	本期金额
一、营业收入	1	6 158 070.00	2 020 000.00
减：营业成本	2	4 584 000.00	1 676 000.00
税金及附加	3	10 114.68	6 603.68

（续表）

项目	行次	本年累计金额	本期金额
销售费用	4	592 912.00	189 690.00
管理费用	5	396 646.00	185 340.00
研发费用	6		
财务费用	7	44 587.00	1 370.00
其中：利息费用	8		
利息收入	9		
加：其他收益	10		
投资收益（损失以"-"号填列）	11		
其中：对联营企业和合营企业的投资收益	12		
以摊余成本计量的金融资产终止确认收益（损失以"-"号填列）	13		
净敞口套期收益（损失以"-"号填列）	14		
公允价值变动收益（损失以"-"号填列）	15		
信用减值损失（损失以"-"号填列）	16		
资产减值损失（损失以"-"号填列）	17		
资产处置收益（损失以"-"号填列）	18		
二、营业利润（亏损以"-"号填列）	19	529 810.32	-39 003.68
加：营业外收入	20		
减：营业外支出	21		
三、利润总额（亏损总额以"-"号填列）	22	529 810.32	-39 003.68
减：所得税费用	23	132 452.58	132 452.58
四、净利润（净亏损以"-"号填列）	24	397 357.74	-171 456.26
（一）持续经营净利润（净亏损以"-"号填列）	25		
（二）终止经营净利润（净亏损以"-"号填列）	26		
五、其他综合收益的税后净额	27		
（一）不能重分类进损益的其他综合收益	28		
1. 重新计量设定受益计划变动额	29		
2. 权益法下不能转损益的其他综合收益	30		
3. 其他权益工具投资公允价值变动	31		
4. 企业自身信用风险公允价值变动	32		
（二）将重分类进损益的其他综合收益	33		
1. 权益法下可转损益的其他综合收益	34		
2. 其他债权投资公允价值变动	35		
3. 金融资产重分类计入其他综合收益的金额	36		
4. 其他债权投资信用减值准备	37		
5. 现金流量套期储备	38		
6. 外币财务报表折算差额	39		
六、综合收益总额	40	397 357.74	-171 456.26
七、每股收益：	41		
（一）基本每股收益	42		
（二）稀释每股收益	43		

注：2021年1月至3月数据略。

现金流量表

会企 03 表
单位：元

编制单位：富达外贸有限公司　　　　2021 年 6 月

项目	行次	本年累计金额	本期金额
一、经营活动产生的现金流量：			
销售商品、提供劳务收到的现金	1	6 627 244.00	1 720 200.00
收到的税费返还	2		
收到其他与经营活动有关的现金	3	1 202 272.20	1 024 156.70
经营活动现金流入小计	4	7 829 516.20	2 744 356.70
购买商品、接受劳务支付的现金	5	3 629 890.20	1 993 910.20
支付给职工以及为职工支付的现金	6	821 014.00	316 930.00
支付的各项税费	7	877 936.50	841 597.50
支付其他与经营活动有关的现金	8	347 520.50	
经营活动现金流出小计	9	5 676 361.20	3 152 437.70
经营活动产生的现金流量净额	10	2 153 155.00	-408 081.00
二、投资活动产生的现金流量：			
收回投资收到的现金	11		
取得投资收益收到的现金	12		
处置固定资产、无形资产和其他长期资产收回的现金净额	13		
处置子公司及其他营业单位收到的现金净额	14		
收到其他与投资活动有关的现金	15		
投资活动现金流入小计	16		
购建固定资产、无形资产和其他长期资产支付的现金	17		
投资支付的现金	18		
取得子公司及其他营业单位支付的现金净额	19		
支付其他与投资活动有关的现金	20		
投资活动现金流出小计	21		
投资活动产生的现金流量净额	22		
三、筹资活动产生的现金流量：			
吸收投资收到的现金	23		
取得借款收到的现金	24		
收到其他与筹资活动有关的现金	25		
筹资活动现金流入小计	26		
偿还债务支付的现金	27		
分配股利、利润或偿付利息支付的现金	28		
支付其他与筹资活动有关的现金	29		
筹资活动现金流出小计	30		
筹资活动产生的现金流量净额	31		
四、汇率变动对现金及现金等价物的影响	32		
五、现金及现金等价物净增加额	33	2 153 155.00	-408 081.00
加：期初现金及现金等价物的余额	34	6 607 051.00	9 168 287.00
六、期末现金及现金等价物余额	35	8 760 206.00	8 760 206.00

四、季报

利润表季报

编制单位：富达外贸有限公司　　　　　　　　2021 年第二季度　　　　　　　　单位：元

项目	行次	本年累计金额	本期金额
一、营业收入	1	6 158 070.00	6 158 070.00
减：营业成本	2	4 584 000.00	4 584 000.00
税金及附加	3	10 114.68	10 114.68
销售费用	4	592 912.00	592 912.00
管理费用	5	396 646.00	396 646.00
研发费用	6		
财务费用	7	44 587.00	44 587.00
其中：利息费用	8		
利息收入	9		
加：其他收益	10		
投资收益（损失以"-"号填列）	11		
其中：对联营企业和合营企业的投资收益	12		
以摊余成本计量的金融资产终止确认收益（损失以"-"号填列）	13		
净敞口套期收益（损失以"-"号填列）	14		
公允价值变动收益（损失以"-"号填列）	15		
信用减值损失（损失以"-"号填列）	16		
资产减值损失（损失以"-"号填列）	17		
资产处置收益（损失以"-"号填列）	18		
二、营业利润（亏损以"-"号填列）	19	529 810.32	529 810.32
加：营业外收入	20		
减：营业外支出	21		
三、利润总额（亏损总额以"-"号填列）	22	529 810.32	529 810.32
减：所得税费用	23	132 452.58	132 452.58
四、净利润（净亏损以"-"号填列）	24	397 357.74	397 357.74
（一）持续经营净利润（净亏损以"-"号填列）	25		
（二）终止经营净利润（净亏损以"-"号填列）	26		
五、其他综合收益的税后净额	27		
（一）不能重分类进损益的其他综合收益	28		
1. 重新计量设定受益计划变动额	29		
2. 权益法下不能转损益的其他综合收益	30		
3. 其他权益工具投资公允价值变动	31		
4. 企业自身信用风险公允价值变动	32		
（二）将重分类进损益的其他综合收益	33		
1. 权益法下可转损益的其他综合收益	34		
2. 其他债权投资公允价值变动	35		
3. 金融资产重分类计入其他综合收益的金额	36		
4. 其他债权投资信用减值准备	37		
5. 现金流量套期储备	38		
6. 外币财务报表折算差额	39		
六、综合收益总额	40	397 357.74	397 357.74
七、每股收益：	41		
（一）基本每股收益	42		
（二）稀释每股收益	43		

注：2021 年 1 月至 3 月数据略。

现金流量表季报

会企 03 表
单位：元

编制单位：富达外贸有限公司　　　　2021 年第二季度

项目	行次	本年累计金额	本季金额
一、经营活动产生的现金流量：			
销售商品、提供劳务收到的现金	1	6 627 244.00	6 627 244.00
收到的税费返还	2		
收到其他与经营活动有关的现金	3	1 202 272.20	1 202 272.20
经营活动现金流入小计	4	7 829 516.20	7 829 516.20
购买商品、接受劳务支付的现金	5	3 629 890.20	3 629 890.20
支付给职工以及为职工支付的现金	6	821 014.00	821 014.00
支付的各项税费	7	877 936.50	877 936.50
支付其他与经营活动有关的现金	8	347 520.50	347 520.50
经营活动现金流出小计	9	5 676 361.20	5 676 361.20
经营活动产生的现金流量净额	10	2 153 155.00	2 153 155.00
二、投资活动产生的现金流量：			
收回投资收到的现金	11		
取得投资收益收到的现金	12		
处置固定资产、无形资产和其他长期资产收回的现金净额	13		
处置子公司及其他营业单位收到的现金净额	14		
收到其他与投资活动有关的现金	15		
投资活动现金流入小计	16		
购建固定资产、无形资产和其他长期资产支付的现金	17		
投资支付的现金	18		
取得子公司及其他营业单位支付的现金净额	19		
支付其他与投资活动有关的现金	20		
投资活动现金流出小计	21		
投资活动产生的现金流量净额	22		
三、筹资活动产生的现金流量：			
吸收投资收到的现金	23		
取得借款收到的现金	24		
收到其他与筹资活动有关的现金	25		
筹资活动现金流入小计	26		
偿还债务支付的现金	27		
分配股利、利润或偿付利息支付的现金	28		
支付其他与筹资活动有关的现金	29		
筹资活动现金流出小计	30		
筹资活动产生的现金流量净额	31		
四、汇率变动对现金及现金等价物的影响	32		
五、现金及现金等价物净增加额	33	2 153 155.00	2 153 155.00
加：期初现金及现金等价物的余额	34	6 607 051.00	6 607 051.00
六、期末现金及现金等价物余额	35	8 760 206.00	8 760 206.00